U0583747

复旦大学韩国研究丛书

中文社会科学引文索引（CSSCI）来源集刊

中国学术期刊综合评价数据库（CNKI）来源集刊

万方数据（WANFANG DATA）来源集刊

复旦大学韩国研究中心　编

韩国研究论丛

CHINESE JOURNAL OF KOREAN STUDIES

总第四十二辑

（2021年第二辑）

社会科学文献出版社
SOCIAL SCIENCES ACADEMIC PRESS (CHINA)

为适应我国信息化建设，扩大本论丛及作者知识信息交流渠道，本论丛已被《中国学术期刊网络出版总库》(CAJD)、CNKI及万方数据等系列数据库收录，其作者文章著作权使用费与本论丛稿酬一次性给付。免费提供作者文章引用统计分析资料。如作者不同意文章被收录，请在来稿时向本论丛声明，本论丛将做适当处理。

이 학술지는 2021 년도 한국학중앙연구원 해외한국학 지원사업의 지원에 의하여 발행되었음 (AKS - 2021 - P - 007).

This publication was supported by the 2021 Korean Studies Grant Program of the Academy of Korean Studies (AKS - 2021 - P - 007).

复旦大学《韩国研究论丛》编委会

目录 CONTENTS

政治与外交

历史与文化

社会与管理

政治与外交

多边合作框架下的日韩北极战略比较及其启示*

高　兰

【内容提要】在同属北极理事会正式观察员国和非北极国家的中日韩三国中，日本最早涉足北极事务，韩国最早出台专门性北极战略。在北极战略和利益上，日韩两国有着四大利益诉求、三大共同优势和四点差异与竞争。日韩两国的北极战略有诸多可资中国借鉴的地方。中日韩三国在北极航道的利用、北极资源的可持续开发、北极环境保护与科学考察等方面有诸多共同利益，存在较大的合作空间。只有多边合作框架才能成为构筑北极经济体系的有效机制，俄罗斯正在推进“向东看”，中日韩等东北亚国家可以参与俄罗斯落实“北极区域发展与国家安全战略”。美国因素与中日韩历史问题和同质化竞争是三国北极合作的离心力。因而，促进中日韩在北极事务上实现可持续性的机制化合作实为必要，中日韩三国在北极事务中的合作在一定程度上可以对中日韩 RCEP 框架下的合作，以及中日韩 FTA 合作等多边机制的合作带来深远影响。

【关键词】北极战略　日韩北极政策　非北极国家　中日韩合作　冰上丝绸之路

* 本文是国家社科基金海权专项课题“四种海权发展模式互动中的周边国家和域外国家的海洋战略及其中国对策研究”（17VHQ007）、国家社科基金后期资助课题“海洋命运共同体视域下中韩海洋划界问题研究（20FGJB003）”与复旦大学亚洲研究中心项目（2019A）的阶段性成果。感谢朱芹（复旦大学）在韩国北极政策与研究方面资料的搜集及结构思路的梳理以及沈志慧（复旦大学国务学院硕士）在日本北极政策方面资料的提供。

【作者简介】高兰，复旦大学国际问题研究院教授、博士生导师，主要从事中美日关系、海洋战略国际比较研究。

北极通常指北极圈（约北纬 66 度 34 分）以北的陆海兼备的区域，包括欧洲、亚洲和北美洲的毗邻北冰洋的北方大陆和相关岛屿，以及北冰洋中的国家管辖范围内的海域、公海和国际海底区域。[①] 随着全球气候变暖，北极海冰融化加速，北极的地缘战略地位与能源资源开发价值日益凸显。据预测，北极可能在 21 世纪中叶甚至更早时期出现季节性无冰现象，货轮有望于夏季在破冰船引航下通过东北航道。北极航道主要有三个：西北航道（Northwest Passage）、穿极航道（Transpolar Passage）[②] 和以北方海航道（Northern Sea Route）为代表的东北航道（Northeast Passage）。根据海冰融化情况，东北航道将比西北航道更早适用于商业化运输，每年的通航期也更长。

北极航道若能成为常规性海上航线，全球地缘经济与地缘政治将发生很大改变，白令海峡与西伯利亚海域将会成为地缘热点，有可能形成包括北美、北欧、东北亚在内的“环北极经济圈”，北冰洋也会成为地球的另一个“地中海”，从而重塑海权政治态势。北极地缘的变化使这一区域内交织着北极域内国家之间、域内与域外国家之间以及域外国家之间的博弈与角力。

在当前的社会经济形势下，北极的发展很难成为一项单一的国家战略。这是因为，没有一个国家能够独自实现如此巨大的目标，只有多边合作框架才能成为构筑北极经济体系的有效机制。中国的北极战略与中国的国家利益与安全密切相关。研究同样作为非北极国家和北极理事会（Arctic Council）正式观察员国（Permanent Observer）的日韩的北极战略及其在北极事务上与中国的关系极其重要。日韩的北极战略与诉求对中国的北极战略产生了重大影响。中日韩在北极事务上具有诸多共同利益，

① 《中国的北极政策》，中华人民共和国中央人民政府网，2018 年 1 月 26 日，http：//www. gov. cn/xinwen/2018 -01/26/content_ 5260891. htm。

② 穿极航道也称中央航道。参见徐庆超《“未定之域”：中国北极问题研究十年述评》，《中国海洋大学学报》2017 年第 5 期，第 4 页。

可以探讨建立可持续性机制化合作，从而推动北极开发多边合作机制建设。此外，中日韩三国在北极事务中的合作在一定程度上可以对中日韩RCEP框架下的合作以及中日韩FTA合作等多边机制合作带来深远影响。

一　日韩北极战略的相似点

日韩涉足北极的时间并不一样，发展历程也有差异，但进入21世纪以来，两国在北极战略与相关战略的出台上，步调较为相似。

（一）日韩北极战略的起点不同，落点相似

1. 日本北极战略的发展历程与特点

日本属于亚洲国家中最早涉及北极事务的非北极国家。日本关注和参与北极事务大致经历了政治外交先导（1920～1987）、科考环保为主（1987～2012）和多领域多管齐下（2012～）三大时期。

日本对北极的参与几乎同步于国际极地研究，起步于20世纪初，有着较强的政治敏锐性，代表性举措是，1920年日本作为创始国签署了北极首个国际条约《斯匹次卑尔根群岛条约》（以下简称《斯约》）。根据《斯约》，缔约国拥有在北极圈内进行科学考察、设立科考站、和平利用自然资源和从事商业活动等权利。[①]《斯约》与《联合国宪章》和《联合国海洋法公约》在北极事务上有着同等的国际法地位，这使日本较早地在北极拥有了先期政治外交优势。然二战及战败国身份限制了日本对北极的关注。随着日本的重新崛起以及美国的扶植，借着1987年苏联领导人戈尔巴乔夫（Mikhail Gorbachev）提出建立“北极和平地带”的“摩尔曼斯克倡议”（Murmansk Initiative），[②] 日本再次聚焦北极，积极开展北极联合科考，建立科考站，设立北极研究中心等科研机构，还加入国际北极科学委员会（International Arctic Science Committee，IASC），成为北极理

---

① 段鑫：《中国加入〈斯匹次卑尔根群岛条约〉史实考述》，《云南师范大学学报》（哲学社会科学版）2019年第2期，第109页。

② Ronald G. Purver, “Arctic Security: The Murmansk Initiative and Its Impact”, in Jacobsen C. G., eds, *Soviet Foreign Policy*, Palgrave Macmillan, 1989, pp. 182 – 203.

事会特别观察员国。日本借助科考与科研平台，积极搜集北极海域相关安全、政治、航运与经济信息，为深度介入北极开发及与北极国家开展合作打下了良好的基础。2012年开始，日本不仅在北极航道的商业化利用上取得了突破，完成了世界上首次北极航线液化天然气运输，而且在北极事务战略层面进一步综合化与战略化，将北极战略提升为全球影响力战略的重要组成部分，[①] 设置北极担当大使，[②] 还在历次海洋基本计划中表明北极战略目标，涉及在北极的科考研究、国际合作与航道利用三大方面。[③]

2015年，日本出台了《北极战略》，[④] 这是日本第一份北极政策文件。时任日本首相安倍晋三表示，"日本将进一步发挥科学技术优势，在此基础上进一步推进围绕北极事务的国际社会开发活动，努力积极发挥领导作用"[⑤]。此后，日本积极参与北极相关新法律框架的建构。作为参与北极治理的另一切入点，日本曾将由国际海事组织牵头制定的《极地水域船舶航行国际准则》视为参与北极航道立法的重要机遇。[⑥] 这既利于增强日本在北极的话语权，又可为日本利用北极航道谋取资源能源利益，保障能源安全。总起来看，日本的北极战略呈现出决策机制集权化、战略规划综合化、官民融合化、国际合作化和科技凸显化等特征。[⑦]

2. 韩国北极战略的发展历程与特点

相较日本，韩国涉足北极事务较晚，1993年才开始对北极进行基础性

---

① 『平成25年1月28日第百八十三回国会における安倍内閣総理大臣演説』、http：//www. kantei. go. Jp/jp/96_ abe/statement2/20130128syosin. html。

② 《日本设立驻北极大使　拟提高在北极"存在感"》，环球网，2013年3月19日，https：//world. huanqiu. com/article/9CaKrnJzIKC。

③ 日本内閣府『海洋基本計画の概要（その2）』、https：//www8. cao. go. jp/ocean/policies/plan/plan03/pdf/plan03_ gaiyou_ 2. pdf。

④ 首相官邸総合海洋战略本部『我が国の北極战略』、https：//www8. cao. go. jp/ocean/policies/arcticpolicy/pdf/japans_ ap. pdf。

⑤ 《日本政府制定第一份北极战略文件》，极地与海洋门户，2015年10月22日，http：//www. polaroceanportal. com/article/518；罗英杰、李飞：《大国北极博弈与中国北极能源安全》，《国际安全研究》2020年第2期，第98页。

⑥ 《极地水域船舶航行国际准则》2017年1月1日正式生效，相关内容参见International Code for Ships Operating in Polar Waters（Polar Code），http：//www. imo. org/en/MediaCentre/HotTopics/polar/Documents/POLAR%20CODE%20TEXT%20AS%20ADOPTED. pdf。

⑦ 邹鑫：《试析日本北极战略新态势》，《国际研究参考》2019年第4期，第15~20页。

调查与研究,[①] 但从发展阶段与涉足程度来看，属于后来居上。韩国参与北极相关事务大致可分为两个阶段：尝试参与阶段（1997～2012）与战略规划阶段（2012～）。

初期，韩国更多地效仿北极事务先驱国家参与北极科考和北极国际组织，设立北极研究机构和事务部门。如，2002 年，在挪威斯匹次卑尔根群岛建立韩国首个北极科考站——茶山（Dasan）站。2008 年，成为北极理事会特别观察员国。2009 年，建成韩国首艘破冰船——“亚伦”（Araon）号。自 2012 年开始，韩国的北极事务实现了质的突破。代表性事件有 2012 年加入《斯约》，2013 年成为北极理事会正式观察员国和发布每 5 年一更新的《韩国的北极战略》（Arctic Policy of the Republic of Korea），确立三大战略目标：加强北极国际合作、提升北极科技研究能力、寻求可持续性的北极商机和确保制度基础保障。[②]《韩国的北极战略》是韩国第一个国家北极战略，也开了亚洲国家制定独立专门性北极战略的先河。[③] 此后，韩国陆续出台相关执行计划与战略，推进北极能源开发与航道利用，相继出台《2015 年北极战略执行计划》、“九桥战略”（9－Bridge）[④]、《海洋空间基本计划（2019～2028）》，明确把抢占北极航路先机作为利用和发展东海（日本海）海域空间的内容，并积极筹备制定《极地活动振兴法》。北极理事会观察员国身份为韩国共享北极的利益、开展合作提供了极大机遇，加强了韩国与北极利益攸关方及北极原住民之间的双边和多边合作,[⑤] 增加了新的经济增长点和外交资源。在北极航道利用上，2017 年韩国也实现了突破，9 月 26 日，韩国油轮自俄罗斯经

① Ministry of Oceans and Fisheries, etc., “Arctic Policy of the Republic of Korea”, December 2013, http://library.arcticportal.org/1902/1/Arctic_Policy_of_the_Republic_of_Korea.pdf.

② Ministry of Oceans and Fisheries, etc., “Arctic Policy of the Republic of Korea”, December 2013, http://library.arcticportal.org/1902/1/Arctic_Policy_of_the_Republic_of_Korea.pdf.

③ 김승섭,「초점:7 개 정부부처 “북극정책기본계획” 수립」,『해양한국』, 2014 년 1 호, pp. 132－133.

④ “九桥战略”是指韩国与俄罗斯合作的九个重点领域，包括天然气、铁路、港口、电力、北极航线、造船、农业、水产和工业园区。参见王晨光、孙凯《“冰上丝绸之路”背景下的中韩北极合作》，《韩国研究论丛》2019 年第 2 辑，社会科学文献出版社，2020，第 249 页；《韩国北方经济合作委员会首开会议确定俄九大领域合作规划》，中韩海洋科学共同研究中心网站，http://www.ckjorc.org/cn/cnindex_newshow.do?id=2676。

⑤ Ministry of Oceans and Fisheries, etc., “Arctic Policy of the Republic of Korea”, December 2013, http://library.arcticportal.org/1902/1/Arctic_Policy_of_the_Republic_of_Korea.pdf.

北方海航道，首次成功抵达全罗南道光阳港，开创了韩国商业化利用北极航道的历史。①

（二）日韩北极战略相同的利益诉求与优势

日韩在海运、贸易、能源、安全、气候变化等北极利益诉求上有高度相似性，在涉北极的高新技术上也有着类似的优势。特别在 2011 年和 2017 年日韩分别关闭本国核电站或停止核电站建设之后，双方对北极航道与能源寄予更为深厚的期望，在北极利益诉求上体现出四大共同点和三大共同优势。②

四大利益共同点表现为：①航道的利用，特别是东北航道的商业化运营，拉动港口建设和经济发展；②北极环境保护、气候变化、能源探测等科学考察和科研研究；③能源、林木与矿产等资源的开发与利用，保障能源安全；④开展北极外交，参与北极治理，提升国家形象与北极话语权，主要目标国均为俄罗斯与挪威。③

三大优势主要为：①环保软实力，日韩倡导绿色开发，所有至北极的船只都是零排放、无污染，符合北极国家绿色环保要求；②文化软实力，淡化政治与军事意图，注重对俄罗斯、挪威北极原住民的研究，积极开展交流活动，树立亲善的国家形象，一些研究将之视为积极主动的科学外交；④ ③科技硬实力，都拥有健全的海洋产业体系，先进的海洋技术与丰富的海洋作业经验，能够在复杂的海洋条件下实施海上工程建造、能源开采等作业。先进的科技使日韩为北极国家提供了非常高端的极地科考设备，如破冰船、抗冰油轮和搜救装备等。自 2017 年始，韩国海洋战略的主要方向之一是开展液化天然气动力船相关基础设施建设和促进建造环保而高效的运

---

① 郭培清、宋晗：《“新北方战略”下的韩俄远东—北极合作及对中国启示》，《太平洋学报》2018 年第 8 期，第 6 页。

② 肖洋：《中日韩俄在参与北极治理中的合作与竞争》，《和平与发展》2016 年第 3 期，第 83 页。

③ 对日韩的北极利益诉求，相关研究有着大同小异的表述。有的认为日本的北极利益主要涉及四大方面：环境利益、经济利益、安全利益和国际制度利益。有的认为韩国意在推动经济发展、提升地区话语权和保障能源安全。参见肖洋《日本的北极外交战略：参与困境与破解路径》，《国际论坛》2015 年第 4 期，第 73 ~ 74 页；郭锐、孙天宇《韩国“新北方战略”下的北极战略：进程与限度》，《国际关系研究》2020 年第 3 期，第 141 ~ 144 页。

④ Valery Konyshev & Alexander Sergunin, “Arctic Policies and Strategies—Analysis, Synthesis, and Trends”, *Polar Geography*, Vol. 43, No. 2 - 3, 2020, p. 241.

输船的科技发展。①

日韩北极利益相似的诉求既源于北极航道、能源与军事等价值的凸显，也在于其自身国策与海洋发展战略的需要。日本认为，北极战略环境和经济竞争格局的变化，“直接关乎日本的国家利益”，② 主动提升了北极在国家战略中的地位。韩国认为，一项综合性的北极战略计划是提升韩国国际形象以及在北极全球治理中发挥与经济地位相当的作用的手段。③ 尽管日本曾评估认为，开发北方海航道虽具有可行性，但存在诸多不确定因素，难以在短期内获得经济利益，④ 然日本一些能源公司并未望而却步，而是成为日本开拓北极业务的先锋与幕后推手，与英国、挪威、美国等国的公司联合经营，共同开发格陵兰等北极区域的矿产资源。北极地区的环境保护、资源利用、经济发展、政治格局给日本带来了实际可见的利益。⑤ 2018 年，日本更是斥巨资建造 3 艘破冰级液化天然气运输船，开通了全球首个北极海域运送液化天然气的定期航线。

（三）北极航道为日韩能源安全与周边外交注入新动力

日韩国内资源短缺且高度依赖海运，北极航线与北极能源对之有着极大的吸引力和重要的战略意义。参与北极事务，不仅利于日韩出口极地科技服务、破冰抗冻设备和利用技术优势开展北极能源开发合作，更利于日韩开拓新的矿产资源进口来源，缓解韩日能源运输的脆弱性、开辟新的经济增长点。日韩九成以上的能源进口需要通过印度洋、南海和东海这一传统海上运输线，⑥ 面临较大的密集海域通航风险、海盗与海上恐怖主义风险以及海峡

① Ministry of Oceans and Fisheries, “Building a Global Maritime Power Hub by Win-win Partnership between Shipping and Shipbuilding”, http://www.mof.go.kr/eng/content/view.do?menuKey=1029&contentKey=295.

② 阎德学：《地缘政治视域的日本北极战略构想》，《东方早报》2013 年 8 月 2 日。

③ Seon-hee Eom, “The Arctic Fisheries Regime and Its Implications to Korea”, *KMI International Journal of Maritime Affairs and Fisheries*, Vol. 3, Issue 1, June 2011, p. 145.

④ 肖洋：《日本的北极外交战略：参与困境与破解路径》，《国际论坛》2015 年第 4 期，第 76 页。

⑤ 首相官邸総合海洋战略本部『我が国の北極战略』、https://www8.cao.go.jp/ocean/policies/arcticpolicy/pdf/japans_ap.pdf。

⑥ 日本所需能源中，99.6% 的原油、99.4% 的煤炭和 96.4% 的天然气靠进口。韩国能源对外依赖度高达 96%，外贸海运依赖度高达 99.8%。参见崔健、黎纯阳《日本北极战略的经济安全考量》，《东北师大学报》（哲学社会科学版）2019 年第 4 期，第 38 页。

封锁风险等。相比传统的经南海、马六甲海峡和印度洋通欧洲与中东的海上航线，北极航线航程可缩短 30% ~40%。从韩国釜山至荷兰鹿特丹的航程可缩短至 12.7 万公里，仅需 14 天。[①] 这一距离优势，既可缩短航程、节约成本，还能避开索马里和印度洋多发的海盗袭击与海上恐怖主义等非传统安全风险，保障国家的能源安全。2020 年 7 月，俄罗斯诺瓦泰克公司宣布将由北极航道运输天然气。这使日本经北极从欧洲进口天然气变得更为现实。

作为利用北极航道的外溢效应，北极航道开发还利于沿线日韩国际港口的发展与创收，以及深化与北极国家及中国的涉北极外交，进而带动相关国家间的外交关系相向而行。以与中国的关系为例。中国对北极航线的利用，将为日韩沿线港口的开发和利用注入新的活力，也可能成为缓解中日韩三国间海洋权益争端的切入点。自中日韩三国海上经北极到欧洲的东北航道，一般需经过津轻海峡或宗谷海峡。东北航道已成为缩短日本与欧洲之间海运距离及航运时间的一条黄金水道，对日本的出口导向型经济产生了巨大影响。苫小牧港、横滨与东京将成为北极航道上重要的转运港口和贸易枢纽，日本海也将成为北极航线上重要的枢纽海域。中国若从海上通往北极，还需经过朝鲜海峡。韩国以其优越的地理位置、优良的海港设施和先进的造船技术，拥有成为北极航道运输转口贸易国和北极航道枢纽港的巨大潜力和竞争力。同时，韩国的造船业和远洋捕捞业也会迎来发展机遇。北极航道将成为中日韩深化经贸合作与强化外交关系的纽带，为中日韩在 RCEP 框架下推进东北亚经济一体化开辟新的对接点。

二　日韩北极战略的差异与竞争

日韩两国在北极利益诉求上的诸多共同点，为两国在北极事务上的合作奠定了坚实的政治与商业基础，但两国的北极战略与考量具有一定的差异，正是这些差异导致日韩两国间出现了竞争加剧的态势。

---

① 桂静：《韩国北极综合战略及其实施评析》，《当代韩国》2014 年第 2 期，第 55 页；Dongmin Jin, Won-sang Seo and Seokwoo Lee, "Arctic Policy of the Republic of Korea", *Ocean and Coastal Law Journal*, Vol. 22, No. 1, February 2017, p. 86。

（一）北极战略实施的侧重方向不同

日韩在北极战略的实施上都较为关注制度参与的话语权、航道利用和资源开发的经济价值，但日本更倾向于经济参与战略，韩国更关注制度参与。韩国认为制度性参与更具有可持续性,[①] 并将北极参与提升至国家发展战略层面。这集中体现在成为北极理事会正式观察员国[②]、加入《斯约》以及朴槿惠政府时期的“欧亚倡议”和文在寅政府时期的“新北方战略”中的“九桥战略”上。相关战略将北极事务作为重点推进项目，侧重与北极国家俄罗斯的战略对接和北极项目合作。俄罗斯对之也给予积极回应，双方在北极问题上优势互补，加大合作，建立了从民间到官方的多层次和机制化的沟通渠道。尽管日本是《斯约》的初始缔约国，也已成为北极理事会正式观察员国，但由于其曾发动殖民侵略战争，相关国家惧怕日本在北极会重拾政治野心和领土拓展，因而，日本更侧重以经济和商业形式参与北极事务，顺势在政治、外交与制度上有所作为。

（二）与俄罗斯合作的力度不同

虽然日韩都将俄罗斯作为北极事务的重点合作国，但两国与俄罗斯的关系及合作力度不同。

为了实现北极的可持续发展，俄罗斯正在与中国、日本和韩国共同推进北极事务合作。从俄罗斯方面来看，俄罗斯正在推进“向东看”[③]，其与东北亚国家之间已经形成良好经贸关系。同时，由于苏伊士运河和中东的动荡，以及西方的制裁等，俄罗斯希望与中国、日本和韩国等东北亚国家加快北极开发合作进程。俄罗斯在北极地区的经济活动中拥有丰富的经验，并具有科学研究的传统，在该地区发挥着重要作用。而日本、中国和韩国这三个国家技术力量强，工业和金融潜力大，可以通过实施大型项目来促进北极地区的发展并为极地经济体系的形成做出贡献。因此，东北亚国家

---

① 肖洋：《韩国的北极战略：构建逻辑与实施愿景》，《国际论坛》2016 年第 2 期，第 17 页。

② 《2020 年 5 月 15 日韩国历史上的今天》，韩联社，2020 年 5 月 15 日，https：//cn. yna. co. kr/view/ACK20200427003700881？section = search。

③ 曹英伟：《俄罗斯“积极东方政策”及对东北亚的影响》，《东北亚学刊》2019 年第 2 期。

可以帮助俄罗斯实施“北极区域发展与国家安全战略”、实现“北极社会经济发展”。[①] 更重要的是，俄罗斯和东北亚国家可以就与北极的可持续发展有关的政治、法律和环境等问题达成国际协议体制平台，建立均衡的国际合作框架。

苏联解体之后，俄韩关系一直稳步发展。作为北极国家，俄罗斯尽管不愿域外国家染指北极，但在北极油气资源勘探与开发上，必须借助他国力量。由于俄日之间存在日俄战争、第二次世界大战的历史恩怨，以及岛屿争端等，一定程度上影响了双方在北极合作上的力度与深度，双方合作多体现在北极项目的多边合作上，如亚马尔液化天然气项目。[②] 在北极事务合作方面，俄罗斯更倾向于韩国而非日本。俄利用韩国先进的造船技术和资金建造破冰船，与韩共同建设国内集装箱运输航线，并支持韩国探索与开辟“勒拿河走廊”，作为避开白令海峡进入北极航道的替代航路。[③] 2014年和2019年，韩国分别获得了俄罗斯15艘与17艘破冰液化天然气运输船的大订单，[④] 凸显出韩国在北极航道运输所需设备制造上的优势和竞争力。2019年3月28日，韩国大宇造船海洋工程有限公司完成了4艘以俄罗斯北极探险家和学者名字命名的破冰液化天然气运输船，交付给俄罗斯。[⑤]

（三）参与北极事务的制约因素不尽相同

日韩在北极事务上占据地理与科技优势的同时，也面临各种制约因素。

---

① 兵頭慎治「ロシアの北極政策－ロシアが北極を戦略的に重視する理由」、日本防衛研究所『防衛研究所紀要』、2013.11、http：//www.nids.mod.go.jp/publication/kiyo/pdf/bulletin_j16_1_1.pdf。

② 亚马尔液化天然气项目由诺瓦泰克（Novatek）公司主导，共有两期。在第一期里，中法是两大股东，韩国未参与实际开发，但韩国大宇海洋造船工程有限公司获得了一期项目中15艘破冰运输船的订单。在第二期中，诺瓦泰克占60%的股份，中石油、中海油、法国道达尔、日本（三井、日本国家石油天然气和金属公司）分别占10%，韩国三星重工对俄罗斯红星造船厂15艘破冰运输船的建造提供技术支持。

③ 郭培清、宋晗：《“新北方战略”下的韩俄远东—北极合作及对中国启示》，《太平洋学报》2018年第8期，第6页。

④ 《韩国包揽中东、俄罗斯57艘870亿元造船大单》，搜狐网，2020年8月12日，https：//www.sohu.com/a/412756108_120754980。

⑤ 《大宇造船建造破冰LNG船》，韩联社，2019年3月28日，https：//cn.yna.co.kr/view/PYH20190328197800881？section=search。

日本主要受制于二战侵略国历史身份因素，韩国则受制于朝鲜因素。虽然在参与北极事务的历史根基上，日本远远深于韩国，但由于二战期间日本对周边国家以及东南亚国家的侵略，北极国家对日本的北极战略和日本参与北极事务有所戒备，日本也更多地体现出能源、科考和航运商业化导向，回避触及政治敏感区域。相较于日本殖民侵略历史的敏感禁忌，韩国给予北极国家一种一流的国家综合实力、先进的高新科技与造船技术等优良国家形象，被视为一个温和友好的域外势力，比日本更受欢迎。特别是在加入《斯约》和成为北极理事会正式观察员国之后，韩国在北极的国际地位与身份并不逊色于日本，反而在文化传播与国家形象上比日本更具优势。然由于朝鲜半岛南北对峙和朝核问题，在北极航道的利用上，韩国备受掣肘。美朝复杂关系成为阻碍韩国“新北方战略”实施的重要因素，[①] 特别是联合国与美国对朝鲜的制裁，使韩国经由朝鲜通向北极的陆上联通计划（“勒拿河走廊”）难以实现。

（四）两国在北极事务上存在着竞争与博弈

由于上述北极战略的差异，日韩两国在北极事务中出现了以下竞争趋势。值得关注的是，作为非北极国家的日韩之间的竞争态势不仅对日韩两国的北极事务，而且对中国等非北极国家以及北极国家的北极开发进程产生了一定影响。

第一，有关北极航线转运中心的竞争。北极航线一旦常规化运行，全球地缘经济格局将被撬动，日韩将成为国际资源、能源运输线的枢纽国家。北极航线沿线的苫小牧港、东京港、横滨港、丽水港、蔚山港、瑞山港和釜山港有着巨大的发展潜力。北极航线的开通对中日韩的影响与意义最为重大。单单从距离上来看，东南亚各国不一定会选择北极航线。因而，中国将成为利用北极航线上的日韩港口来转运货物的主要国家之一。在中国通向北极航道的海上沿线中，韩国的釜山港相较于日本的苫小牧港更具地理优势，有着连接东海、鄂霍次克海和北冰洋的战略作用，极有可能成为中国进出北极的

① 郭锐、孙天宇：《韩国“新北方战略”下的北极战略：进程与限度》，《国际关系研究》2020 年第 3 期，第 149 页。

货物转运与船舶补给中心。① 韩国也计划将釜山打造成东北亚航运中心，形成一条集港口、制造、贸易、能源于一体的经济发展动力链。日韩在北极航线上的哪个港口将成为主要的货物转运中心，不仅取决于两国的转运服务和港口建设水平，还在于中国如何选择。在北极航线转运中心的战略地位争夺上，日韩存在着角力与竞争。

第二，供应北极科考装备与能源开发设备的竞争。北极航线的开辟，由于特殊的自然环境，无疑需要大量高效、特殊的保障北极开发和运输安全的装备、技术与服务，这是一个庞大的市场。不仅北极国家需要批量的北极破冰船和北极设备，其他利用北极航线的国家也需要相关特殊保障与运输装备和服务。在这方面日韩有相同的优势，同时相互竞争。鉴于北极国家及其环保组织对保护北极的高要求，日韩也竞相在绿色环保上下功夫，以带有低碳环保色彩的高科技提升与北极国家合作的竞争力，打入北极市场。

三　日韩北极战略对中国的启示与影响

日韩的北极战略与措施对中国有着双重效应。一方面，中日韩在北极事务上有着类似的身份地位和较多的共同利益，都有利用北极航道和开发自然资源的需求，以及承担环境保护和共同治理的责任，特别是日韩在北极温和的人文交流方式和特色项目，为中国提供了先期经验与启发。另一方面，日韩的科技优势又在能源开发和北极设备制造上对中国形成一定的竞争压力；同时，它们作为美国的盟友，在与中国的北极合作上也会面临来自美国的阻力。

（一）借鉴日韩柔性人文外交塑造正面的中国国家形象

2018年1月26日，中国政府发布首份《中国的北极政策》白皮书，阐明了中国参与北极治理和共同应对全球性挑战的立场、战略和责任，阐明依

① Mia M. Bennet, “The Maritime Tiger: Exploring South Korea's Interests and Role in the Arctic”, *Strategic Analysis*, No. 6, 2014.

托北极航道与各方共建“冰上丝绸之路”（以下简称“冰丝”）的发展思路。[①] 作为“一带一路”倡议的组成部分和“海丝”的延展，“冰丝”在北极区域涉及北极主要航线及沿岸地区及其与世界的地缘经济联系，是根据相关各方合作经验和需求，针对北极特定区域的国际合作项目，是相关国家开发和保护北极的战略集合。[②]

随着中国北极事务的开展，美国等西方媒体鼓噪和塑造的“中国威胁论”“环境破坏论”也扩散至北极圈。[③] 美国声称中国和俄罗斯正在挑战北极地区的规则与秩序，一些智库更是将俄罗斯的北极战略称为“新冰幕”，[④] 认为中国试图通过经济杠杆改变北极治理，中国的民用研究会支持中国未来在北冰洋的军事存在，[⑤] 将中国与冰岛和格陵兰岛的投资合作视为意图“控制”北极航道和“分裂”北约，[⑥] 甚至将中国视为比俄罗斯更大的威胁。[⑦] 这些言论的泛滥既显示了个别国家的挑拨离间，也显示了北极国家排斥域外国家参与北极事务的排他性战略考量，同时说明中国与北极国家的合作交流有需要改进和改善的地方。中国在加强与北极国家之间政治上增信释疑、经济上互利共赢的同时，宜侧重人文上的交融互鉴，借鉴日韩与北极国家交往和合作的方式，即在坚持共商共建共享原

---

① 《中国的北极政策》，中华人民共和国中央人民政府网，2018 年 1 月 26 日，http：//www.gov.cn/xinwen/2018 －01/26/content_ 5260891. htm；杨剑：《〈中国的北极政策〉解读》，《太平洋学报》2018 年第 3 期，第 1 页；白峻楠：《〈2035 年前俄联邦北极国家基本战略〉解析》，《国际研究参考》2020 年第 4 期，第 17 页。

② 杨剑：《“共建冰上丝绸之路”的国际环境及应对》，《人民论坛 · 学术前沿》2018 年第 11 期，第 14 页。

③ 杨剑：《〈中国的北极政策〉解读》，《太平洋学报》2018 年第 3 期，第 3 页；阮建平、瞿琼：《“中国威胁”的社会建构及解构对策——以国际传播对中国“北极威胁者”形象建构为例》，《国际观察》2020 年第 3 期，第 103 页。

④ Heather A. Conley, Caroline Rohloff, “The New Ice Curtain: Russia’s Strategic Reach to the Arctic”, A Report of the CSIS Europe Program, August 2015, Rowman & Little Ltd, pp. 1 －116.

⑤ Office of the Under Secretary of Defense for Policy, Department of Defense of the U. S. , “Report to Congress Department of Defense Arctic Strategy”, June 2019, https：//media. defense. gov/2019/Jun/06/2002141657/ －1/ －1/1/2019 － DOD － ARCTIC － STRATEGY. PDF; “New U. S. Department of Defense Arctic Strategy Sees Growing Uncertainty and Tension in Region”, https：//www. highnorthnews. com/en/new － us － department － defense － arctic － strategy － sees － growing － uncertainty － and － tension － region。

⑥ David Auerswald, Terry L. Anderson, “China, Russia Move into the Arctic and Put US at Risk”, 转引自郭培清、杨楠《论中美俄在北极的复杂关系》，《东北亚论坛》2020 年第 1 期，第 28 页。

⑦ 郭培清、杨楠：《论中美俄在北极的复杂关系》，《东北亚论坛》2020 年第 1 期，第 30 页。

则和开展战略沟通、设施联通、贸易畅通、资金融通的同时，多向民心相通倾斜，打造中国与北极国家间的人文纽带、彰显生态关怀，树立中国国家的正面形象，使人类命运共同体的命运与共理念深入北极国家民心之中。

（二）中日韩三国北极项目中的俄罗斯因素

如上所述，中日韩三国在北极地区的发展中有着相互关联的利益和问题。因此，自2015年以来，中国和日本、韩国一直在努力协调北极政策，并定期举行“中国、日本、韩国北极高层对话”会议。对话每年举行一次，第一次会议于2016年4月在首尔举行，第二次会议于2017年6月在东京举行，第三次会议于2018年6月在上海举行。对于东北亚能源短缺的国家和以能源出口为导向的国家来说，北极的矿产资源和运输通道是一个非常敏感的问题，中日韩三国正在积极寻求利用北极地区的经济潜力。

俄罗斯北极地区的自然资源价值估计超过30万亿美元，俄罗斯拥有对北冰洋的管辖权，拥有破冰船，并在北极拥有气象、GPS和交通基础设施等有利的物质条件，俄罗斯可以导航北极海路。在这种情况下，俄罗斯与东北亚国家之间的合作具有坚实的基础，这种合作变得必不可少且极为重要。但是，经济利益并不是促进俄罗斯和中日韩等东北亚国家开展北极合作的唯一推动力，中日韩三国与俄罗斯一起正在探讨开展保护北极环境的研究活动以及环保技术合作等问题。

（三）中日韩三国北极项目的同质化竞争所带来的离心力

中日韩同为北极事务的重要利益攸关方、非北极国家与北极理事会正式观察员国，在北极航行自由、资源可持续开发、科学考察与环境保护等方面有着共同的利益诉求。[①] 然利益趋同既可以促进合作，也可能带来竞争。虽然目前来看中日韩在北极事务上合作大于竞争，但三国间暗藏着同质化竞争

---

① 中日韩三国在各自的北极战略中都提及了相关利益诉求，参见《中国的北极政策》，中华人民共和国中央人民政府网，2018年1月26日，http://www.gov.cn/xinwen/2018-01/26/content_5260891.htm；Ministry of Oceans and Fisheries, etc., “Arctic Policy of the Republic of Korea”, December 2013, http://library.arcticportal.org/1902/1/ （转下页注）

与角力的风险，在北极航道、北极资源与能源开发、北极外交伙伴国选择、极地装备制造等领域存在竞争关系。① 在极地装备上，中日韩三国之间存在破冰船制造之争；在伙伴国选择上，都将俄罗斯及北方海航道作为北极合作的伙伴国和北极航运开发的重点；在油气开采与利用上，存在天然气管道终点之争和液化天然气转运港口之争。

日本是一个高度依赖能源资源进口的国家，在北极事务上非常重视“中国因素”。在北极圈经济开发领域，中日都集中在资源、航道与科考上，而且在地缘上中国将自己定位为“近北极国家”，② 日本则试图集举国之力成为北极域外国家参与治理的代表。③ 敏感的历史问题和领土主权争端问题时常成为双边关系的绊脚石。虽然因中日韩三国在北极的业务尚处于起步阶段，还未发生因历史或政治因素而冲击北极合作的情况，但不排除历史问题等影响三国北极合作情况的发生。有研究认为，日本很可能在美日同盟的基础上，配合美国和北约强化封锁俄罗斯的大西洋包围圈，同时以配合美国阻挠中国参与北极事务为筹码换取美国解禁集体自卫权。④

（四）美国因素对中日韩北极合作的影响

中日韩北极合作除了面临三国之间的同质竞争、历史问题等阻力，还面临北极国家特别是美国的外在阻力。对北极国家来说，域外国家参与开发北极和利用航道，是机遇也是风险，北极国家对非北极国家存在排挤与打压心理并采取了一些措施，如俄罗斯和加拿大对北极航道采取了不同程度的限制

（接上页注①）Arctic_ Policy_ of_ the_ Republic_ of_ Korea. pdf；首相官邸総合海洋战略本部『我が国の北極战略』、https：//www8. cao. go. jp/ocean/policies/arcticpolicy/pdf/japans _ ap. pdf；小谷哲男「北極のガバナンスと日本の外交戦略」、http：//www. thearcticinstitute. org/2013/04/reviewarctic - governance - and - japans. html。

① 肖洋：《韩国的北极战略：构建逻辑与实施愿景》，《国际论坛》2016 年第 2 期，第 15 页。

② 《中国的北极政策》，中华人民共和国中央人民政府网，2018 年 1 月 26 日，http：//www. gov. cn/xinwen/2018 - 01/26/content_ 5260891. htm。

③ 肖洋：《日本的北极外交战略：参与困境与破解路径》，《国际论坛》2015 年第 4 期，第 74 页；肖洋：《中日韩俄在参与北极治理中的合作与竞争》，《和平与发展》2016 年第 3 期，第 83 ~ 84 页。

④ 李振福、何弘毅：《日本海洋国家战略与北极地缘政治格局演变研究》，《日本问题研究》2016 年第 3 期，第 8、10 页。

通行战略，而最大的阻力则来自美国。

作为北极国家，美国北极政策的体系化可以追溯到尼克松时代。① 此后，里根政府、克林顿政府、布什政府、奥巴马政府等陆续出台了关于北极政策的政府文件。美国更倾向在低政治领域与日韩保持长期合作，基本上不涉及高政治领域。除了科学考察和环境保护，美国并不希望包括盟国在内的域外国家介入北极高政治领域事务，更不乐见中日韩在北极事务上的合作。奥巴马在离任前签署了北极“油气开发禁令”，② 为美国与他国的资源合作开发设置了战略障碍。虽然在特朗普上台后，美国的北极战略出现转向，颁布了“实施美国优先的近海能源战略”总统令，并于 2018 年推出允许近海油气开发的政府计划，③ 推翻了奥巴马的禁令，曾一度被认为可能迎来北极“能源开发时代”，④ 为日韩与美国在北极的能源开发、极地装备和设施建设方面的合作创造机遇，然随着特朗普谋求连任失败，拜登政府有可能恢复“油气开发禁令”：拜登在竞选期间就一直宣扬一个重要口号与计划，即“绿色新政”，承诺上任第一天就重返《巴黎协定》，⑤ 推进清洁能源经济。可以预期的是，日韩与美国合作的领域依然会侧重环保和科考方面。美国强化北极环保而非能源开发，将会以极高的环保要求和标准力图把中国排除在外。中国恐将难以在美国主导的北极环保框架下实现与日韩的合作。

由于美国的北极能源开发禁令和不愿非北极国家涉足北极，日韩两国在北极航道利用、资源开发与设备制造等方面的主要合作国是俄罗斯而非美国。但作为边缘地带国家和美国的盟国，其谋求进入开发与治理北极“核

① 大西富士夫「米国の北極政策の政策文書」、『国際関係研究』（日本大学）第 36 巻 1 号、2015. 10。

② Felicia Bakker, “Arctic Policy of The United States 2001 – 2017: Old Wine in New Bottles?” MA Internatioal Relations Thesis, Leiden University, March 30, 2018, pp. 1 – 35.

③ The White House, “Presidential Executive Order: Implementing an America-First Offshore Energy Strategy”, https://www.whitehouse.gov/the – press – office/2017/04/28/presidential – executive – order – implementing – america – first – off – shore – energy; “Trump Administration Plans to Allow Oil and Gas Drilling Off Nearly All U.S. Coast”, January 4, 2018, https://www.theguardian.com/environment/2018/jan/04/trump – administration – plans – to – allow – oil – and – gas – drilling – off – nearly – all – us – coast。

④ 郭培清、邹琪：《特朗普政府北极战略的调整》，《国际论坛》2019 年第 4 期，第 19 页。

⑤《拜登推“绿色新政”，誓言上任第一天重返巴黎协定!》，搜狐网，2020 年 6 月 10 日，https://www.sohu.com/a/400862769_778776。

心圈”的尝试，在很大程度上取决于能否突破美国的限制。[①] 韩国的“新北方战略”意在与中国的“一带一路”倡议以及俄罗斯的“向东看”对接，然这与美国视中俄为主要挑战者和战略竞争对手的定位并极力进行打压的战略背道而驰，[②] 也与美国全面制裁朝鲜、经济制裁俄罗斯和科技制裁中国的战略南辕北辙。中韩关系的发展一直受到美国的严重掣肘，[③] 特别是在美国加大对华战略压力的情况下，美国更不愿看到中日韩在北极形成合力、开展合作，以及中国“冰丝”途经美国“家门口”白令海峡的航线常态化。随着美国“印太战略”的深化，美朝缓和的戛然而止，以及韩国“新南方战略”的强化和“新北方战略”停滞不前，韩国的北极航路开拓进程受阻。如果美国将中国的北极事务与南海局势联系起来，无疑将是中国北极战略实施的最大障碍与威胁。[④] 在北极事务上，日韩面临着如何在中、美、俄之间斡旋与平衡的问题。

结　语

综上所述，冷战结束以来，北极地区多边合作趋势日益明显，北极地缘政治的变化为中日韩等国，以及俄罗斯和美国提供了巨大的机会。[⑤] 根据 NIC2008 年《世界趋势 2025》预测，[⑥] 如果北冰洋开放，日本、韩国和中国将从地理邻近性和技术能力中受益最多。事实上，中国和韩国的工业地带连接北冰洋的最短路线是从日本海经过津轻海峡或宗谷海峡到白令海峡的路线。

---

① 罗英杰、李飞：《大国北极博弈与中国北极能源安全》，《国际安全研究》2020 年第 2 期，第 99 页。

② 美国在一系列重要的国家战略报告中将中俄定位为主要挑战者以及美国的应对，参见 Anthony H. Cordesman, Grace Hwang, *U. S. Competition with China and Russia: The Crisis-Driven Need to Change U. S. Strategy*, CSIS Report, August 11, 2020。

③ 王晨光、孙凯：《“冰上丝绸之路”背景下的中韩北极合作》，《韩国研究论丛》2019 年第 2 辑，社会科学文献出版社，2020，第 255 页。

④ 夏立平、李晓裳、郑明华：《中美北极地区合作的可能与展望》，《国际学术动态》2019 年第 6 期，第 48 页。

⑤ 小谷哲男「第 7 章北極問題と東アジアの国際関係」、公益財団法人日本国際問題研究所『北極のガバナンスと日本の外交戦略』、2013. 3、http://www.thearcticinstitute.org/2013/04/reviewarctic-governance-and-japans.html。

⑥ US National Intelligence Council, *Global Trend 2025: A Transformed World*, November 2008, p. 53.

尽管中日韩在历史与海洋问题上依然存在难解的纠葛，双边关系整体呈现“政冷经热”现象，三国在北极事务上也存在竞争关系，但中日韩在北极的共同利益诉求使三国有着较大的合作空间，总体上来看属于以合作为主的竞合关系。事实上，三国也已积累了良好的先期合作意愿和经验，为中日韩北极战略对接与北极事务合作打下了良好基础。如，韩国试图从桥梁国家逐步向枢纽国家转变，以降低对大国的依赖，① 加强国际合作是其意图实现的路径之一。韩国曾建议成立“韩中日北冰洋合作委员会”，共同应对北极的资源开发和环境保护问题，建议中日韩在北极数据共享、合作研究、北极治理以及关注北极国家涉北极立法等方面加强合作。② 日本也主张多国共同治理，以追求经济利益为主，加强国际合作，推动北极地区的资源开发与利用，扩大同各国之间的共同利益，实现多方共赢，并表达了在北极理事会框架内推动中日韩合作的意向。③ 中国作为“近北极国家”，正在从经济角度加强对北极事务的积极参与力度。中国“冰丝”的发展也离不开日韩及其沿线海港的支持。中韩已达成北极问题相关双边考察协议。自 2016 年开始，三国启动了机制化的北极事务高级别（大使级）对话机制，磋商与协调共同关切的北极问题与科研合作等。中日韩共同参与了亚马尔液化天然气项目，日本参与了中国和芬兰主导的跨北极海底光缆项目等。

从国际机制来看，北极事务由《联合国宪章》《联合国海洋法公约》《斯约》等国际条约和一般国际法予以规范。北极问题已超出北极国家间问题和区域问题的范畴，涉及北极域外国家的利益和国际社会的整体利益，攸关人类生存与发展的共同命运，具有全球意义和国际影响。④ 国家作为理性行为体在利用战略理性决策时应考虑到本国行动与他国行动之间的互动。

---

① Watson I.，“From Middle Power to Pivot Power：Korea as an Arctic Observer in the Age of Eurasia”，*Pacific Focus*，Vol. 33，No. 3，2016，pp. 333 – 356，转引自叶滨鸿、程杨、王利、杨林生《北极地区地缘关系研究综述》，《地理科学进展》2019 年第 4 期，第 495 页。

② 朴永珉，「한·중·일의 북극 전략과 협력 거버넌스의 구축 필요성」，『中苏研究』，제 39 권제 1 호，2015 봄，p. 225.

③ 肖洋：《日本的北极外交战略：参与困境与破解路径》，《国际论坛》2015 年第 4 期，第 77 页；小谷哲男「第 7 章北極問題と東アジアの国際関係」、公益財団法人日本国際問題研究所『北極のガバナンスと日本の外交戦略』、2013. 3、http：//www. thearcticinstitute. org/2013/04/reviewarctic – governance – and – japans. html。

④《中国的北极政策》，中华人民共和国中央人民政府网，2018 年 1 月 26 日，http：//www. gov. cn/xinwen/2018 – 01/26/content_ 5260891. htm。

“没有一个国家可以在完全不考虑他国选择的情况下达到对自己最佳的结果。”理性的国家不但关注自身收益，同时也关注对方收益，并时刻根据对方行为对自身行为进行修正。① 而且，北极恶劣的自然环境决定了北极资源开发与北极航道利用非一国所能完成，需要多边国际合作。中日韩三国都提出了北极是“全人类的领地”（province of all mankind）的构想，② 即北极的发展应由所有有迫切需要的国家来安排，提供相关金融、经济和技术机会。

为此，中日韩三国在北极事务上宜排除一切干扰，加强共同身份认同，进行全方位战略合作，而非战略竞争，在北极事务多边合作框架下，在与北极国家（A8）和环北冰洋国家（A5）的合作或角力中团结一致。三国可以尝试借助中日韩三国合作秘书处（TCS）成立东北亚非北极国家理事会，以加强三国在北极事务上的合作与沟通，规避矛盾与恶性竞争，同时形成向北极国家争取正当北极权益的合力，以共同抵制和弱化北极国家对域外国家正当北极利益的限制和排斥。

---

① Duncan Snidal, “The Game Theory of International Politics”, *World Politics*, No. 1, 1985, pp. 25 - 57；白佳玉、齐郁：《成本效益分析视角下中国参与北极合作的实证考察与战略阐析》，《中国海洋大学学报》2019 年第 3 期，第 74 页。

② Zhuravel V. , “China, Republic of Korea and Japan in the Arctic: Politics, Economy, Security”, *Arctic and North*, Vol. 24, No. 3, 2016, p. 126.

角色变迁与韩国对日政策逻辑的调整*

王箫轲

【内容提要】国家角色的变迁反映了国家对外政策变化的总趋势，韩国近年来对日政策强硬的背后就是其认为自身角色发生了变化。在经济上，韩日之间的垂直分工正在转向水平分工，韩国对日经济依赖显著下降。在政治上，自主国防能力的提高、地区局势的缓和以及美国斡旋不足等使得韩国追求和日本更具实质性平等地位。国家角色的变迁影响了韩国对日政策的决策逻辑，使其缺乏对日妥协的动力。但是，日本并不认可韩国的角色变迁，韩日间的角色冲突导致了双边关系的持续恶化。未来韩国对日政策是否会发生调整，则取决于韩国国家角色的变迁能否持续。

【关键词】角色变迁　角色冲突　韩日关系　贸易争端

【作者简介】王箫轲，博士，吉林大学东北亚研究中心副教授，主要从事朝韩政治与外交研究。

自2018年因为劳工赔偿问题发生纠纷之后，韩日两国间不仅爆发了旷日持久的贸易争端，双边政治关系也明显下滑。韩国多次威胁不再续签《韩日军事情报保护协定》，在2021年《国防白皮书》中将对日本的表述从“伙伴”变成了“邻国”，日本则在2020年《国防白皮书》中删除了“和韩国在多个领域开展防务合作”的内容。可以说，韩日纷争已经不再是单纯的历史问题和贸易问题，而是涉及两国整体关系恶化的问题。拜登政府上

* 本文为教育部人文社会科学重点研究基地重大项目“东北亚国际与地区重大问题跟踪及应对研究”（22JJD810035）的阶段性研究成果。

台后，加大了对韩日关系的调停力度，但双方在二战劳工和“慰安妇”问题上的分歧依然巨大，双边关系改善前景不容乐观。

围绕历史问题出现纷争是韩日关系中的周期性现象，但这一轮纷争与以往存在着很大的不同。在过去，韩日关系中的历史问题基本上都是由日本率先挑起，此轮日韩争端的直接起因是韩国主动就历史问题向日本做出强硬举动。有研究认为，文在寅政府的进步立场是韩国对日政策调整的主要原因，日本政府的强硬措施则加剧了双边关系的恶化。[①] 但韩国进步派执政并不必然会从自身的历史认识出发来制定对日政策。金大中和卢武铉都曾在历史问题上保持低调，不愿意主动挑起与日本在历史问题上的争端。[②] 在他们任期内韩日爆发历史争端的起因都是日本主动挑起事端，而且争端也没有导致双边关系持续恶化，韩方往往将历史与经济、安全问题分开处理。

本文拟引入“国家角色”的概念，认为韩国在此轮韩日争端中长时间坚持对日本强硬姿态，并不惜将争端扩大到经济、安全领域，主要原因在于韩国对自身国家角色的认知出现了变化，从而影响了对日政策的决策逻辑。这种认知不仅是执政者的主观认识，也是整个社会对韩国实力地位变化的广泛共识。韩国的这种角色认知与日本对韩国的认知发生了冲突，这种冲突导致了韩日关系的恶化。

一　国家角色、角色变迁与角色冲突

角色原本是一个社会学的概念，意指处在某一定社会地位的个体或群体，在实现与该地位相联系的权利和义务时，所表现出的符合社会期望的行为和态度的总模式。[③] 角色作为行为和态度的总模式，是行为者对自身行为

① 苏英和、刘江永：《韩日关系恶化的成因、背景及前景》，《东北亚论坛》2020 年第 1 期，第 118 ~ 119 页。

② 1998 年金大中访日时，韩日发表了《21 世纪韩日新伙伴关系共同宣言》，日本就过去的殖民统治向韩国作书面反省和道歉，金大中表示今后不再提历史问题，从而使两国首次以文件的形式“清算”了过去的历史。同样，卢武铉总统访日时曾表示，“在本政府任期内不从政府角度提及历史问题”。参见姜宅九《“静观政策”未能使日本改变对韩恶意》，《世界知识》2005 年第 11 期，第 32 页。

③ 教育大辞典编纂委员会编《教育大辞典・第 5 卷・教育心理学》，上海教育出版社，1990，第 438 页。

应该是什么的理解、社会对他/她的期望和这个行为者所处特定背景的结合。[①] 角色理论试图从人们所处的地位或身份去解释人的行为，这一理论被引入国际关系研究后，成为外交政策分析的一个重要手段。

在国际社会中，国家是最主要的“角色”。根据霍尔斯蒂的定义，国家角色包括角色实践（national role performance）和角色观念（national role conception）两个方面。角色实践指的是政府的一般外交政策行为，包括了态度、决策、反应、功能和承诺等一系列针对其他国家的行为模式。角色观念指“政策制定者对什么样的角色、义务、规则和行为与他们的国家身份相符合的主观认知和判断，以及对国家在国际体系和次体系中应该具有的功能的判断”。[②] 角色观念实际上就是国家对自身应扮演角色的认知，它构成了大部分国家对外政策制定的重要基础。

国家角色概念非常强调政策制定者的主观性。领导人或者少部分人构成的决策群体的取向成为决定外交政策的重要因素。但这并不意味着不考虑各种客观的国内外变量，国家角色的概念并不试图仅以决策者个人的特质为基础来解释国家行为。相反，它的效用在于将情境变量整合到行动者国家观念的形成中。霍利斯和史密斯认为，角色是结构和行为者之间的双向互动过程，因为政策制定者产生于国内和国际环境当中，并暴露于许多情境变量之下，这些变量塑造了他们在国际体系中对其国家的个人印象。[③] 角色理论强调的是，外在变量对决策者的影响和决策者对身份、利益和目标等的认知之间的相互作用。从这个意义上来说，国家角色就是国内对于本国作为一个社会集体在国际舞台上的适当身份、地位的共同看法和理解。作为历史记忆和社会化的产物，国家角色的概念是政府在不同情况下的行为和反应的规范和标准的来源。[④]

国家角色并非一成不变，引发国家角色变迁的可能是国家实力和国内政治

---

① Stephen Walker, ed., *Role Theory and Foreign Policy Analysis*, Duke University Press, 1987, pp. 242 - 243.

② K. J. Holsti, “National Role Conceptions in the Study of Foreign Policy”, *International Studies Quarterly*, Vol. 14, No. 3, 1970, pp. 245 - 246.

③ M. Hollis and S. Smith, *Explaining and Understanding International Relations*, Oxford University Press, 1990, p. 167.

④ Jacques E. C. Hymans, *The Psychology of Nuclear Proliferation*, Cambridge University Press, 2006, p. 19.

社会的变化、领导人对自己国家角色认知的变化，以及国际体系权力结构的变化等。国家行为和对外政策自然会围绕国家在国际体系中角色的再定位而变化，尤为重要的是，国家角色的变迁反映的是一个国家对外政策变化总的规律和趋势，而不是战术性的或短期的调整。[①] 但是，一个国家的角色并非只有自身的认知，外部的认知和自身的认知有时并不完全一致，甚至会存在巨大差异，这就导致角色冲突的产生。[②] 而角色冲突所导致的国家间矛盾往往是持久的和难以调和的，除非各方就相关的角色认知达成趋同或一致的意见。

二　韩国在韩日经济关系中的角色变迁

自韩日建交以来，韩国在相当长的时间内都处于相对弱势的地位。在韩日建交过程中，在经济上对日本的需求就是朴正熙政府推动韩日关系正常化的主要动力。在美国的大力斡旋下，韩日两国于 1965 年签署了《韩日基本关系条约》，实现了关系正常化。在此后相当长的时间内，韩国在综合实力上与日本存在较大差距，经济上对日本依存度极高，两者在东北亚国际体系中的角色定位处于完全不对等状态。

图 1 显示了韩日 GDP 与人均 GDP 变化情况。在经济总量上，韩国一直到 1994 年之前始终没有超过日本的 10%。但随着日本经济增长长期停滞，韩国 GDP 占日本的比重开始缓慢上升。2014 年，韩国 GDP 占日本的比重第一次超过了 30%，并在此后一直维持，2018 年达到了 35%。在人均 GDP 上，韩国与日本的差距缩小得更快。2007 年，韩国人均 GDP 就达到了日本的 68%，2018 年则达到了 85%。考虑到人口和国土面积的差异，韩日在人均 GDP 上的迅速靠近，使得韩日两国国家角色的不对等性在逐渐减弱。如果根据经合组织（OECD）使用购买力平价计算的话，韩国在 2018 年时人均 GDP 就已经超过了日本。[③] 韩国社

---

① 张清敏：《对外政策分析》，北京大学出版社，2019，第 224 页。

② 国家的角色冲突还包括：同一个国家扮演不同角色之间的冲突，同一个国家在不同历史时期扮演的角色间的冲突，不同国家扮演不同角色间的冲突。本文讨论的主要是一个国家对自身角色的认知与他者的认知（角色期望）之间的冲突。

③ 2018 年日本人均 GDP 为 41724 美元，韩国为 42487 美元。参见“GDP and Spending”，OECD Data，https：//stats. oecd. org/sdmx - json/data/DP _ LIVE/JPN + KOR. GDP. TOT. MLN _ USD. A/OECD? contentType = csv&detail = code&separator = comma&csv - lang = en&startPeriod = 2000&endPeriod = 2019。

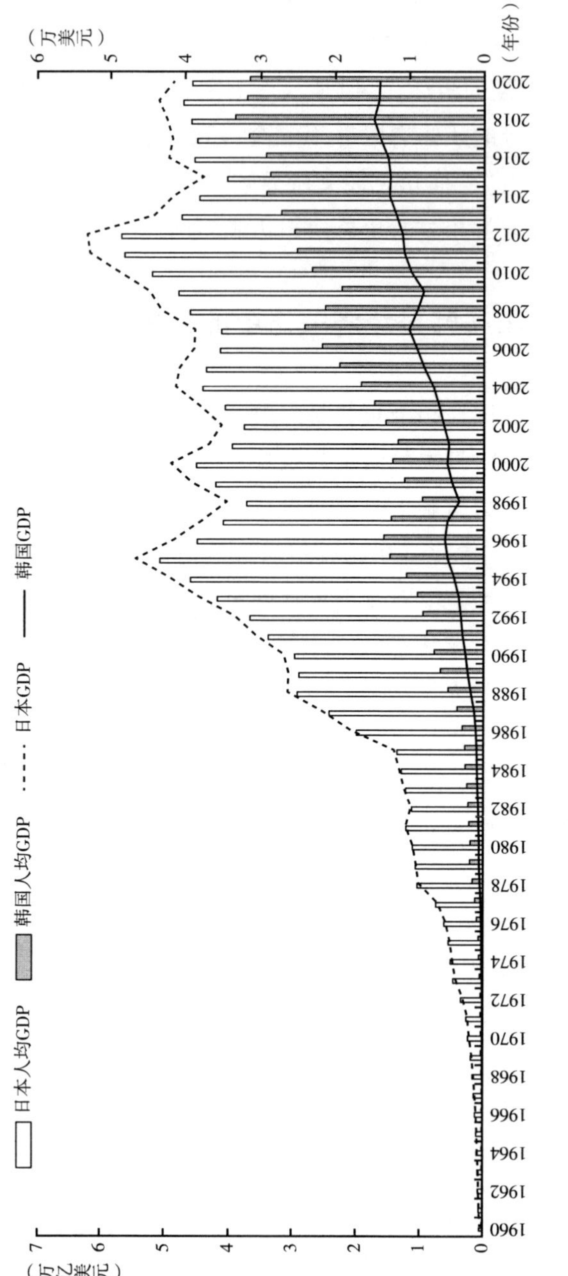

图 1　韩日 GDP 与人均 GDP 比较（1960～2020）

数据来源：1960～2019 年数据来自世界银行，2020 年数据根据韩国央行和日本内阁公布的 GDP 增长率计算所得。

会也因此变得对日本更加自信，有韩国媒体以“‘非凡的日本、弱小的韩国’已经不复存在”来报道这一事件，[①] 韩国央行的官员也称“从长期趋势来看，韩国的经济水平已经变得等同于日本”。[②]

在对日本的经济依赖上，韩国的角色地位也在上升。从 20 世纪 60 年代到 80 年代，韩国 46.88% 的外国投资来源于日本。1990 年以后，韩国引进外资多元化，日本对韩直接投资占比下降，但投资金额却大幅上升，2012 年达到峰值 45.41 亿美元，占当年韩国引进外资的 27.89%。但自此之后，日本对韩直接投资在金额和占比上都开始显著下降。2014 年以后，日本对韩直接投资占比下降到了个位数（见图 2）。韩国对日本进出口额占韩国对外贸易额的比重也在持续下降，2013 年以后出口占比维持在 5% 左右，进口占比则维持在 10% 左右。[③] 面对这种变化，韩国学者认为，韩国与日本之间不平等的和纵向的经济关系已经瓦解，并将其原因归结为韩国的政策理念、发展战略、经济结构的调整，以及外部环境的变化。[④]

除了上述变化，在产业链上韩国对日本核心技术的依赖程度也在降低。日韩两国在对方增加值出口中的参与占比[⑤]在 2014 年时已经高度接近。日本增加值出口中韩国参与占比为 7.21%，韩国增加值出口中日本参与占比为 7.78%。日本在全球价值链上的上游优势地位，也在 2012 年之后开始下降，韩国反而在上升，两国的差距在逐渐缩小。[⑥] 日本 2019 年对韩国的出口管制并没有使韩国半导体产业遭到重创，反而加速了韩国相关材料的国内生产进程。在韩国政府的研发补贴和政策促进下，三星和 SK 海力士等企业

---

① 정민구·원인성,『넘사벽 일본, 약소국 한국'은 더이상 없다』, OhmyNews, 2020 년 8 월 14 일, http://www.ohmynews.com/NWS_Web/View/at_pg.aspx?CNTN_CD=A0002666909.

② 고은경,『물가 기준 한국 소득이 마침내 일본을 추월했다고?』, 한국일보, 2020 년 3 월 5 일, https://www.hankookilbo.com/News/Read/202003051107053452.

③ 韩国进出口银行，https://stats.koreaexim.go.kr。

④ Kim Gyu-Pan, "Korea's Economic Relations with Japan", KEI, ed., *Korea's Economy*, Vol. 31, 2017, pp. 23 - 28; Sang-young Rhyu and Seungjoo Lee, "Changing Dynamics in Korea-Japan Economic Relations: Policy Ideas and Development Strategies", *Asian Survey*, Vol. 46, No. 2, 2006, pp. 195 - 214.

⑤ 日本增加值出口中韩国的参与占比，反映日本出口对韩国的分工依赖程度；韩国增加值出口中日本的参与占比，则反映韩国出口对日本的分工依赖程度。

⑥ 潘安、郝瑞雪：《全球价值链分工视角下日韩贸易摩擦的原因分析》，《现代日本经济》2020 年第 2 期，第 33 ~ 43 页。

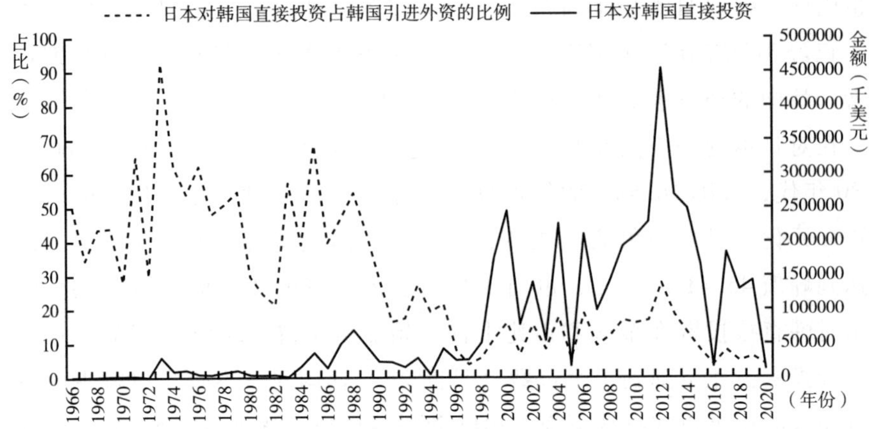

图 2　日本对韩国直接投资及所占比重（1966～2020）

数据来源：韩国进出口银行，https：//stats. koreaexim. go. kr。

迅速填补了无法从日本进口相关材料的空白。[①] 这些都反映了韩日经济关系正在从过去的垂直关系转变为水平关系，两国从“不对称和互补”转向“对称和相互竞争”的结构性变化达到了动摇双边关系平衡的水平。[②]

三　韩国在韩日政治关系中的角色变迁

韩日政治关系的重要基础是美韩、美日同盟体制，而在这一体制建立之初，韩国的战略地位就远不及日本。1950 年时，美国曾将韩国排除在太平洋防线之外。1951 年《旧金山和约》的签署也排斥了韩国的参与，和约不仅没有对韩国要求的独岛归属权做出规定，还否定了韩国的对本已归属韩国的日本财产的既有权利，规定日韩两国应通过直接交涉解决上述财产的所有权问题。[③] 和约对日本的偏袒为日后韩日纷争埋下了伏笔，也说明在美韩、美日同盟体系下，韩国的角色明显弱于日本，这是由韩国和日本巨大的国家

① 细川幸太郎：《韩国半导体正稳步摆脱日本》，日经中文网，2021 年 2 月 9 日，https：//cn. nikkei. com/industry/itelectric－appliance/43756－2021－02－09－04－59－20. html。

② 권다희,『소니가 지고 삼성이 뜨자 한일관계가 변했다』,머니투데이，2019 년 12 월 27 일，https：//news. mt. co. kr/mtview. php？ no＝2019122609567698718.

③ 参见安成日《当代日韩关系研究（1945～1965）》，中国社会科学出版社，2009，第 96～102 页。

实力差距，以及对美国战略意义的差异所决定的。

朴正熙上台后，韩国奉行“经济第一主义”，与日本建交的迫切性增强。再加上美国斡旋力度的加强，朴正熙在财产请求权和海洋划界问题上做出了让步，与日本签署了《韩日基本关系条约》和一系列附属文件。在建交谈判过程中，日本利用美国急切促交，韩国急于成交，压韩让步，争取达成了对日本有利的协议。[①] 韩国的处境则相对被动，出于美国的压力和急于发展经济，接受了这一条约，反映了其在美日韩三角关系中的弱势地位。在韩日建交之后，美日韩得以形成东北亚的“南三角”同盟体制。在这个体制中，韩国处于冷战对抗的前哨阵地，日本则是美国远东指挥中枢。整个冷战期间，美韩同盟只是纯粹的军事同盟，美日同盟则是政治和战略同盟，韩国始终是美日韩三角结构中最为弱势的一方，其角色地位明显低于日本。[②]

冷战结束前后，韩国的北方外交取得重大突破，中韩、苏（俄）韩相继建交，尤其是中韩关系的迅速发展，以及韩国自身实力的不断提高，显著提升了韩国在美日韩三角结构中的地位。同时，原有的“北三角”不复存在，共同安全威胁大大降低，日本对韩国国家安全的保障作用也不再那么明显。韩国在面对与日本的历史问题、领土纠纷时，变得比以往更加强硬。但是，韩国尽量将历史、领土问题与政治、安全、经济等问题分开处理。例如，卢武铉政府就独岛问题同日本展开外交战时，就明确提出了将历史问题和经济、安全、文化分开处理的原则。[③] 韩国依然重视日本的作用，日本在韩国的对外政策序列中，处于仅次于美国的位置。

进入 21 世纪以后，韩国经济实力的持续增长和日本经济长期停滞的对比，使得韩国领导人和民众的自信心不断增强。在对日交往中，韩国领导人越来越敢于就他们以前会回避的问题发表意见或采取行动。如 2012 年 8 月 10 日，李明博成为首位登上独岛的韩国总统。在民众层面，这种自信表现为对韩日历史问题与其他问题分开处理的反对。2015 年已经有 55.5% 的韩国人认为应当将韩日历史问题与其他问题一起处理，2020 年这一比例上升

① 王德复：《论 60 年代日韩关系演变及其影响》，《外交学院学报》1997 年第 4 期，第 37 页。

② 参见石源华、汪伟民《美日、美韩同盟比较研究——兼论美日韩安全互动与东北亚安全》，《国际观察》2006 年第 1 期，第 61 ~ 63 页。

③ 이원덕,「한일관계와 역사마찰」,『日本研究論叢』2014 년 제 40 호, p. 265.

到了61.2%。[①] 超过半数的韩国民众不担心历史问题影响韩日政治、安全及经济等其他关系。到朴槿惠任职时，韩国总统第一次在没有访问日本之前先访问中国。这些都说明，日本在韩国外交序列中的地位已经出现显著下滑。

朝韩关系的变化也使得韩国的国家角色发生了变化。朝韩关系自2018年以来的缓和态势，使得韩国依靠美韩、美日同盟保障国家安全的意图有所下降。在过去，驻日美军是美国应对朝鲜半岛问题的重要战略保障，日本对朝情报收集也是韩国获得朝鲜情报的重要来源。但随着朝韩关系的缓和与韩国自主国防能力的提高，韩国在安全上对日本的倚仗继续降低，反而视日本不断强调“人质问题”为朝鲜无核化问题上的障碍。在特朗普任期内，韩国积极斡旋并促成了三次美朝首脑会谈，文在寅政府有理由认为自己在美韩同盟内的话语权因此而提升。与此形成对比的是，日本在朝核问题上长期缺位。2018年4月、6月安倍晋三两次与特朗普会谈，希望美国能在美朝首脑会晤上表达日本的关切。[②] 但从最终美朝首脑会谈的结果来看，特朗普并没有理会日本的要求，使得日本在朝鲜半岛问题上被明显边缘化。这也导致韩国对美韩关系更具信心，认为自己在美日韩三角结构中的角色地位显著上升。

美国特朗普政府同盟管理策略的调整也是韩国认为自身角色地位上升的重要原因。美国在韩日两国历史问题上，向来是以“不介入”为主要立场，尽量将美日韩三边安全体系与历史问题脱钩。[③] 如果韩日之间的矛盾愈演愈烈，美国通常只是不情愿地在最后一刻介入。特朗普政府对此表现得更是尤为消极，其同盟管理策略本身就侧重于盟国对美国的支持而不是美国对盟国的付出，对维持美国的战略信誉、同盟承诺等缺乏足够的兴趣。因此，特朗普政府在韩日矛盾中的调停意愿非常消极。这种消极的不介入态度，使得韩国认为“美国偏袒日本的时代已经过去了”。

---

① Seunghee Oh, “South Korea’s Hostile Views toward Japan Amid Aggravating Bilateral Relations”, *EAI Issue Briefing*, 21 July 2020, p. 5.

② 程桂龙：《日本朝核政策的转变与发展研究》，《国际关系研究》2020年第6期，第96～111页。

③ 李枏：《同盟管理的两难困境：以美日韩三边关系为例》，《当代美国评论》2019年第3期，第61～79页。

四　角色变迁与韩国对日决策逻辑的变化

无论是经济角色还是政治角色，韩国都有足够的理由认为自己在韩日关系中的角色地位在上升，并有望超越日本。而且，近年来，韩国军费开支也直追日本；2022 年，韩国军费开支为 464 亿美元，日本为 460 亿美元，韩国军费开支甚至超过了日本①。在这种情势下，韩国对日政策的决策逻辑自然会发生变化。

在日本对韩国经济影响巨大的时代，韩日关系的恶化必然冲击韩国经济。依靠日本提供资金和技术的韩国工商界会通过各种方式向政府施加压力，政府也会正视韩日关系的重要性，将双边关系的风险控制在可接受的范围内。② 因此，韩日即便在关系紧张时也会保持经济上的持续合作。但在韩国角色地位上升日本角色地位下降的情况下，这种机制的运作便出现了问题。当日本作为经济伙伴的地位大大下降时，韩国工商界主动“灭火”的动力必然大幅减弱。在外部安全威胁减小、自身防卫能力提高，且没有受到来自美国的显著压力的情势下，韩国政治精英对日妥协的动力也会减弱。

在 2019 年 7 月日本宣布对韩国采取贸易限制措施以后，韩国工商界、舆论和学术界高度关注，其中不乏对日本“束手无策”和韩国经济将“遭受重创”的声音。不过，从韩国工商界人士的实际反应来看，他们认为虽然出现了巨大的困难，并且希望韩日关系能够缓和，但也认为日本贸易限制带来的困难并非不能克服。如三星电子总裁高东进表示，对“以高质量和创新度过危机”充满信心。③ LS（原 LG 产电）集团董事长具滋烈称，“研发是克服日韩贸易冲突的关键”。④ 而这种困难并非不能克服的背后，就是

① Nan Tian et al.，“Trends in World Military Expenditure 2022”，SIPRI Fact Sheet，April 2023，p. 2，https：//www. sipri. org/sites/default/files/2023 – 04/2304_ fs_ milex_ 2022. pdf.

② Kimura Kan，“Explaining South Korea’s Sharp Shift in 2018 toward Japan”，*The ASAN Forum*，No. 2，2019，pp. 8 – 9.

③ 강은성,『고동진 사장 “韓日 갈등 · 미중분쟁 ‘사면초가’ ... 그래도 버틸 저력 있다”』, News 1 Korea, 2019 년 8 월 8 일, https：//www. news1. kr/articles/? 3690933.

④ 최재서，『구자열 “R&D 가 한일 무역갈등 타개 핵심” ... ‘LS T-페어’ 개최』, 연합뉴스, 2019 년 9 월 24 일, https：//www. yna. co. kr/view/AKR20190924051600003？input = 1195m.

韩日经济关系的趋于平等化。韩国在半导体产业链上的地位异常重要，日本若中断对韩国半导体的原材料供应，日本企业也无法从韩国采购存储器、OLED 面板等关键部件，而且会影响整个全球产业链的供应。[①] 因此，日本对韩国的出口仅是限制而非中断。韩国企业也凭借其技术积累和科研攻关，在短时间内迅速提高了部分原材料、零部件的国产化率。

韩国企业界的能力提高，使得韩国政府有底气对日本持强硬态度。文在寅总统在与 30 家大企业集团总裁和经济团体领袖进行座谈后，并没有出现被说服向日本妥协的情景，反而启动了对企业的扶持计划以提高国产化。[②] 在日本宣布将韩国从战略产品出口“白名单”中删除的当天，文在寅总统强硬表态，韩国不会屈服于挑战，韩国不会再输给日本，韩国企业和国民有能力克服困难，化逆境为飞跃，在经济上超过日本。[③] 随后，韩国政府宣布再增加至少 1 万亿韩元的财政预算支持，增强在半导体、汽车和基础化学等领域的产业竞争力。[④]

同样，在安全领域，外部威胁的减弱和韩国自主国防能力的提高，也使得韩国对于日本的安全需求降低，韩国政府维系韩日安全关系的意愿也会削弱。长期以来，朝鲜一直被韩国视为国家安全的最大威胁。美国在日本的基地和驻军是支持驻韩美军、保障韩国国家安全的重要力量，因此维持与日本的关系是不可或缺的。但随着韩国自主国防能力的不断提高，尤其文在寅政府在过去几年间与朝鲜关系的改善，日本在安全上对于韩国的意义也在下降。尽管韩朝关系依然存在巨大的不确定性，但文在寅政府执行的对北缓和政策大大降低了朝鲜对韩国的敌意。即便是朝鲜在核与导弹问题上没有发生根本性立场变化，但朝韩间相比较 2010 年天安舰事件以来的持续敌对姿态已经发生了明显改善。在这种情况下，日本在安全上对韩国的意义也出现了下降。

在日本方面，其并不认可韩国的这种角色变迁。在日本看来，它仍然是

---

① 「일본의 對한국 수출규제와 전망」,『KIEP 기초자료 19-11』 2019 년 8 월 1 일, p. 17.

② 《文在寅与财界共商应对日本限贸释放强硬信息》，韩联社，2019 年 7 月 10 日，https：//cn. yna. co. kr/view/ACK20190710002500881。

③ 코리아,「화이트리스트: 문재인 대통령, '일본 대응'긴급 국무회의 모두 발언(전문)」, BBC News, 2019 년 8 월 2 일, https：//www. bbc. com/korean/news－49202163.

④ 《综述：韩国推进产业结构改革应对日韩贸易摩擦》，新华网，2019 年 8 月 5 日，http：//www. xinhuanet. com/2019－08/05/c_ 1124839727. htm。

世界第三大经济体，并且是美国在东亚最重要的盟友。长期以来对日韩关系的等级差异惯性思维，使得日本对于韩国的角色身份存在不同看法。日本是从美日安全同盟和美韩安全同盟的主次地位，以及作为东亚传统地区大国的视角和身份来同韩国进行外交往来的。日本认为，其和韩国的关系是地区盟国结构当中大国与小国的关系、引领国与普通国家的关系、次盟主国与普通成员国的关系。[①] 这就意味着韩国的国家角色出现了自我认知和他者认知的冲突，这种冲突就成了韩日关系出现旷日持久矛盾的主要原因。

结　语

从国家角色变迁和角色冲突的角度出发，可以从更根本性和长远性的角度认知韩国的对日政策和韩日关系。韩国的对日政策也会受到执政党的执政理念及总统个人因素的影响，但正如本文所提到的，国家角色是社会化的产物，国家角色变迁对外交政策的影响是长期的。国家实力上升带来的角色变迁，已经在韩国社会形成了新的对日政策氛围，在这种氛围下政权轮替难以使对日政策发生重大逆转。需要注意的是，韩国国家角色的变迁并非线性的，它也存在一些不确定性。如国家实力的差距是否持续缩小，美国的调停力度是否增强，以及朝鲜半岛安全局势的改善能否持续等，这些变量会对韩国在韩日关系中的地位变迁持续发生作用。如果韩日间的实力地位持续缩小，韩日间的角色冲突就无法避免且将持续下去。外部安全环境恶化、美国对韩日关系改善的压力增强，则会一定程度抵消韩国国家角色地位上升带来的自信，进而影响韩国的对日政策。

① 周永生：《安倍政府时期日本对韩国外交政策演变：从拉拢到打压》，《当代韩国》2020 年第 3 期，第 62 页。

驻韩“联合国军”司令部的“复活”：以美国的战略考量为中心*

宋文志

【内容提要】 驻韩“联合国军”司令部是朝鲜战争的遗留问题，涉及朝鲜半岛停和机制转换、美韩联合防卫机制调整、美国的亚太战略等重要问题。20世纪70年代后，驻韩“联合国军”司令部一度被遗忘，但是，近期美国重新强调驻韩“联合国军”司令部的存在，试图“复活”驻韩“联合国军”司令部的相关职能。梳理“联合国军”司令部职能演变历程可以发现，在美韩联合防卫机制中美国地位的变化、朝韩关系的发展以及构建对华竞争的战略应对体系等是美国“复活”驻韩“联合国军”司令部的核心因素。另外，美国在驻韩“联合国军”司令部上的政策演变也体现了美国根据利益的需要及形势的变化，不断创建制度、调整制度，甚至“复活”制度的战略行为特点。

【关键词】“联合国军”司令部　美韩同盟　韩国战时指挥权　驻韩美军

【作者简介】 宋文志，北京大学外国语学院副教授、北京大学朝鲜半岛研究中心研究员，主要从事朝鲜半岛国际关系研究。

驻韩“联合国军”司令部是朝鲜战争遗留问题，涉及当前朝鲜半岛停

* 本文系教育部人文社会科学基金青年项目（18YJCZH151）的阶段性研究成果、国家社科基金冷门绝学和国别史等研究专项（19VJX048）成果之一。

和机制转换等重要问题。[①] 20 世纪 70 年代后，驻韩"联合国军"司令部一度被遗忘。但是，近期，驻韩"联合国军"司令部这一机构再次出现在美国关于朝鲜半岛问题的相关说辞中。美国为什么再次提及驻韩"联合国军"司令部？驻韩"联合国军"司令部与美国的东亚及朝鲜半岛战略有什么关系？

目前，国内学界对"联合国军"司令部的关注较少，[②] 先行研究尚未能勾勒出驻韩"联合国军"司令部的整体演变过程及美国政策的本质。对此，本文在梳理驻韩"联合国军"司令部演变历程的基础上，从朝鲜半岛及中美关系两个层面，分析美国"复活""联合国军"司令部相关职能的原因。

一　驻韩"联合国军"司令部的成立及演变历程

（一）"联合国军"司令部的建立及其职能

1950 年 6 月 25 日，朝鲜战争爆发。在美国的压力下，联合国安理会于 7 月 7 日通过第 84 号决议，决定成立一个由美国领导的"联合司令部"（unified command），并规定该司令部的司令由美国任命，可以使用联合国成员国提供的军事及其他援助，对朝作战时可以使用联合国旗帜。[③] 随后，"联合国军"司令部在日本东京成立。

从成立之日起，"联合国军"司令部就被美国完全掌控，成为美国控制朝鲜半岛局势的工具。在关系隶属方面，"联合国军"司令部与联合国之间没有直接的沟通渠道。"联合国军"司令部直接向美国陆军部或联合参谋部报告，再向国防部及国务院报告。然后，美国通过其驻联合国代表团向联合国通报。在美国的控制下，"联合国军"司令部具有以下"职能"。

第一，对韩国军队的实际控制权。朝鲜战争爆发后，韩国总统李承晚于

① Won Gon Park, "The United Nations Command in Korea: Past, Present, and Future", *The Korean Journal of Defense Analysis*, Vol. 21, No. 4, 2009, pp. 485 - 499.

② 杨希雨：《关于建立朝鲜半岛和平机制的几个法律问题》，《国际问题研究》2009 年第 4 期，第 32 ~ 33 页；梁志：《20 世纪 70 年代驻韩联合国军司令部存废问题：以美国决策为中心的考察》，《世界历史》2014 年第 3 期，第 4 ~ 16 页。

③ 联合国文献数据库，https: //undocs. org/zh/S/RES/88 (1950)。

1950年7月14日将韩国军队的指挥权交给“联合国军”司令麦克阿瑟。[①]朝鲜战争结束后，1954年11月14日，美韩签署《对韩军事与经济援助协议议事录》，规定“在‘联合国军’司令部承担韩国防卫责任期间，韩国军队置于‘联合国军’司令部的作战控制（operational control）之下”，[②]进一步确认了“联合国军”司令部管控韩国武装力量的合法性。考虑到朝鲜半岛分裂状态下李承晚政权的挑衅性，“联合国军”司令部被美国认为是其控制韩国军队以及防止韩国军队单独北进的重要工具。

第二，作为《停战协定》的签字方与当事者，执行《停战协定》的相关规定。1953年7月27日，“联合国军”司令部以有关部队代表的身份签署了《停战协定》。其中，《停战协定》第2款第17条规定，[③]修改或补充《停战协定》、督促所属部队遵守《停战协定》、密切配合军事停战委员会和中立国监察委员会、通过军事停战委员会与朝鲜方面保持联系和对话等任务都属于“联合国军”司令部的职责。另外，根据《停战协定》第1条第10款的规定，军事分界线以南非军事区的民政和救济由“联合国军”司令部负责。因此，与非军事区南部相关的事项都需要得到“联合国军”司令部的许可。

第三，朝鲜半岛有事时，为韩国提供军事支援。首先，确保驻日美军基地的使用。朝鲜战争期间，日本是“联合国军”的后勤基地，但是，根据“旧金山和约”第一条（b）的规定，日本恢复主权后，驻留在日本的“联合国军”司令部的法律地位问题出现争议。为此，美日签署了《关于吉田茂—艾奇逊换文的备忘录》，规定“旧金山和约”生效以后，日本继续为与安理会第84号决议相关军队提供支援，“联合国军”司令部可以使用和维持“联合国军”在日本的基地。但是，《关于吉田茂—艾奇逊换文的备忘录》只是获得了日本的“政治性”同意，不具有法律效力，随时可以撤回。后来，根据1954年2月19日签署的《“联合国军”驻日地位协

① Agreement Concerning Command Authority over all Korean Forces to General of the Army Douglas MacArthur, Commander-in-chief, Unified Command, July 14, 1950; Se-Jin Kim, *Documents on Korean-American Relations 1943 – 1976*, Seoul: Research Center for Peace and Unification, 1976, pp. 117 – 119.

② *FRUS*, *1952 – 1954*, Vol. XV: Korea, Part 2, 1984, pp. 1876 – 1882.

③ 《关于朝鲜停战协定的文件》，人民出版社，1953，第8～41页。

定》，日本政府批准和支持联合国会员国部队参加联合国领导的远东行动，并根据联合国安理会的决议，在“联合国军”撤出日本领土之前，日本将继续为参与联合国在韩国行动的部队提供设施和支持。① 因此，无须日本政府事先批准，“联合国军”可继续使用这些日本基地。1957 年 7 月 1 日“联合国军”司令部从东京移驻汉城。根据《“联合国军”驻日地位协定》第 25 条，如果所有“联合国军”从日本撤出的话，“联合国军”将不能再使用驻日美军基地。为此，在日本创建“联合国军”后方司令部（United Nations Command-Rear），防止《“联合国军”驻日地位协定》失效。这样一来，战时美国太平洋司令部的军事力量可以在没有联合国安理会授权的情况下，在朝鲜半岛有事时立刻介入。

其次，在朝鲜半岛再出现紧急情况时，“联合国军”司令部将继续向韩国提供战斗支援。朝鲜战争爆发后，以美国为首的 16 个国家向“联合国军”司令部派遣了战斗部队。在“联合国军”与中国人民志愿军、朝鲜人民军签署《停战协定》的同一天，参加朝鲜战争的 16 个“联合国军”司令部成员国发表《华盛顿宣言》，宣称如果朝鲜违反联合国原则，对韩国发动武装攻击，它们将再次团结起来。这虽然只是一个没有法律根据的政治宣言，但只要“联合国军”司令部继续存在，在朝鲜战争期间向韩国提供援助的联合国会员国可以立即对朝鲜半岛局势做出反应，并且无须联合国的新决议。这增强了美国介入朝鲜半岛事务的能力。

除以上职能之外，还有韩国学者认为，“联合国军”司令部还有支援韩国的统一、独立，建立民主政府的任务与职能；“联合国军”是占领、统治朝鲜的主体，将来如果出现“朝鲜崩溃”的话，“联合国军”有可能介入。其根据是 1950 年 10 月 1 日联合国通过关于英国、澳大利亚等八国提出的越过三八线的决定，其中包括：联合国采取所有适当措施，以保证整体韩国（不仅限于朝鲜半岛的南部）的安全；在联合国的监督下进行选举，在韩国建立“统一、独立的民主政府”等。②

---

① Agreement regarding the Status of the United Nations Forces in Japan, February 19, 1954, *Treaty Series: Treaties and International Agreements Registered or Filed and Recorded with the Secretariat of the United Nations (1955)*, Vol. 214, No. 2899, pp. 51 – 216.

② 韩国国防部：《关于韩半岛停战体制的理解》，2013，第 6 页；金一荣、赵成烈：《驻韩美军：历史、争点、展望》，HANUL 出版社，2014，第 60 页。

（二）驻韩“联合国军”司令部职能的“弱化”

从“联合国军”司令部成立之日起，中苏朝等国就一直不承认其合法性，多次要求美国解散“联合国军”司令部。1971年7月9日，美国总统国家安全事务助理基辛格秘密访问中国，中美两国开启了改善双边关系的谈判。这为解散“联合国军”司令部提供了契机。在中美两国关于解散驻韩“联合国军”司令部的谈判中，中国支持朝鲜的提议，将驻韩美军与“联合国军”司令部相联系，[①] 要求包括驻韩美军在内的外国军队撤出朝鲜半岛，构建朝鲜半岛和平机制。

对于中国的要求，美国的决策过程可以分为三个阶段，分别体现在尼克松政府时期、福特政府以及卡特政府时期。在尼克松政府时期，美国提出解散“联合国军”司令部的两个前提条件：一是“联合国军”司令部的解散不能影响驻韩美军的水平和地位；二是有保证《停战协定》继续有效的替代性安排。1973年7月18日，尼克松批准了对朝鲜半岛政策的临时指导方针，提出在相关调整能够继续保证韩国安全的条件下，可以考虑解散“联合国军”司令部。同时，美国强调，除非朝鲜半岛总体安全形势发生变化，否则不会进一步调整驻韩美军的水平。12月31日，尼克松政府发布《第190号国家安全研究备忘录》（NSSM190），要求国务院、国防部和中央情报局就有关朝鲜半岛安全安排展开研究，但前提是不大幅度改变驻韩美军和对韩援助水平。经过多方面的讨论，1974年3月29日，尼克松最终批准了废除驻韩“联合国军”司令部的《第251号国家安全决策备忘录》（NSDM251）。备忘录指出，以美国和韩国代替“联合国军”司令作为《停战协定》签字方，将韩国和朝鲜作为军事停战委员会主要成员，促使社会主义国家——中朝两国接受美军短时间继续驻留韩国，推动朝韩签订互不侵犯条约。[②] 1974年8月16日，阿尔及利亚提案要求外国军队撤出朝鲜。随后，玻利维亚提案敦促朝韩对话、维持朝鲜半岛和平与安全。对此，美国表

---

① 《关于中国人民志愿军撤出朝鲜问题》，《建国以来毛泽东军事文稿》（中卷），军事科学出版社、中央文献出版社，2009，第372～374页。

② Memorandum from Secretary of State Kissinger to President Nixon, "Negotiations on Terminating the UNC in Korea", *FRUS*, *1969 – 1976*, *Volume E – 12*, *Documents on East and Southeast Asia*, *1973 – 1976*, Document 252.

示，美军驻留韩国的根据是《美韩共同防御条约》；解散“联合国军”司令部的前提是直接相关方就替代《停战协定》的和平保障制度达成一致意见。[①] 由此可以看出，保证驻韩美军的存在是美国调整“联合国军”司令部的基本前提。

福特政府继承了尼克松政府时期的政策，在既有原则的基础上，开始限制“联合国军”司令部的活动。1975 年 5 月 27 日，福特政府发布《第 226 号国家安全研究备忘录》，强调驻韩美军不属于“联合国军”司令部管辖范围，同时，限制“联合国军”司令部在韩国的活动。[②] 9 月 22 日，基辛格在联大发表演说，强调解散“联合国军”司令部的前提是有使《停战协定》继续有效的替代性安排，美国支持韩国和朝鲜在不损害最终统一大业的前提下同时加入联合国。[③] 随后，在中美双方的交涉中，基辛格继续强调，如果解散“联合国军”司令部的话，需要创建维持《停战协定》的其他方案。而中方一直认为停和转换机制原则上可以解决“联合国军”司令部解散后的替代性安排问题。

卡特政府时期，美国进一步调整了“联合国军”司令部的政策，通过新建美韩联合司令部，将韩国军队的作战指挥权“转移”到美韩联合司令部，在保证对韩国军队继续控制的基础上，弱化“联合国军”司令部的职能。1977 年 5 月 5 日，卡特政府通过《国家安全委员会第 12 号文件》，发布从韩国撤出地面部队的日程，计划到 1982 年撤出所有驻韩美军。为安抚韩国，美国提出包括增强驻韩空军及海军的力量、无偿为韩国提供 8 亿美元的军事装备等承诺；在驻韩美军撤离前，成立美韩联合司令部。1978 年 7 月 27 日，美韩签署《关于军事委员会及美韩联合司令部的权限委任事项》，将作战指挥权移交美韩联合司令部。关于停战管理任务，“联合国军”司令有对美韩联合司令下达指示的权限，“有必要的时候，要求（后者）派遣战斗部队，美韩联合司令必须答应”。[④]“联合国军”司令部通过美韩联合司令

① 梁志：《20 世纪 70 年代驻韩联合国军司令部存废问题：以美国决策为中心的考察》，《世界历史》2014 年第 3 期，第 11 页。

② NSSM 226, “Review of U. S. Policy Toward the Korean Peninsula”, May 27, 1975. *FRUS, 1969 - 1976, Volume E - 12, Documents on East and Southeast Asia, 1973 - 1976*, Document 268.

③ 《核心外交政策文件》，文件号：1975STATE225805，转引自梁志《20 世纪 70 年代驻韩联合国军司令部存废问题：以美国决策为中心的考察》，《世界历史》2014 年第 3 期，第 12 页。

④ 韩国国防部：《关于韩半岛停战体制的理解》，2013，第 7 页。

部及驻韩美军来处理与《停战协定》有关的事项。“联合国军”司令部与美韩同盟之间形成了“支援与协助”的关系。[①] 虽然美国一直强调驻韩美军与“联合国军”司令部不是一回事，但是，由于美韩联合司令兼任驻韩美军司令以及“联合国军”司令，对韩军战时指挥权的控制从“联合国军”司令部转移到了美韩联合司令部，其实质控制者都是美国。

这与这一时期美国对驻韩美军的功能定位有关。根据尼克松主义，美国原本计划从韩国阶段性撤军。1969 年，经过国家安全委员会的讨论，缩减驻韩美军基本上已成定论。经过艰苦曲折的谈判，美韩于 1971 年达成缩减驻韩美军共识，美军撤出 2 万兵力，美国保证五年内向韩国提供 15 亿美元的军事援助，以帮助韩国实现军事现代化。截至 1971 年 3 月，包括美第七步兵师、三个空军飞行大队在内的共计两万名驻韩美军从韩国撤离。

但是，随后在是否继续撤军的问题上，美国内部发生了争论。支持者认为，从军事方面看，中美缓和的推进、韩国军事现代化的进展、驻越韩国军队完全返回韩国，在这种情况下，驻韩美军应当继续撤离，可以解散“联合国军”司令部。但是，以基辛格为代表的反对方认为，除了军事上的考量，还应考虑驻韩美军的政治意义，即驻韩美军在东北亚的“稳定者”作用。1973 年美国国务院发布了《第 154 号国家安全研究备忘录：对朝鲜半岛政策》，该文件强调了驻韩美军作为地区“稳定者”的作用，体现了美国对驻韩美军地位认知的变化。文件认为，“在东北亚范围内，主要国家都不希望驻韩美军匆忙、完全地撤离，周边国家都将此战略（驻韩美军）看作是用来管控南北（韩国和朝鲜）冒险主义的，在缓和期间，中国或苏联不认为驻韩美军是一种威胁”，“驻韩美军可以起到稳定东北亚整体的政治性作用”。[②] 1973 年 8 月 9 日发布的《第 230 号国家安全决策备忘录：美国的亚洲战略及军事力量》也强调，在未来五年，继续维持在韩国、日本、菲律宾的现有军事力量。[③] 可以看出，尼克松主义在东北亚地区的实践过程中发生了变化。

---

① 金一荣、赵成烈：《驻韩美军：历史、争点、展望》，HANUL 出版社，2014，第 171 页。

② “NSSM 154：United States Policy Concerning the Korean Peninsula”，Apr. 3，1973，*The Record of NSC*，*RG 273*，*NA*，*Annex A*，pp. 6 – 7.

③ “NSDM230：U. S. Strategy and Forces for Asia”，*NSA*，PR00186.

在此认知的指导下，1973 年 7 月，尼克松下达停止缩减驻韩美军的基本方针，美国通报韩国：停止从韩国撤离美军。1974 年 11 月，继承尼克松外交政策的福特总统在访问韩国时，再次确认对韩国的防卫保证、没有撤离驻韩美军的计划。至此，美国完成了驻韩“联合国军”司令部的调整，表面上弱化了“联合国军”司令部，但实际上却强化了驻韩美军的功能。美国实际上是通过新设美韩联合司令部实现了驻韩美军与“联合国军”司令部的“分离”，保证了驻韩美军的继续存留、对韩国军队的控制权及相关安排。

总体来看，20 世纪 70 年代，对于“联合国军”司令部的存废，经过三轮政策上的调整，美国最终在坚持驻韩美军存在的条件下，采取了将“联合国军”司令部核心职能进行转移的战略。通过新设美韩联合司令部，将韩国军队的作战指挥权转移到美韩联合司令部。这样既可以继续管控韩国军队，又可以实现驻韩美军与“联合国军”司令部的分离。“联合国军”司令部整体上呈现出“弱化”的趋势。

二　美国“复活”驻韩“联合国军”司令部的职能

美国恢复“联合国军”司令部相关职能的举动日益明显。主要体现在三个方面。

第一，通过扩大美韩之外其他成员国人员参与组织工作、参加多种形式的协商会议、参加美韩联合军演，体现“联合国军”司令部“多国机构”的性质。2006 年 3 月，时任驻韩美军司令的贝尔（B. B. Bell）在国会听证会上表示，应该增加除美国以外的其他成员国的职责，制订“联合国军”司令部应对有事时的作战计划，将“联合国军”司令部建成一个真正的多国军司令部。① 在组织结构方面，2018 年 7 月，任命加拿大陆军中将为“联合国军”司令部副司令官，首次由非美国人担任。8 月，任命美国陆军少将为“联合国军”司令部参谋长，与驻韩美军参谋长不是同一人，体现其将“联合国军”司令部与美韩联合司令部分离的意图。

邀请“联合国军”司令部成员国参加韩美联合军演，细化具体程序，

① 金英日：《“联合国军司令部”应该解散》，平壤出版社，2013，第 3 ~4 页。

培养成员国应对突发事件的能力并加强凝聚力。2007 年 8 月，“联合国军”司令部成员国英国、法国、加拿大、挪威、土耳其、泰国、菲律宾的联络军官首次观摩了“乙支自由卫士”（UFG）军演。2009 年，设立多国协作本部（MNCC），为发展成员国参观军演及提供战斗力量等相关业务提供平台。2010 年 10 月，韩美两国国防部长在美韩年度安保协商会议上签署《韩美国防合作指南》，提出必要时让“联合国军”司令部及提供战斗力量的国家参与韩美联合军演。2011 年，为支援韩美同盟军事作战，“联合国军”司令部发布《“联合国军”司令部战斗力整合程序》，规定了“联合国军”成员国进入韩国作战区内的战斗力整合程序。① 2013 年 3 月，在美韩“秃鹫”（Foal Eagle）军演中，澳大利亚军队首次派兵参加了在浦项举行的联合登陆军演，这是朝鲜战争结束后“联合国军”司令部成员国第一次以实战兵力参加野外机动训练。②

加强与“联合国军”司令部成员国的联系，巩固伙伴关系和凝聚力。每月定期召开“联合国军”司令部参谋部工作组会议、“联合国军”司令部大使圆桌会议、“联合国军”司令部战略交流工作组会议、“联合国军”司令部战略构想团会议、“联合国军”司令部政策咨询团会议等。此外，“联合国军”司令部还定期召开多国军需会议、多国特种作战会议、高级别沙盘推演会议等各种会议。其中，“联合国军”司令部大使圆桌会议每月举行一次，由“联合国军”司令主持，“联合国军”司令部成员国大使和各国联络军官、“联合国军”司令部将军参谋及中立国监察委员会代表团等参加，就近期朝鲜的政治、经济、军事动向以及“联合国军”司令部的活动事项进行通报，并就共享联合演习计划相关情报、朝鲜半岛发生突发事件时提供战斗力量程序和本国非战斗人员护送程序等共同关心的问题进行讨论。2018 年 1 月 16 日，朝鲜半岛局势急剧紧张之时，美国以及其他“联合国军”司令部成员国家的外交部长在温哥华召开了有关朝鲜半岛问题的外交部长会议。时隔多年，西方国家再次通过“联合国军”司令部这一机制介入朝鲜

① Untied Nations Command, *Sending State Force Integration Standard Operating Procedure*, August 2011.

② 《澳大利亚军队参与美韩军演，强化“联合国军”司令部的信号?》，《东亚日报》2013 年 4 月 20 日，https：//www. donga. com/news/article/all/20130420/54567941/1。

半岛问题。①

第二，强化日本作为“战斗力量提供国”的作用是核心目标。考虑到日本曾对韩国进行殖民统治的历史，韩国一直反对日本军事力量进入韩国。对此，美国多次安排韩国国防长官及国会国防委员会成员参观日本的军事基地。2007年4月，应当时“联合国军”司令贝尔的邀请，韩国联合参谋本部主席首次访问“联合国军”司令部后勤基地。此后，每年在“联合国军”司令部军需参谋部的支持下，“联合国军”司令邀请包括国会国防委员会成员、韩国国防部、联合参谋本部、韩美联合司令部和在“联合国军”司令部工作的将军级主要指挥官及参谋，视察“联合国军”司令部后勤基地，并为他们提供现场讨论的机会。

除了促进日韩之间的和解，在政策方面，2019年7月11日，驻韩美军司令部在当天发布的《驻韩美军2019年战略概要》中首次写入了“发生危急情况时，司令部将在提供兵力支持方面与日本开展合作”的内容。美方认为半岛发生紧急情况时韩国以外的其他出兵国将在日本集结军力，因此日本也应加入“联合国军”。②

第三，强化“联合国军”司令部管理停战机制的职能，加强对非军事地带的管控，显示“联合国军”司令部的存在。根据1953年《停战协定》第一条第9条、第10条的规定，“联合国军”司令部负责非武装地带军事分界线以南行政的管理。③ 在2011年“联合国军”司令部与韩国军队签订的《停战管理记录备忘录》以及2020年第52次韩美安全协议会达成的协议中，美韩两国再次确认了《停战协定》与战略指示2号中确定的“联合国军”司令部的停战管理责任与权限。④ 2000年，韩朝同意恢复连接双方的公路和铁路的断流路段，当时采取了将非武装地带（DMZ）相关路段管理

① 《逆历史潮流“温哥华会议”落幕　国际嘘声一片》，中国新闻网，2018年1月19日，https：//www. chinanews. com/gj/2018/01－19/8428171. shtml。

② 《美拟将日本列入“联合国军”紧急时自卫队可入韩》，环球网，2019年7月11日，https：//mil. huanqiu. com/article/9CaKrnKlt44。

③ 《停战协定》第9条规定，与民间行政及救灾事务相关人员、从军事停战委员会得到特别许可的人员，除此之外，任何军人或民间人士不允许进入非武装地带。第10条规定，非武装地带内军事分界线以南部分的民事、行政及救灾事务由“联合国军”司令负责。

④ 《“联合国军”司令部与〈停战协定〉的法律地位不存在》，《统一新闻》2021年1月20日，http：//www. tongilnews. com/news/articleView. html? idxno＝200989；《第52次韩美安全协议会（SCM）共同声明》，《中央日报》2020年10月15日，https：//news. joins. com/article/23894805。

权从“联合国军”司令部移交给韩国的措施。

2018 年，驻韩美军司令罗伯特·艾布拉姆斯（Robert Bruce Abrams）曾在美国参议院公开听证会上强调，非军事区是“联合国军”司令部的管辖范围。这一表述暗示美国希望能够强化“联合国军”司令部在朝鲜半岛的功能，进而使美国能够保持在半岛的影响力。2019 年，多次出现申请访问非武装地带被“联合国军”司令部拒绝的情况。6 月，韩国国防部长官向“联合国军”司令部提出邀请德国政府代表团访问非武装地带，但“联合国军”司令部以安全为由拒绝。8 月，韩国统一部长官访问非武装地带的大成洞，“联合国军”司令部以“居民不方便”为由，拒绝记者团的随访，以彰显“联合国军”司令部的存在。

三　美国“复活”驻韩“联合国军”司令部职能的战略考量

朝鲜半岛局势的变化以及美国加大对华战略竞争是美国强化驻韩“联合国军”司令部职能的主要考虑因素。

美国一直强调对朝鲜半岛局势的管控。近期，朝鲜半岛局势出现的两个新情况使美国担心其在朝鲜半岛的地位受到影响。一是随着韩国收回战时作战指挥权进程的加速，美国担心对韩国军队的管控能力可能被弱化；二是随着朝韩关系新一轮的调整，美国担心自己被排除在外。因此，通过“联合国军”司令部来调控韩国的对朝政策进程，保持美国在朝鲜半岛的影响力。

韩国收回战时作战指挥权将可能导致美韩军事联合指挥结构发生不利于美国的变化。冷战后，随着国家实力的增强及对朝认知的变化，韩国不断强调其在安全问题上的自主性。其中，作战指挥权问题被看作体现韩国军队自主性的重要标志。为此，1994 年，经与美国协商，韩国收回平时指挥权。在此基础上，韩国希望继续收回战时作战指挥权。[①] 卢武铉政府时期，美韩两国达成协议：韩国将于 2012 年收回战时作战指挥权，解散美韩联合司令

① 韩国关于收回战时作战指挥权必要性的认知包括：现在美韩联合司令兼任“联合国军”司令等职，其中，除了美韩联合司令需要受到美国和韩国两国首脑及军事指挥机构的指挥之外，其所担任的其他职位都只受美国的指挥。因此，如果美韩间在对朝或朝鲜半岛安全局势的认识上出现差异，将对韩国安全产生很大的负面影响。而且，两国的国家利益不一致的时候，在现有的美军指挥体系下，原则上韩国军队不能独自应对朝鲜半岛发生的危机。金一荣、赵成烈：《驻韩美军：历史、争点、展望》，HANUL 出版社，2014，第 199 页。

部。这样一来，韩国军队与驻韩美军之间将形成一种“并列式”联合指挥结构，而不是之前由美军统一指挥的单一指挥结构。但是，随着朝鲜半岛局势的变化，战时作战指挥权的移交一再被推迟。

文在寅执政后，将收回战时作战指挥权问题作为新一届政府的“100 大课题”之一，重新提出战时指挥权移交问题。2017 年 6 月，在美韩首次首脑会晤期间，双方达成共识，同意“以条件为基础，尽早将战时作战指挥权归还韩国军队”。① 2018 年 10 月底，美韩两国国防部长在第 50 届安保协商会议上签署《联合防卫指针》，确定了战时指挥权移交后美韩联军司令部新的指挥结构。根据新方案，未来联军司令将由韩籍四星上将担任，副司令将由美籍将军出任。② 因此，韩国认为，未来联合司令部的调整意味着美军在美韩联合指挥结构中将不再居于主导地位，即未来韩朝间如果发生战争，美国不仅不能指挥韩国军队，而且驻韩美军须听从韩国的指挥。对于美国来说，这突破了美军长期以来坚持的不受外国指挥官领导的原则，在联合防卫体系中首次出现美军不是指挥官的案例，具有很大的象征性意义。其他相关国家如果效仿，将从整体上破坏美国的领导地位。

对此，美国从规则及实践两个方面提出不同说法。美国认为，根据停战管理“‘联合国军’司令部指挥、美韩联合司令部协助”的原则，即使战时指挥权移交给韩国，平时的停战管理主体仍然是“联合国军”司令部，所以“联合国军”司令会在符合《停战协定》管理的范围内对韩国军队行使相关指示权（directive authority）。③ 另外，2019 年 8 月，在评价韩国军队战时指挥权能力的美韩联合军演中，美国要求加入“联合国军”司令在平时军事危机管理中向韩国军队下达作战指示的演练科目。④ 将美韩同盟放在“联合国军”司令部之下，继续维持美国对韩国的“控制”及在朝鲜半岛的影响力。

---

① Ministry of Foreign Affairs, Republic of Korea, *Joint Statement between the United States and the Republic of Korea*, June 30, 2017, https://www.mofa.go.kr/eng/brd/m_5476/view.do?seq=318741.

② United States Forces Korea, *Joint Communiqué of the 50th U.S.-ROK Security Consultative Meeting*, October 31, 2018, https://www.usfk.mil/Media/News/Article/1679753/joint-communique-of-50th-us-rok-security-consultative-meeting/.

③ 安埈衡：《“联合国军”司令部作用变化的法律争点及课题》，《首尔国际法研究》2019 年第 2 号，第 47 页。

④ 《美国强化“联合国军”司令部，韩国收回战时指挥权没有意义?》，韩民族新闻网站，2019 年 9 月 16 日，https://www.hani.co.kr/arti/politics/defense/909619.html。

除了军事指挥关系的考量之外，美国还想通过强化驻韩“联合国军”司令部停战管理职能调控韩国对朝政策进程。文在寅上台后，韩国强调对朝政策的主导性。在朝鲜半岛问题上，文在寅多次提到“驾驶员位置论”。在2017 年光复节讲话中强调，朝核问题应该由韩国主导来解决。[①] 在美韩首脑会谈中，文在寅也明确表示韩国应该在半岛统一问题上拥有主导者的身份。[②] 文在寅就任韩国总统时，韩国外交面临严峻考验，朝核问题持续发酵，战争风险急剧上升。文在寅政府强调韩国需要在解决朝鲜半岛问题上发挥主导作用，维持朝鲜半岛和平、防止冲突发生。

2018 年以来朝韩关系取得了重要进展。4 月 28 日，朝韩领导人在板门店会晤并签署了《板门店宣言》。9 月 19 日，朝韩领导人再次在平壤会晤，并签署了《平壤共同宣言》，使得朝鲜半岛的缓和氛围达到高峰。随着朝韩关系的缓和，朝鲜半岛和平机制也再次成为韩国政策及学界讨论的热点问题。韩国有观点认为，将来随着和平协定的签署，“联合国军”司令部监督《停战协定》执行情况的职责也将完成。考虑到其目标是在参加朝鲜战争的联合国会员国之间组织军事援助，战争的结束自然意味着没有了最初建立“联合国军”司令部的必要性。对此，美国表示担心。

因此，美国认为有必要通过强化“联合国军”司令部管理停战机制，调控朝鲜半岛和平进程、彰显美国在朝鲜半岛问题上的地位，也为美国介入朝鲜半岛事务提供了重要的“根据”。

美国再次强调“联合国军”司令部的存在是美国加大对华战略竞争背景下美国强化伙伴关系的一部分。近些年来，东亚出现了以中国快速增长与美国相对衰落为特点的权力变迁（power shift）。其中，对美国来说，在霸权相对衰弱、战略资源供应不足的情况下，如何抗衡中国、维持其在亚太地区的主导地位成为其需要解决的重要战略问题。

在此情况下，如何运用已有的同盟机制成为美国的重要战略考量。对此，美国除了让其盟友承担更多的责任之外，也通过构建多边机制来维持美国在东亚地区的霸权。其中，构建美日韩三边军事安全结构一直是美国在东

---

① 文在寅：《第 72 周年光复节祝词》，2017 年 8 月 15 日，https：//www1. president. go. kr/articles/524。

② 《美韩元首发表联合声明商定对朝制裁与对话并行》，韩联社，2017 年 7 月 1 日，https：//cn. yna. co. kr/view/ACK20170701001500881？section = search。

北亚的战略构想，虽然韩日围绕历史和领土问题的矛盾一直存在，经贸摩擦僵持已久。另外，韩国对日本借中美博弈而推动的大国化趋势反而比较警惕。因此，美国在推进美日韩三边合作方面障碍重重。但是，通过对驻韩“联合国军”司令部的调整，美国可以在客观上构建以美国为中心的美日韩军事合作机制。其间，美国做了多种努力。比如，定期邀请韩国政府官员及国会议员参观在日军事基地、在制度上强化驻日军事基地的作用，强化美日韩之间的军事关系，试图打造东北亚的“小北约”。可以说，美国在驻韩“联合国军”司令部上的新调整同“四方安全对话”等机制类似，是美国在东北亚地区构建的围堵中国的又一种安排，驻韩“联合国军”司令部已由之前针对朝鲜转变为针对中国。

另外，随着美国关于驻韩“联合国军”司令部与美韩联合司令部关系的调整，如果美韩联合司令部成为“联合国军”司令部下属机构的话，除了上述的加强对韩国军队的调控作用之外，其也将为整合美国及其伙伴在亚太地区的军事力量提供一个重要的机制与平台。

结　语

美国试图“复活”、扩大“联合国军”司令部原有职能与美国对朝鲜半岛及中国的政策有关。首先，美韩联合防卫机制中美国的地位变化，尤其是驻韩美军的地位与水平是美国对驻韩“联合国军”司令部政策调整的核心。美国对朝鲜半岛政策的实质是控制朝鲜半岛，尤其是对韩国军队的控制。这也是美国半岛政策的本质所在。其次，驻韩“联合国军”司令部为美国在亚太联合其伙伴提供了又一个合作平台与机制。除在东北亚促进美日韩军事合作之外，还可以联合更广泛的伙伴进行针对中国的军事合作。

当前，美国完全“复活”“联合国军”司令部相关职能仍然面临很多障碍，但这种机制的存在为美国的朝鲜半岛或东亚政策提供了一种可能。从“联合国军”司令部成立至今的历程来看，美国可以随时根据形势的变化调整驻韩“联合国军”司令部的职能，比如20世纪70年代驻韩“联合国军”司令部的职能有所弱化，美国也将“联合国军”司令部的部分职能转移到美韩联合司令部。美国会根据自身利益及政策需要，不断创建制度、调整制度，甚至“复活”之前的制度。

文在寅政府东南亚外交研究

赵申洪

【内容提要】文在寅就任韩国总统后，利用各类多边、双边机制强化韩国与东南亚国家之间的政治、经贸、安全和人文交流，目的是实现韩国外交及经贸多元化、促进半岛问题解决并提升韩国的国际地位。韩国所拥有的强大的经济、文化实力及韩国和东盟之间某些政策的一致性有利于韩国对东南亚外交的推进，但也面临政策持续性及大国竞争压力等挑战。

【关键词】文在寅　“新南方政策”　韩国　东南亚　中国

【作者简介】赵申洪，武汉大学中国边界与海洋研究院博士研究生，主要从事东南亚问题研究。

韩国对东南亚的外交经历了较长时期的发展。韩国建立后，为拓展国际生存空间，首先与奉行亲西方外交政策的东南亚国家建立了外交关系。越南战争升级后，应南越的要求并在美国的幕后主导下，韩国在1964～1973年向南越派遣了作战和勤务部队，以帮助对抗所谓的共产主义侵略。朴正熙时期韩国与柬埔寨、印度尼西亚、老挝、缅甸和新加坡等东南亚国家建立了外交关系。进入20世纪80年代，韩国成为引起国际关注的亚洲“四小龙”之一，于1989年与东盟建立了对话伙伴关系。此后的金大中、卢武铉、李明博和朴槿惠等几任韩国总统相继推动了“10＋3”和东亚峰会（EAS）等韩国与东盟之间区域合作机制的发展。尽管韩国历届政府对东南亚的重视程度和政策不尽相同，但韩国与东南亚国家在政治、经济、社会和文化方面的互动与合作总体上不断加强。文在寅提出以东南亚为核心的“新南方政策”，无疑是对重视东南亚的韩国外交传统的强化。

文在寅 2017 年当选韩国总统以来，在对外政策上采取了一系列新举措。相比前任政府，文在寅政府在东南亚地区投入了更多资源，对东南亚外交取得了重要进展。透过纷繁的政策和举措，我们可以一窥文在寅政府在东南亚地区的意图，并基于现有条件对其东南亚外交的前景进行展望，为我国对朝鲜半岛和东南亚地区外交提供一些参考。针对这一问题，詹德斌[①]、董向荣[②]及薛力[③]等中国学者进行了相关研究，韩国及东南亚等地的学者也发表了相关论文，较有代表性的包括 Chiew-Ping Hoo、Jaehyon Lee 和 Leif-Eric Easley[④] 等学者所发表的相关研究论文。梳理发现，现有相关研究成果多以“新南方政策”为主题，但事实上文在寅所提“新南方政策”包括的地理范围较大，除东南亚之外还包括南亚，甚至在某些时候将澳大利亚和新西兰等也纳入其中。学术界目前较少单独研究文在寅政府的东南亚外交，且并未提出中国所应采取的对策，因此对这一问题进行专门研究很有必要。

一　文在寅政府东南亚政策的新动向

作为竞选承诺之一，文在寅承诺在“新南方政策”框架下，加强与东盟成员国的经济、文化和安全关系，将韩国—东盟关系提升至韩国与美中日俄四大国关系的同等水平。就任总统后，文在寅对东南亚地区给予了特殊重视，从派遣新任驻东盟特使、在釜山设立东盟文化馆到在优先安全领域进行协作，无不表明文在寅政府正在东南亚地区逐步落实“新南方政策”。2017 年 7 月 13 日，文在寅在马尼拉举行的东盟商务与投资峰会（ABIS）上发表演说，提出以“人民、和平、繁荣”为关键词的韩国—东盟未来共同体设

---

① 詹德斌：《韩国外交新布局中的“新南方政策”评析》，《东北亚论坛》2018 年第 3 期。

② 董向荣：《韩国文在寅政府对外经济合作政策及其前景》，《当代世界》2018 年第 7 期。

③ 薛力：《韩国“新北方政策”“新南方政策”与“一带一路”对接分析》，《东北亚论坛》2018 年第 5 期。

④ Chiew-Ping Hoo, “A View from Southeast Asia on South Korea”, http: //www. theasanforum. org/a - view - from - southeast - asia - on - south - korea/#a15; Jaehyon Lee, “Korea's New Southern Policy towards ASEAN: Context and Direction”, http: //jpi. or. kr/skyboard/download. sky? fid = 4975&gid = 7073&code = jpiworld; Leif-Eric Easley, “South Korea's ‘New Southern Policy’”, http: //ai. nccu. edu. tw/file/Asia% 20Insights% 2005. pdf.

想，表达将与第二大贸易伙伴东盟的合作关系由“战略伙伴”全面升级到“共同体”水平的愿望。韩国—东盟未来共同体设想则成为“新南方政策”在东南亚的落实细则，也是文在寅政府东南亚外交的指导思想。

（一）政治外交方面

文在寅政府的东南亚外交，从层次看，既包括与东南亚国家的双边外交活动，也包括在“韩国—东盟”“韩国—湄公河”等多边机制下的外交互动；从形式看，既包括首脑访问，也包括特使外交、外长会议等多种形式；从内容看，既包括对当前关系的深化，也包括对历史问题的重新表态，涵盖议题丰富。

文在寅政府以韩国和东盟领导人的互访带动双方在各领域的合作，并以韩国与“V. I. P.”国家[①]的关系作为“新南方政策”的立足点。[②] 2017 年 5 月，文在寅刚胜选就指派首尔市长朴元淳为东南亚特使，访问了菲律宾、印度尼西亚、越南并向三国领导人转交了文在寅的亲笔信。韩国新总统产生后立即向东盟国家派遣特使尚属首次，可见文在寅对发展与东盟国家之间关系的重视。此后，文在寅五次访问东南亚，足迹遍及东盟所有成员国。文在寅政府还于 2019 年 11 月举办了韩国—东盟特别峰会及韩国与湄公河五国首次集体峰会，以纪念韩国与东盟建立对话关系 30 周年。

文在寅政府将推动“新南方政策”作为深化与东南亚关系的战略抓手。2017 年韩国政府发布了作为“新南方政策”具体执行方案的“韩国—东盟未来共同体倡议”，并积极推动“新南方政策”与文莱“2035 宏愿”、马来西亚“东方政策”、柬埔寨“四角战略”及菲律宾“菲律宾雄心 2040”、泰国“东部经济走廊”等东盟国家发展战略的对接。同时，文在寅政府还建立相关基础性制度，以便使“新南方政策”得以持续实施，其中最主要的举措是成立隶属于总统直属政策企划委员会的“新南方政策特别委员会”（以下简称“特委会”）。特委会由企划财政部、外交部、行政安全部、产业

① 这一说法源于越南（Vietnam）、印度尼西亚（Indonesia）和菲律宾（Philippines）三个国家的英文首字母缩写。

② Sung-Mi Kim, “Cursed by Geopolitics? South Korea's Place in Asia's Changing Politics of Space”, https://www.swp-berlin.org/fileadmin/contents/products/projekt_papiere/Kim_BCAS_2018_South_Korea_geopolitics_9_.pdf.

通商资源部等政府部门副部长级人士及青瓦台秘书组成，负责制定新南方政策的落实方向及战略，选定重点课题，并协调政府部门间工作。[①] 为强化“新南方政策”，文在寅政府还设立专门负责对东南亚外交事务的东盟局，并提升韩国驻东盟代表部级别，使其与驻联合国代表部同级。文在寅政府还将位于驻印度尼西亚大使馆的东盟代表部办公室独立出来，大幅增加人力，并将驻东盟大使的级别升格为次官（副部长）级，展现出其对新南方政策、发展韩国和东盟关系的坚定决心。[②] 文在寅还任命担任过韩国驻菲律宾和越南等国大使的李赫（Lee Hyuk）为韩国—东盟中心第四任秘书长，以便发展韩国与东盟国家的互惠合作和友好交往。

文在寅政府还调整涉及东南亚历史问题的表态。韩国曾随美国参与越南战争，韩军曾有在战争中屠杀平民、强奸妇女等不光彩行为，这成为韩越关系深化的历史障碍。越南官方和民间要求道歉的呼声强烈，但韩国政府一直未公开道歉。1998 年金大中任总统时仅对越南领导人表示“韩国对在越战中所起的作用表示遗憾”。2017 年 11 月文在寅向在越南胡志明市举办的“胡志明—庆州世界文化博览会”发去贺电，提及韩国对越南欠有一份“心债”，隐晦表达歉意。2018 年 3 月，文在寅在同越南国家主席陈大光举行会谈时，对韩军在越战中屠杀越南平民一事表达歉意，作为国家领导人这是首次公开致歉。[③] 这表明文在寅希望与越南跨过“历史纠葛”，开创全新的交往格局。

（二）经贸方面

文在寅政府以多种举措大力深化韩国与东南亚的经贸联系，东盟已成为韩国在贸易、投资和海外建设领域的第二大合作伙伴。2019 年韩国和东盟之间的贸易额达到了 1530 亿美元，2020 年 11 月签署的《区域全面经济伙伴关系协定》（Regional Comprehensive Economic Partnership，RCEP）也将促

---

① Young Shin Kim，“Gov't Launches Presidential Committee on New Southern Policy”，August 28，2018，http：//www. korea. net/NewsFocus/policies/view？ articleId = 162795.

② Sang-ho Song，“Ambassador Says Kim's Participation in ASEAN Summit would be ‘Meaningful’ for Peace Efforts”，Yonhap News，May 8，2019，https：//en. yna. co. kr/view/AEN20190508006400325？ section = search.

③ “（2nd LD）Leaders of S. Korea，Vietnam Agree to Boost Trade，Bilateral Cooperation”，Yonhap News，March 23，2018，https：//en. yna. co. kr/view/AEN20180323006551315？ section = search.

进韩国与东南亚国家的经贸合作，韩国的汽车、零部件、钢铁等核心出口产品有望在东南亚地区获得更大的市场份额。

文在寅政府鼓励韩国企业通过与当地企业的合作开拓东南亚市场。在越南，SK 集团以约 4.7 亿美元的价格购买了越南第二大企业马山集团 9.5% 的股份，还向越南最大企业 Vingroup 投资 1.2 万亿韩元，由此成为上述两家越南大企业的主要股东。[①] 在印度尼西亚，韩国企业现代汽车与印度尼西亚十大企业之一的 Artha Graha 集团在印度尼西亚合资设立商用汽车生产基地，钢铁巨头浦项钢铁（POSCO）与印度尼西亚 Krakatau 钢铁公司建立了投资数十亿美元的合资企业；此外，韩国与印度尼西亚签署了关于建设雅加达轻轨（LRT）系统的谅解备忘录。在文莱，韩企承建的文莱里帕斯大桥已于 2017 年开通，韩企参建的文莱淡布隆跨海大桥已于 2020 年 3 月正式投入使用。

文在寅政府积极向东南亚国家提供资金支持和官方开发援助。韩国陆续援建了印度尼西亚的工程机械技术中心、菲律宾的供电增压工程、缅甸的能源自主村等项目。[②] 韩国国际协力机构（KOICA）宣布将在 2023 年前，把对老挝、缅甸、越南、柬埔寨、印度尼西亚和菲律宾等的官方发展援助总额从 2019 年的 870 亿韩元提高到 1840 亿韩元（约合 1.51 亿美元）。[③] 文在寅承诺增加韩国—东盟自贸区合作基金，到 2022 年还将为韩国的全球基础设施基金追加筹措 1 亿美元资金。[④]

（三）防务安全方面

作为文在寅东南亚外交的重要组成部分，韩国通过召开防务论坛、举行双边会谈、武器出口和共同研发等形式，与东南亚国家在防务安全领域展开

① “SK Group Invests ＄1 Billion in Vingroup as Part of Vietnam Expansion”, Reuters, May 16, 2019, https://www.reuters.com/article/us-sk-group-vingroup/sk-group-invests-1-billion-in-vingroup-as-part-of-vietnam-expansion-idUSKCN1SM0JS.

② 孙海容：《韩国际援助从物资援助转向技术援助》，韩国中央日报中文版网站，2018 年 8 月 28 日，https://chinese.joins.com/gb/article.aspx?art_id=182716&category=002002。

③ “S. Korea's Aid Agency to Double ODA to ASEAN Countries by 2023”, Yonhap News, May 17, 2019, https://en.yna.co.kr/view/AEN20190517009000325.

④ Leif-Eric Easley, “South Korea's ‘New Southern Policy’”, Asia Insights, No. 5, December 2018, http://ai.nccu.edu.tw/file/Asia%20Insights%2005.pdf.

了紧密合作。

文在寅政府积极推动东南亚国家与韩国开展安全合作。2017 年 7 月 13 日，文在寅在马尼拉举行的东盟商务与投资峰会上表示，韩国愿与东盟进一步加强国防、安全及军工领域的双边及多边合作，共同应对恐怖袭击、暴力极端主义、网络攻击等复杂的安全风险，为此，韩国提议成立一个新的东北亚海上安全论坛，即在东北亚海域举办“海上和平与秩序”论坛，最初由韩、美、日、中、俄等国海军参加。如果论坛继续发展，它最终可能会扩展到“不仅是整个东亚，而且包括东南亚和西亚”。① 2018 年，韩国—东盟防长扩大会海洋安全小组会议首次举行。同年 9 月，韩国国防部长在首尔防务对话（SDD）举行的年度副国防部长级别多边安全论坛上，与东盟国家国防部长举行了单独会谈。② 韩国和泰国国防部共同主办了东盟地区论坛国防官员对话会（ARFDOD），与会各方就传统安全问题以及反恐、打击跨国犯罪、海上安全、网络安全、救灾等非传统安全问题进行了深入讨论。③ 韩国还与新加坡共同主办了东盟防长扩大会议多边联合海上训练。④

文在寅政府还积极推动对东南亚地区的武器出口。韩国国防采办计划管理局（DAPA）成立了国防出口促进中心（DExPro），重视帮助本国军工企业在东南亚国家站稳脚跟。⑤ 印度尼西亚正在成为韩国国防设备的重要市场，两国正在联合研制新一代隐形战斗机（KF－X/IF－X）。⑥ 菲律宾已成

---

① Prashanth Parameswaran, “How will South Korea's New Maritime Security Forum Fare?” The Diplomat, January 31, 2018, https://thediplomat.com/2018/01/how-will-south-koreas-new-maritime-security-forum-fare/.

② Sung-Mi Kim, “Cursed by Geopolitics? South Korea's Place in Asia's Changing Politics of Space”, SWP Working Papers, October 2018, https://www.swp-berlin.org/fileadmin/contents/products/projekt_papiere/Kim_BCAS_2018_South_Korea_geopolitics_9_.pdf.

③ “ARF Defense Officials Hold Security Talks in Seoul”, Yonhap News, May 2, 2019, https://en.yna.co.kr/view/AEN20190502010100325?section=search.

④ Ministry of Defense, Singapore, “Singapore and Republic of Korea Navies Co-Host Maritime Security Exercise to Strengthen ADMM-Plus Cooperation”, April 28, 2019, https://www.mindef.gov.sg/web/portal/mindef/news-and-events/latest-releases/article-detail/2019/april/28apr19_nr.

⑤ Defense-aerospace, “S. Korea Launches Arms Export Promotion Center”, November 19, 2018, http://www.defense-aerospace.com/article-view/release_ar/197702/s.-korea-launches-arms-export-promotion-center.html.

⑥ “South Korea's Moon Unveils New Focus on Southeast Asia”, Reuters, November 9, 2017, https://www.reuters.com/article/us-indonesia-southkorea/south-koreas-moon-unveils-new-focus-on-southeast-asia-idUSKBN1D90OC.

为韩国喷气式战斗机和螺旋直升机的重要买家，并引进了韩国产护卫舰和轻型攻击机 FA－50，两国未来有望签订更多采购合同。泰国引进韩国产 T－50 教练机及护卫舰，并希望韩国能参与泰国的护卫舰改造升级项目，为实现泰国军队现代化做贡献。[①]

（四）人文社会方面

文在寅总统高度重视韩国与东盟国家之间的人文交流，他称："韩国和东盟之间的合作将以一种尊重民意、得到民众支持并邀请民众实际参与的方式开展……我打算帮助推进韩国与东盟的关系，同时把'人民'——包括韩国人民和东盟人民——放在高度优先的位置。"[②]韩国政府确定 2017 年为"韩国—东盟文化交流年"，积极推动各类人文交流。同年 9 月，东盟文化馆（ACH）在韩国釜山成立，这是首个在东盟对话伙伴国开设的此类机构，预计将成为韩国与东盟成员国之间的文化和人文交流中心。

文在寅政府积极推动韩国—东盟之间的人员往来。为便利东南亚民众访韩，文在寅政府改进了针对东盟国家公民的签证制度，扩大以往只适用于中国、越南、印度尼西亚和菲律宾的团体游客电子签证制度的适用范围，扩大免签证入境范围，[③] 在 2019 年 11 月韩国—东盟特别峰会举行期间免收东盟国家公民签证手续费，并为"新南方政策"落地国家举行了款待周活动。[④]这些措施取得了较好的效果。2019 年，韩国—东盟双边人员往来超过 1270 万人次。[⑤] 2017 年时，约有 50 万东盟成员国公民在韩国生活和工作，在东

① Prashanth Parameswaran, "Thailand Commissions Four New South Korean Fighter Jets", *The Diplomat*, April 10, 2018, https: //thediplomat. com/2018/04/thailand－commissions－four－new－south－korean－fighter－jets/.

② 청와대,「[전문] 문 대통령 아세안 기업투자 서밋 특별연설」, 2017. 11. 13, http: //www. korea. kr/news/policyNewsView. do? newsId = 148844708&pWise = main&pWiseMain = A1.

③ "Moon Vows to Increase Cooperation with ASEAN", The Dong-Ailbo, November 14, 2017, http: //www. donga. com/en/Search/article/all/20171114/1126368/1/Moon－vows－to－increase－cooperation－with－ASEAN.

④《韩国发布旅游业发展战略力争 2022 年吸引 2300 万访客》，韩联社，2019 年 4 月 2 日，https: //cn. yna. co. kr/view/ACK20190402003800881? section = search。

⑤《韩国去年对东盟贸易额继对华之后位居第二》，韩联社，2020 年 5 月 19 日，https: //cn. yna. co. kr/view/ACK20200519002100881。

盟国家生活和工作的韩国公民也达 30 万之多。① "考虑到这些实质性的政治、经济和社会文化互动，可以肯定地说，这种伙伴关系比韩国与传统的四大外交伙伴——美国、中国、日本和俄罗斯——的伙伴关系更具实质性。"②

文在寅政府还积极推进与东盟国家教育界和新闻界的合作。韩国官方机构韩国—东盟中心（AKC）与东盟大学联盟（AUN）展开合作，推动韩国大田大学与东盟大学联盟实施"东盟未来领导人计划"，以培养并提高东盟青年学生对韩国的认同感。③ 此外，浦项钢铁公司基金会和大丰基金会等韩国非政府机构也积极向东盟国家公民提供奖学金。韩国联合通讯社（韩联社）于 2019 年 4 月在越南河内设立了东南亚总分社，与美洲总分社、欧洲总分社形成了韩联社海外总分社的三足鼎立格局。④

文在寅政府还积极参与东南亚地区的灾害救援。2018 年 8 月，印度尼西亚龙目岛发生 7.0 级地震，韩国政府通过当地红十字会向地震灾区提供了 50 万美元紧急人道主义现汇援助。⑤ 新冠疫情暴发后，韩国向应对新冠疫情东盟基金会捐赠了 100 万美元，并向东盟各国提供了总值 500 万美元的医疗物资援助。这些举措受到所在国民众的高度评价，对提升韩国的国际形象有较大助益。

二　文在寅政府推行东南亚政策的意图

文在寅政府之所以高度重视对东南亚外交，其背后有如下四个方面的意图。

① Jae-in Moon, "Toward a People-centred ASEAN Community", The ASEAN Post, November 13, 2017, https://theaseanpost.com/article/toward-people-centred-asean-community.

② Jaehyon Lee, "Korea's New Southern Policy towards ASEAN: Context and Direction", http://jpi.or.kr/skyboard/download.sky? fid=4975&gid=7073&code=jpiworld.

③ Seksan Anantasirikiat, "'Partnering for Tomorrow': Conceptualizing South Korea's Public Diplomacy Approach toward ASEAN", in Kardir Ayhan, ed., *Korea's Soft Power and Public Diplomacy*, Hangang Network, 2017, pp. 223-255.

④ "Yonhap News Agency's Southeast Asia HQ Sets Sail in Hanoi", Yonhap News, April 18, 2019, https://en.yna.co.kr/view/AEN20190418010500315.

⑤ "(LEAD) S. Korea to Offer $500000 in Aid for Quake-hit Indonesia", Yonhap News, August 10, 2018, https://en.yna.co.kr/view/AEN20180810003651315? section=search.

（一）拓展东南亚市场

在韩国的经济增长过程中，一直起关键作用的就是进出口贸易。韩国的经济增长依靠的是贸易主导型政策的实施，表现出很高的对外依存度，2015 年时其经济对外依存度达到了 70.0%。[①] 韩国发展对外贸易的一个重要策略就是同其他国家签订自由贸易协定（FTA）。进入 21 世纪以来，韩国与多达 50 多个国家签订了 FTA，为签订 FTA 数量最多的亚洲国家。东盟也是韩国 FTA 战略实施的重要对象。2005 年，韩国与东盟十国开始进行 FTA 谈判，双方之间的货物贸易协定于 2007 年 6 月生效，服务贸易协定于 2009 年 5 月生效，投资协定则于 2009 年 9 月生效。此后，韩国—东盟自贸区于 2010 年 1 月正式启动。这是韩国与巨大经济体签订的第一个 FTA，意义非同寻常。韩国目前已成为世界主要核心材料与零部件的重要供给源之一，近年来已经在向东盟等新兴经济体提供其产业发展所必需的核心零部件及关键设备，同时韩国国内的技术密集型产业的比重也在增加，并通过这个过程逐渐形成了与东盟等新兴经济体之间的互补性增长关系。

扩大韩国同东南亚的经贸往来还有助于解决韩国国内人口老龄化、劳动力不足、市场规模小等问题。与其他经济体签订自贸协定往往被韩国视为其经济领土的扩大。[②] 韩国政府发布的“新通商战略”表示要在 2022 年将韩国出口额提高至 7900 亿美元而成为世界第四大出口强国。[③] 但美国政府所采取的贸易保护政策，使得韩国在与美国的贸易中面临障碍，中韩经贸关系又在“萨德”事件后趋冷，一系列因素使得文在寅政府必须寻求对外经济合作方面的突破，而东南亚则成为其中的重点方向。近年来，韩国进口了较多来自印度尼西亚等国的石油、天然气和煤炭等资源，[④] 韩国的工业产品也大量销往东南亚，密切与东南亚国家的关系有助于稳定其出口市场和原料供应。

---

① 崔文、金华林：《现代韩国经济》，延边大学出版社，2018，第 168 页。

② Seung-Ook Lee, “Free Trade Agreements and ‘Economic Territory’ as a Geoeconomic Imaginary in South Korea”, *Critical Asian Studies*, Vol. 49, No. 4, 2017, pp. 569 – 586.

③ Hyung-Jo Choi, “Trade Minister Unveils Ambitious Exports Plan”, Korea Joongang Daily, April 6, 2018, http://koreajoongangdaily.joins.com/news/article/article.aspx? aid = 3046575.

④ 竺仙如主编《国际贸易地理》（第 7 版），中国商务出版社，2017，第 123 ~ 124 页。

（二）推动经贸及外交关系多元化

“新南方政策”作为一个战略构想，旨在将韩国与东盟的政经关系提升到与美、中、日、俄四个在朝鲜半岛有着传统利益的国家同等的水平。[①]

在经贸方面，东南亚所蕴含的巨大经济潜力使它很有可能成为比肩中美日的韩国主要贸易伙伴。东南亚地区总人口约6.5亿，经济总量约为3万亿美元，目前是全球第七大经济体。东南亚多国人口年轻化优势明显，越南、柬埔寨、老挝等国35岁以下人口占全国总人口的70%以上，东盟各国人口平均年龄只有29.2岁。[②] 东南亚国家中产阶级比例不断提升，消费市场年均增长率约为15%。全球疫情暴发之前的2019年，韩国的10大贸易伙伴中包括了3个东盟成员国，分别是越南（第三名，8.9%）、新加坡（第八名，2.4%）和马来西亚（第十名，1.7%）。韩国与东盟的贸易额占韩国对外贸易总额的比重从2006年的9.7%提升至2018年的14%。韩国在东盟地区的投资也在持续增加。韩国在该地区的企业数量从2014年的850家增加到2018年的1292家，东南亚也已成为韩国企业第三大投资目的地。[③]

在外交方面，随着美国加大对华战略竞争力度，韩国正面临越来越大的压力，韩国的自主空间正在缩小。增加韩国对大国的战略影响力，与具有类似利益的国家结成联盟，将有助于韩国扩大其回旋余地，这是解决韩国面临的战略难题的关键。[④] 在这方面，东盟是韩国的重要战略合作伙伴。韩国和东盟在地理上邻近，合作基础良好。双方都在一定程度上受到大国的压力，都在努力扩大自己在该地区的自主空间，并增加外交影响力，双

---

① 청와대,「[전문] 문 대통령 아세안 기업투자 서밋 특별연설」, 2017.11.13, http://www.korea.kr/news/policyNewsView.do? newsId=148844708&pWise=main&pWiseMain=A1.

② 翟崑、周强、胡然编《“一带一路”案例实践与风险防范·政治安全篇》，海洋出版社，2017，第19页。

③ Suk-yee Jung, “South Korea-ASEAN Trade Volume Increases 20-Fold in 20 Years”, November 25, 2019, http://www.businesskorea.co.kr/news/articleView.html? idxno=38414.

④ Jaehyon Lee, “Korea's New Southern Policy towards ASEAN: Context and Direction”, Jeju Peace Institute, 2017, http://jpi.or.kr/skyboard/download.sky? fid=4975&gid=7073&code=jpiworld.

方拥有相似的战略利益。[①] 文在寅就曾撰文称："东盟和韩国有着许多共同之处，是最理想的伙伴……深知在世界大国中找到生存之道是多么具有挑战性。"[②] 因此，无论是韩国的"新南方政策"还是东盟的"大国平衡"战略，制衡大国的区域影响力均为其中的重要考量。也正是二者在一定程度上的契合，使得韩国和东盟之间的相互需要加深，共同推动了双边关系的发展。

（三）提升韩国的国际地位

文在寅政府大力推进对东南亚外交，还有一个重要意图是提升韩国的国际形象和国际地位。在这个意图之下，文在寅的东南亚外交既受到"中等强国外交"动机的推动，也是对韩国所受"国际责任"压力的回应。

文在寅遍访东盟十国，看重的是东盟作为一个独立的力量中心，在亚太地区日益凸显的影响。一方面，随着"新南方政策"在东南亚的推进，韩国将展示其外交理念和软实力，增强对东盟的影响力，并提高自身在塑造地区秩序和制定规则方面的参与度，从而满足其"中等强国"的政治抱负。另一方面，满足国际社会对韩国提供公共产品的期待也是文在寅政府加强与东盟合作的动因之一。2021年7月，在日内瓦召开的联合国贸发会议第68届贸易和发展理事会会议通过了韩国地位变更案，正式认定韩国为发达国家。作为联合国贸发会议自1964年创立以来首个变更国际地位的国家，韩国需要尽快适应从受援国到对外援助国的身份变化，对发展中国家的政府开发援助（ODA）也应扩大规模以符合相关基本要求。2021年韩国已将其官方对外援助增加了8.3%，并将继续扩大对外援助以支持发展中国家融入多边贸易体系。但韩国2017年的官方发展援助规模占国民总收入（GNI）的比例只有0.14%，2019年的政府对外援助数额只有约25亿美元，占国民总收入的比例仅为0.15%，远低于0.7%的联

---

① Andrew Cooper, "G20 Middle Powers and Initiatives on Development", in Jongryn M, eds, *MIKTA, Middle Powers, and New Dynamics of Global Governance: The G20's Evolving Agenda*, Palgrave Macmillan, 2015, pp. 32 - 46.

② 문재인,「文대통령 "아세안, 평화가 경제 번영 이어가는 모범 보여줘"」, 2019.03.07, http://www.newsis.com/view/? id = NISX20190306_ 0000579258&cID = 10301&pID = 10300.

合国建议比例，也远低于发达国家 0.31% 的平均水平。[①] 韩国政府的目标是到 2030 年将这一比例提升至 0.3% 。如果韩国希望继续对发展中国家做出承诺，并发挥国际社会所期望的作用，那么韩国的第一个目标一定是东南亚地区的发展中国家。[②]

此外，文在寅政府也试图改变韩国地处亚洲偏远一隅的劣势，发挥“亚洲枢纽”乃至“欧亚枢纽”的作用。文在寅总统相信，朝鲜半岛的和平将带来“亚洲和欧洲的共同繁荣”，“亚洲和欧洲之间的联系将通过朝鲜半岛的和平来完成”。[③]“新南方政策”配合其旨在加强与北方国家关系的“新北方政策”，显示出文在寅政府连接亚欧两洲、发挥枢纽作用的雄心，而深化与东南亚国家的合作则是为实现这一目标而进行的前期准备工作。

（四）促进朝鲜半岛问题的解决

文在寅政府高度重视对东南亚外交，目的之一在于争取东南亚各国对韩国政府半岛政策的外交支持从而促进半岛问题的解决。目前，东盟十国均与韩朝两国建立了外交关系，东盟地区论坛是朝鲜参加的为数不多的区域安全机制，并与之保持了对话伙伴国关系，朝鲜曾多次在这一平台发声。东盟可以发挥区域利益相关者的作用，促进文在寅政府力推的半岛和平计划。为了推动半岛无核化及和平进程，文在寅政府无论是采取强化对朝制裁或是放松对朝制裁的方式，其成功都有赖于东盟的积极配合。2017 年 11 月，文在寅总统要求东盟国家与韩国“共同携手遵守联合国安理会决议，对朝执行高强度制裁，对解决朝核问题形成帮助”。[④] 而到 2019 年 3 月，文在寅总统转

① DAC 회원국 지원현황，https：//www. odakorea. go. kr/ODAPage_ 2018/category01/L04_ S01_ 01. jsp.

② Jaehyon Lee，“Korea's New Southern Policy towards ASEAN：Context and Direction”，Jeju Peace Institute，2017，http：//jpi. or. kr/skyboard/download. sky? fid =4975&gid =7073&code =jpiworld.

③ Elizabeth Shim，“Moon Jae-in：Korean Peace would Complete Link between Asia，Europe”，United Press International，October 19，2018，https：//www. upi. com/Top_ News/World – News/2018/10/19/Moon – Jae – in – Korean – peace – would – complete – link – between – Asia – Europe/8161539955918/.

④ Yun Suk Lim，“Cooperation with the US，Japan Important to Deal with Tension with Pyongyang：South Korea's Moon”，November 3，2017，https：//www. channelnewsasia. com/news/asia/cooperation – with – the – us – japan – important – to – deal – with – tension – 9373348.

而呼吁马来西亚放宽对朝鲜的制裁，以促进朝鲜半岛的和平进程。①

在未来推进半岛和平进程中，韩国政府依然需要东盟的积极参与。美朝关系的波动使得韩国的外交政策总是冒着被大国冷落的风险，② 它需要在和平进程中有一个更可靠的伙伴，东盟无疑是一个合适的对象。可以说，在涉及半岛和平与稳定的若干未来议题中，韩国都需要东盟的支持，正如韩国—东盟中心秘书长李赫所言："东盟将成为我们在创建一个和平与繁荣的朝鲜半岛的征途上的一个强大的经济伙伴，同时也是东亚和平与稳定的伙伴。"③

三　文在寅政府东南亚政策的前景

"新南方政策" 具有巨大的经济意义和前景，然而，如果韩国不能在东南亚地区正确地实施这一政策，韩国的东南亚外交将难以达到其预期目的。目前来看，文在寅政府的东南亚外交既拥有较多有利条件，也面临一定挑战。

（一）有利条件

首先，文在寅政府在开展对东南亚外交的过程中，非常注重运用文化力量，而韩国文化在东南亚拥有较大的影响力。青瓦台经济顾问金贤哲就曾表示："新南方政策的核心是通过韩流和饮食等心与心相通的 '软实力' 与东盟进行交流。"④ 其次，韩国从朝鲜战争的废墟中逐步发展为高收入发达国家，其创造的经济奇迹深受东南亚各国人民推崇。再者，"新南方政策" 追求建立韩国与东盟之间以人为本的共同体，在一定程度上契合东盟宪章关于

① Min-seok Lee, "Moon Appeals to Malaysia to Back Easing Sanctions against N. Korea", Chosun Ilbo, March 14, 2019, http://english.chosun.com/site/data/html_dir/2019/03/14/2019031401779.html.

② Gilbert Rozman, "China-South Korea-U. S. Relations", in Rozman, ed., *Joint US-Korea Academic Studies: Asia's Slippery Slope: Triangular Tensions, Identity Gaps, Conflicting Regionalism, and Diplomatic Impasse toward North Korea*, Washington, DC: Korean Economic Institute, 2014, p. 49.

③ "Toward Stronger Partnership between Korea and Southeast Asia", Viet Nam News, October 17, 2018, https://vietnamnews.vn/world/467999/toward-stronger-partnership-between-korea-and-southeast-asia.html#WvJcKDUiAGtkzUvd.97.

④ Myo-Ja Ser, "Moon Unveils a 'Southern Strategy'", Korea JoongAng Daily, November 10, 2017, http://koreajoongangdaily.joins.com/news/article/article.aspx?aid=3040572.

建设东盟共同体的原则以及当前东盟各国政府所倡导的“以人为本”理念，[①] 而东盟也在寻求扩大自身影响力，双方可谓互有所需。此外，相比参与东南亚事务的其他大国，“韩国是一个相对温和的伙伴，而且几乎没有历史包袱”，[②] 更容易取得东南亚各国的信任。最后，文在寅总统高度重视对东南亚外交，是第一位把东盟作为韩国外交重点之一的韩国总统，[③] 还建立了负责实施“新南方政策”的常设性政府机构。上述几个因素，都将有助于韩国“新南方政策”在东南亚的推行。

（二）面临的挑战

文在寅政府的东南亚外交虽具备上述有利条件，但也面临一些挑战，主要包括以下几个方面。

一是“新南方政策”面临具体实施及韩国政府的政策持续性的挑战。文在寅总统只提出了“新南方政策”这一初步倡议，后续如何跟进依然有待观察。文在寅政府的主要精力仍然放在半岛事务上，可用于东南亚的政经资源有限。只要朝鲜问题存在，美国将永远是韩国外交政策的重点。[④] 文在寅政府在国际合作中对北方国家的重视优先于对东南亚国家的重视，典型体现是文在寅政府先于“新南方政策”宣布“新北方政策”。此外，“新南方政策”的目的之一是争取东南亚国家对韩国对朝政策的支持，在某种程度上是为其对朝政策服务的。因此，文在寅政府必须顾及朝鲜对其东南亚外交的感受。朝鲜《劳动新闻》的一篇报道就认为，“新南方政策”有“险恶”意图。[⑤] 而自 2018 年初以来，由于朝鲜半岛局势的缓和，“新南方政策”的

---

① “South Korea Asserts Role in SE Asia”, Khmer Times, March 14, 2019, https://www.khmertimeskh.com/50586739/s-korea-asserts-role-in-se-asia/.

② Tommy Koh, “Three Ways to Improve ASEAN-South Korea Ties”, The Straits Times, July 3, 2018, https://www.straitstimes.com/opinion/three-ways-to-improve-asean-south-korea-ties.

③ Jaehyon Lee, “Korea's New Southern Policy towards ASEAN: Context and Direction”, Jeju Peace Institute, 2017, http://jpi.or.kr/skyboard/download.sky? fid = 4975&gid = 7073&code = jpiworld.

④ Chiew-Ping Hoo, “A View from Southeast Asia on South Korea”, The ASAN Forum, April 30, 2019, http://www.theasanforum.org/a-view-from-southeast-asia-on-south-korea/#a15.

⑤ Rodong Sinmun, “Sinister Intent of S. Korean Regime's ‘New Southern Policy’”, November 20, 2017, https://rodong.rep.kp/en/index.php? strPageID = SF01_02_01&newsID = 2017-11-20-0004.

实施已经受到一定影响。

二是如何增进韩国人民与东盟国家人民的相互了解。文在寅政府以“新南方政策”为指导原则开展对东南亚外交，重视人文交流和国民外交，韩国民众就成为“新南方政策”推进的关键所在，但韩国似乎尚未对此做好准备。韩国民众往往对东盟持负面看法，“当韩国人想到东南亚人时，他们首先想到的是非法移民”。① 此种负面认知显然不利于韩国与东南亚国家间的人文交流。此外，韩国政府和智库对东盟和东南亚也存在认识不足问题。尽管双方有着数十年的经贸关系，但韩国还是倾向于将所有东盟成员国视为一个单一的文化体，较少关注东盟各国之间在语言等方面的巨大差异。文在寅总统访问马来西亚期间，使用印度尼西亚语问候马来西亚领导人就是一个很好的例子。尽管设立有韩国东南亚研究所（KISEAS）等官方智库，但韩国学者研究东盟和东南亚的较少。②

三是“新南方政策”在东南亚过度集中于个别国家。尽管“新南方政策”的目标是实现经济和外交的多元化，但目前韩国与东盟的贸易和投资主要集中在越南。2017 年，越南占韩国对东盟总投资额的 40.3% 和对东盟贸易额的 42.9%，越南已经成为韩国进入东盟的枢纽。③ 从 2017 年起，越南在韩国出口对象国中一直排第三位。尽管受疫情影响，2020 年韩国对越南出口依然达到了 485 亿美元。④ 当前韩国与东盟国家的贸易严重依赖越南，而与印度尼西亚、泰国、菲律宾等东南亚主要经济体的贸易却处于较低水平。如何实现对东盟国家贸易和投资的多元化，是文在寅政府必须应对的一个挑战。

四是大国在东南亚的竞争将会削弱“新南方政策”的影响力。东盟作为一个独立的力量核心，在亚太和全球舞台上发挥了越来越重要的作用，成为区域内外大国竞相拉拢的对象。美国、日本、印度、俄罗斯等国都在大力

---

① Tommy Koh, “Three Ways to Improve ASEAN-South Korea Ties”, The Straits Times, July 3, 2018, https://www.straitstimes.com/opinion/three-ways-to-improve-asean-south-korea-ties.

② Chiew-Ping Hoo, “A View from Southeast Asia on South Korea”, The ASAN Forum, April 30, 2019, http://www.theasanforum.org/a-view-from-southeast-asia-on-south-korea/#a15.

③ Sungil Kwak, “Korea's New Southern Policy: Vision and Challenges”, KIEP Opinions, November 12, 2018, https://think-asia.org/bitstream/handle/11540/9407/KIEPopinions_no146.pdf?sequence=1.

④ Daniel Workman, “South Korea's Top Trading Partners”, Koreatimes, February 14, 2021, http://www.koreatimes.co.kr/www/nation/2017/11/120_239569.html.

强化与东盟的关系。在面对这些大国在东南亚地区的影响力时，韩国深化与东盟国家关系的努力面临严峻挑战。即使其他大国不将“新南方政策”视为对本国东南亚政策的挑战，如何协调“新南方政策”与大国东南亚政策的关系也是文在寅政府所面临的一大难题。

文在寅提出以东南亚为核心的“新南方政策”，既是对韩国重视东南亚的外交传统的回归，也顺应了当下韩国与东盟关系不断深化的客观现实。正如一位韩国国际关系学者所言，“鉴于东盟对韩国现在和未来的重要性，现在是时候将东盟作为韩国对外政策的重中之重了”。① 因此，“新南方政策”作为文在寅政府在东南亚地区大力推行的一项政策，承继了韩国东南亚外交中持久而稳定的政策内核，无疑将会对当下及今后中国在该地区的利益产生影响。如何正确评估其影响并提出妥善的应对之策，对于维护我国在东南亚的利益具有重要意义。

① Chiew-Ping Hoo，“ A View from Southeast Asia on South Korea”，The ASAN Forum，April 30，2019，http：//www. theasanforum. org/a – view – from – southeast – asia – on – south – korea/#a15.

历史与文化

“俄馆播迁”后俄国对朝鲜半岛外交政策失败原因初探*

邢传林

【内容提要】甲午战争后清朝退出朝鲜，日本在朝鲜的影响力开始增强。1896 年 2 月 11 日“俄馆播迁”事件发生。这并不是俄国主动“诱骗”高宗到俄国公使馆，而是“两厢情愿”。朝鲜国王高宗在俄国驻朝鲜领事馆的逗留给俄国带来了艰难的外交选择。其间，俄国在朝鲜开始了一系列的外交布局。“俄馆播迁”后俄国对半岛外交政策失败是多方面的历史合力的结果。既有来自朝鲜的从亲俄到疑俄的变化、朝贡体系与威斯特伐利亚体系的冲突，也有俄国内部对朝鲜外交政策的矛盾，更有俄国在东北亚与所有主要国家的利益冲突等。由于“俄馆播迁”的外交失败，1904～1905 年的日俄战争不可避免。

【关键词】“俄馆播迁”　俄国　朝鲜　日本　外交

【作者简介】邢传林，江苏师范大学巴基斯坦研究中心教授，主要从事欧亚问题和南亚问题研究。

1895 年中日甲午战争的结果彻底改变了东亚传统的朝贡体系和东北亚国际政治格局。虽然表面上朝鲜获得了独立，但实际上日本掌控了朝鲜的内政外交。1896 年 2 月 11 日朝鲜国王高宗及其支持者逃到俄国驻汉城公使

* 本文是上海市哲社中青班专项课题“‘统一俄罗斯’党研究”（2020FZX006）的阶段性研究成果。

馆，前后共 375 天，史称“俄馆播迁”（朝鲜语：아관파천）。当时的情况对俄国的朝鲜半岛外交极为有利。在“俄馆播迁”一年多的时间里，朝鲜国王高宗颁布了许多驱日法令。但是“俄馆播迁”后俄国在朝鲜的影响和作用开始逐渐减弱，特别是 1898 年后日本对朝鲜的影响力再次增强。国内已有的主要著作中黄定天教授的《东北亚国际关系史》、崔丕教授的《近代东北亚国际关系史》为东方外交史研究做出了巨大贡献，但对“俄馆播迁”后俄国对半岛外交政策失败原因语焉不详，本文拟对这个问题进行初步探讨，抛砖引玉，求教于方家。如无特别说明，本文使用的时间是公历。

一 “俄馆播迁”前俄国对朝鲜外交的基本政策

俄国和朝鲜之间的第一次历史接触发生在 17 世纪。当时作为清朝属国的朝鲜应邀派火枪手于 1654 年、1658 年先后两次到黑龙江流域抗击入侵的沙俄。这一事件在朝鲜被称为罗禅征伐（朝鲜语：나선정벌）。但是当时的俄国人并不知道清军中还有来自朝鲜的士兵。

在 1853～1856 年的克里米亚战争中失败后，俄国为弥补在欧洲的损失把战略目光投向东方的中国。1860 年俄国以在第二次鸦片战争中对英、法调停有功为名，胁迫和讹诈清政府签署了《北京条约》、承认 1858 年两国未经授权的地方官员非法签订的《瑷珲条约》合法，割去中国百万平方公里领土。1860 年《中俄北京条约》第一条规定，中俄东段边界之东南段“自白棱河口顺山岭至瑚布图河口，再由瑚布图河口顺珲春河及海中间之岭至图们江口，其东皆属俄国；其西皆属中国。两国交界与图们江之会处及该江口相距不过二十里，且遵天津和约第九条议定，绘画地图，内以红色分为交界之地，上写俄罗斯国阿、巴、瓦、噶、达、耶、热、皆、伊、亦、喀、拉、玛、那、倭、帕、啦、萨、土、乌等字头，以便易详阅。其地图上，必须两国钦差大臣画押钤印为据。”[①] 但是 1861 年清朝代表成琦与俄方代表卡札凯维奇签订《中俄勘分东界约记》和咸丰十二年（1862 年）俄国交换给

① 王铁崖：《中外旧约章汇编》（第 1 册），生活·读书·新知三联书店，1957，第 149 页。

中国的《乌苏里江至海交界记文》中都少了“乌”字界碑。[①]“乌”字碑的遗漏，使中国丧失了图们江口的主权。俄国通过侵占中国领土与朝鲜半岛相连，并封锁了中国通过图们江出日本海的通道。俄国自此开始和朝鲜接壤。但是朝鲜政府没有立刻意识到边界的变化。

自1876年朝日两国签署《江华条约》后，朝鲜问题开始成为俄国远东外交政策的重要组成部分。朝鲜当时作为清朝属国虽然仍是东亚唯一继续实行外交孤立的国家，但事实证明朝鲜是周边大国之间激烈的国际政治斗争的争夺对象。

1884年韦伯（К. И. Вебер）被俄国任命为驻朝鲜的全权代表。同年7月7日朝鲜政府与沙俄政府签署了《友好贸易条约》。根据条约，朝鲜开放了仁川港、元山港和釜山港以及汉城和汉城的外国人墓地。俄国人有权在这些地方“租用或购买土地或房屋，并建造房屋，仓库或工厂”[②]。1884年俄朝条约缔结、双方建立正式的外交关系后，俄国对朝鲜事务的参与明显加强。1884年签订的俄朝条约使两国建立正式的外交关系成为可能，并且总体上强化了俄朝关系。在当时中日在朝鲜的对抗加剧，根据1885年《天津条约》，日本在朝鲜与中国享有同等权利。1885年10月韦伯抵达朝鲜汉城，成为首位俄国驻朝鲜总领事。他的主要任务是：通过获得朝鲜政府的充分信任来增强俄国在朝鲜的影响力，阻止朝鲜政府在巨文岛港口向英国做出让步，与朝鲜就陆路贸易达成协议。

俄国当时对朝鲜现实主义外交的策略是维持朝鲜现状。这是因为朝鲜是一个人口众多的农业国，吞并朝鲜对俄国来说弊大于利。朝鲜没有工业，只能提供一些农产品，朝鲜人当时越境到俄国远东谋生的情况屡禁不止。1888年5月8日沙皇政府举行关于朝鲜的特别会议指出，“近年来俄国在远东的利益主要集中在朝鲜周围”，会议反对俄国吞并朝鲜，因为“合并朝鲜不仅不会给我们带来任何好处，而且会带来非常不利的后果。作为一个贫穷的国家，朝鲜不能成为我们的一个有利可图的贸易市场，尤其是鉴于我们自己在

① 王铁崖：《中外旧约章汇编》（第1册），生活·读书·新知三联书店，1957，第160～163页。1886年6月俄国和中国重新勘界并签订了《中俄珲春东界约》，虽然解决了中国图们江到日本海的通航问题，但是“乌”字界碑仍然没立起来。

② Российско－корейский договор о дружбе и торговле 1884 г. https：//superinf. ru/view_helpstud. php？id＝2617.

太平洋地区缺乏工业的情况。在某些情况下，处于满洲侧翼的朝鲜可以被我们转变为有利的战略地位，但是由于与朝鲜国防相关的不便和困难，这种地位的好处失去了意义。朝鲜距离我们拥有足够战斗力的中心太远，而且阿穆尔军区的资源有限，我们领土的任何扩张对我们来说都是沉重的负担，特别是如果我们要负责捍卫朝鲜广阔的海岸线。最后，接管朝鲜不仅会破坏我们与中国的关系，而且会破坏与日本的关系，日本也有针对朝鲜的计划。如果中日联合，我们在各个方面都将变得极为困难”。这次会议得出的结论是，保持朝鲜现状；避免朝鲜变成对付俄国的武器，俄国认为“如果朝鲜处于邻国的统治下，中国可能会对朝鲜的命运产生更大的影响”。①

这次特别会议提出了俄国驻汉城代表在处理与朝鲜政府的关系中应遵循的主要准则：“记住由于朝鲜本身完全没有实力，必须阻止朝鲜政府进行旨在改变其对中国态度的冒险活动，并建议朝鲜谨慎避免任何可能导致中国干预的事情。如果接受朝鲜为我们的专属保护，而不能给我们带来任何好处，这会使我们陷入困境。朝鲜政府如果需要外部援助，应鼓励所有驻汉城的外国代表提供协助。我们对朝鲜内政的干预，必须非常谨慎和严格地局限于其内部动乱的情况下。确保朝鲜国际地位的最可靠手段是发展其工业，对此应重点关注。”②

在保持朝鲜现状的情况下，希望通过国际共同干预来避免延续中国在朝鲜的宗主国优势，伺机扩大俄国在朝鲜的势力并寻求利益，这就是“俄馆播迁”发生前俄国对朝鲜外交关系的基本政策。

二 “俄馆播迁”期间俄国在半岛问题上的外交布局

甲午战争后朝鲜获得了名义上的独立。中日签订《马关条约》，内容之一是清朝割让辽东半岛，这对俄国在远东的利益构成直接威胁。如果日本在大陆获得了据点，就会直接威胁到俄国在东北的利益和在东亚的“黄俄罗斯”计划。俄国政府决定积极行动，防止日本占领朝鲜和东北南部。在德

① Журнал Особого совещания 8 мая (25 апреля) 1888 г. // Красный архив. Т3 (52) С. 54 – 61.

② См. Б. Б. Пак. Российская дипломатия и Корея. 1860 – 1888. Книга первая. С. 185 – 188.

法俄“三国干涉还辽”压力之下，日本被迫放弃辽东，但是向中国的索赔增加了三千万两白银。

甲午战争后清朝退出朝鲜，日本在朝鲜的影响力开始增强。日本为了加强对朝鲜的控制，采取了一系列行动并在1895年10月8日发动了“乙未事变”，杀害了亲俄的闵妃（明成皇后），建立亲日的金弘集政府，颁布“断发令”、强行剃发，并禁止穿着朝鲜传统服饰。明成皇后被残酷谋杀后，高宗国王开始担心自己的安全，因此被迫前往俄国外交使团驻地避难，最终，1896年2月11日“俄馆播迁”事件发生。然而，已有俄国外交档案的记载却与传统的说法有所不同，并不是俄国主动“诱骗”高宗到俄国公使馆的。

1896年1月8日，俄国新任驻朝代表士贝耶（A. H. Шпейер）到达汉城。由于朝鲜局势紧张，原来的代表韦伯也没有被召回，在1895年12月，他接到命令在士贝耶抵达后继续留在朝鲜。早在1896年1月，高宗就秘密向俄国公使馆提出安全庇护；2月2日朝鲜国王高宗写密信给俄国公使，告知逃离计划。[①] 总之，不管是俄国或亲俄派的“诱骗”还是朝鲜高宗主动要求，“俄馆播迁”确实是俄朝两厢情愿的事。

“俄馆播迁”事件发生后，俄国不可能没有考虑到日本政府和其他外国势力将竭尽全力防止俄国在朝鲜半岛一统天下。日本反对建立任何保护国或任何形式的朝鲜对俄国的依赖的企图；由于在远东的军事准备不足，俄国还没有准备好与日本发生军事冲突，还要考虑朝鲜民众的反应。这给俄国带来了一个艰难的外交选择：要么利用极其有利的环境以一种或其他形式建立对朝鲜的保护，在这种情况下加剧与日本的冲突；或者做出让步与日本达成协议解决朝鲜事务，保留俄国在朝鲜的影响力。

1896年2月14日也就是“俄馆播迁”的第四天，朝鲜国王高宗会见俄国驻朝鲜外交代表士贝耶和韦伯并要求他们向俄国政府传达“他的认真请求，支持他采取的第一步。在与俄国密切和睦的道路上，他独自无限地信任俄国，并且毫不犹豫地希望将朝鲜的命运托付给俄国”。高宗认为，朝鲜作为一个独立国家的进一步发展取决于“俄国对朝鲜的参与程度”，他希望俄国“一方面，对他不幸的国家有同情心；另一方面，出于政治考虑，帮助朝鲜建立一个完全独立的国家”。此外，朝鲜国王还说，他“意识到……需

① Архив Внешней Политики Российской Империи（АВПРИ）. Яп. ст. Д. 5. Л. 69.

要在所有重要的国家事务中得到俄国的指导”，希望俄国政府“对朝鲜内阁派出顾问，并指导朝鲜政要走上正义和合理进展的道路”。高宗强调，俄国在财务政策和军队建设方面提供帮助尤为必要，他希望“首次组建一支可靠且训练有素的部队，最多可 3000 人……以保护该国免遭内部动荡，不受外部对其独立的侵害”。①

从抗击日本侵略和维护朝鲜国家独立的角度来看，高宗留在俄国使团驻地无疑是积极的步骤。高宗在俄领馆期间罢免了亲日派政府，发布了一系列命令。日本在朝鲜的影响力被大大削弱，日本的军事占领被削弱。

“俄馆播迁”使得俄国在朝鲜的外交上开始获得优势并事实上开始在朝鲜扩大势力和影响。其间，俄国在朝鲜开始了一系列的外交布局。1896 年 5 月 14 日的《汉城备忘录》和 1896 年 6 月 9 日的《莫斯科议定书》都保证俄国在朝鲜的驻军。

（一）俄国背着朝鲜与日本在半岛问题上进行谈判

“俄馆播迁”期间，俄国就朝鲜问题和日本也同时进行了多次谈判，并签订了两个议定书。

1896 年 5 月 14 日，第一次日俄关于朝鲜问题的备忘录在汉城签订，签订者是小村寿太郎和韦伯，主要内容为：何时还宫由朝鲜国王自行决定；日俄两国应劝告朝鲜国王任命开明温和之人士为其阁员；俄国同意日本在汉城、釜山、元山驻兵总数不超过 800 人，俄国也可在这些地区设置不超过日军人数的兵力。② 该协定赋予在朝鲜领土上没有武装力量的俄国（除在汉城的一个小支队外）将其军队保留在与日本军队相同的地方和相同的人数上的权利。这对俄国来说是外交上的成功。

第二次日俄关于朝鲜的协定书于 1896 年 6 月 9 日在莫斯科由山县有朋和罗巴洛夫签订。谈判过程中日本向俄国提议沿北纬 38 度线分割朝鲜，但是俄国没有接受这一提议，因为这将使俄国失去朝鲜的不冻港。罗巴洛夫给

---

① В. П. Нихамин. Дипломатия русского царизма в Корее после японо – китайской войны. С. 153.

② Сеул, 2/14 мая 1896 г. Меморандум России и Японии о Корее. http：//istmat. info/node/27259.

出的拒绝日方分割朝鲜的提议的官方理由是：这是事关朝鲜独立的问题。① 其实对于俄国来说，失去朝鲜南方的不冻港是其最不希望的。在这个协定书中，日俄两国劝告朝鲜政府停止不必要的支出，并保持收支平衡；在朝鲜财务和经济状况允许的范围内，俄国和日本政府将竭尽全力帮助朝鲜创立由朝鲜人组成的军队和警察，其数量足以维持国内秩序而无需外国援助；日本继续管理自己在朝鲜的电信线，俄国保留架设汉城至其国境电信线的权利。② 第二次日俄协定书的秘密条款是：将来朝鲜若发生重大变乱需日俄出兵时，两国须划定各自的防区，并在防区间建立非军事区。③

（二）对朝鲜政府的态度

1896～1898年，俄国和朝鲜之间的关系可以说是历史上最密切的。在俄国外交部，高宗迁入俄领馆得到了明确肯定的评价。外交大臣穆拉维约夫认为，国王的这一步骤“将提高国王在该国的威望和权威，摆脱敌对势力。并至少给了他独立精神，这应该是一个独立的国家元首所固有的”。④ 作为对1897年2月20日离开俄国领馆前朝鲜国王对尼古拉二世表达的感激之情的回应，韦伯说这无疑是俄国对他的个人立场的仁慈态度的证明，“这同样符合朝鲜王国的命运，俄国政府希望他继续以我们的建议为指导，从而证明他现在对我们的支持表示感谢的诚意”。⑤

1896年朝鲜代表应邀参加同年5月14日至16日举行的俄国尼古拉二世皇帝的加冕典礼。以闵泳焕为团长的朝鲜使团前往莫斯科参加庆祝活动后抵达圣彼得堡，在那里与俄国政府就俄国对朝鲜的援助进行了特别谈判。谈判的结果是，1896年8月俄国军事代表团被派往朝鲜。朝鲜向俄国提出的帮

---

① Кушнарев И. С. Участие А. Б. Лобанова－Ростовского В Русско－Японском Урегулировании В Корее（1895－1896）Вестник Саратовского государственного социально－экономического университета 2008 No. 1 C. 112.

② Москва, 28 мая/9 июня 1896 г. Соглашение между Россией и Японией о Корее. http：//istmat. info/node/27261.

③ 日本外务省编《日本外交年表及主要文书》上卷，原书房，1969，第175～176页。

④ Проект доверительного письма министра иностранных дел Муравьева военному министру Ванновскому от 22 февраля/8 марта 1897 г. －АВПРИ. Ф.《Японский стол》. Оп. 493. Д. 144. Л. 128－138.

⑤ Секретная телеграмма Веберу в Сеул. С. Петербург, 13//25 февраля 1897 г. － АВПРИ. Ф. Канцелярия МИД, 1897 д. 100. Л. 80.

助其铺设电信线和解决财务问题的要求也得到了满足。俄国外交部原则上不反对在朝鲜支持高宗和派出军事教官帮助训练部队，但是派遣俄国军队到朝鲜的提议被拒绝。

（三）和清政府签订同盟条约对抗日本

在中日《马关条约》缔结之前，俄国政府对远东局势的变化感到震惊。“三国干涉还辽”后，俄国赢得了清政府的好感。两国开始走近。1896 年 6 月 3 日的《俄中御敌互相援助条约》有这样的内容：“第一款，日本国如侵占俄国亚洲东方土地，或中国土地，或朝鲜土地，即牵碍此约，应立即照约办理。如有此事，两国约明，应将所有水、陆各军，届时所能调遣者，尽行派出，互相援助，至军火、粮食，亦尽力互相接济。”[①] 俄国拉拢清朝对抗日本。但是随后的 1897 年由于俄国打着“援华抗德”的名义出兵强占中国旅顺口，随后更有俄国借义和团运动爆发出兵东北赖着不走，清政府开始认清了俄国对华的真面目。中俄历史上的第一次结盟事实上结束。

俄国希望通过以上同时进行的对朝、日、中三个方向的外交布局来维持“俄馆播迁”后对俄有利的半岛局势。但事实上，特别是 1898 年后，俄国在朝鲜的外交和日本相比开始处于下风，遭遇了失败。

三 “俄馆播迁”后俄国对半岛外交失败的原因

俄国在朝鲜的外交遭遇失败是多方面历史因素共同作用的结果，既有来自朝鲜的从亲俄到疑俄的变化，也有俄国内部对朝鲜外交政策的自相矛盾，更有俄国在东北亚与所有主要国家的利益冲突等。

（一）朝鲜从亲俄到疑俄的变化

1896～1897 年的“俄馆播迁”是一次“和平政变”，其结果是日本控制的亲日派政府垮台。“俄馆播迁”期间俄国人禁止朝鲜大臣接近国王，一切事情均由来自海参崴（符拉迪沃斯托克）的俄语译员金鸿睦和亲俄派首领李范晋办理。新组成的朝鲜政府当然是清一色的亲俄派。日本的影响力和

---

① 王铁崖：《中外旧约章汇编》（第 1 册），生活·读书·新知三联书店，1957，第 650 页。

朝鲜国家独立面临的直接危险都被削弱了，这是俄国外交的胜利。高宗和支持他的政要在俄国的支持下，重新掌权，开始对政治对手进行报复。朝鲜新政府结束了与日本的贷款谈判，并解雇了日本军事教官。

高宗在“俄馆播迁”期间最重要的对俄外交行动是，1896 年夏天，他派出一个以闵泳焕为首的特别使团到俄国以庆祝尼古拉斯二世加冕。朝鲜国王高宗发给尼古拉二世皇帝的信也有所不同：其中一封信祝贺尼古拉二世加冕，另一封信是进行政治谈判的凭证。尽管朝鲜要求建立俄国对朝鲜的保护，但由于担心与日本的关系恶化，以外交大臣罗巴诺夫为代表的俄国方面避免了对朝鲜方面建议的直接回应，倾向于在朝鲜问题上与日本达成协议。

1896 年 2 月底，俄国和日本背着朝鲜达成了一项备忘录，并随后签署了关于朝鲜事务的两项协议。朝鲜国王高宗于 1897 年 2 月 20 日返回王宫，同年 10 月 12 日改国号为“大韩帝国”并称帝。1897 年 3 月 14 日，韦伯将协议的议定书的副本移交给了朝鲜外交大臣李完用，并传达了这样的信息，即俄国政府已与日本政府达成协议，旨在承认朝鲜的不可侵犯性并为其提供援助。李完用在回应韦伯时说，由于朝鲜政府“没有参加这些条约的缔结，因此其作为独立力量的行动自由不能受到这些条约的限制”。① 朝鲜政府认为俄国与日本签订的议定书未经朝鲜同意，损害了朝鲜的独立，因此朝鲜完全不承认这些议定书。这是朝鲜政府怀疑俄国的最主要的原因。由此俄国在朝鲜的地位开始逐渐下降。

此外，1898 年 2 月俄国非法要求在朝鲜绝影岛修建海军煤炭仓库再次引起朝鲜民众的反俄风潮。此后 1898 年 9 月 12 日又发生了“茶毒事件”。事后查明，谋害朝鲜王室继承人是俄语译员金鸿睦策划的，背后有俄国公使馆操纵。因证据确凿，金鸿睦被砍头。这一系列事件特别是俄国背着朝鲜和日本的交易和干涉朝鲜国内政治最终导致朝鲜对俄的态度发生了改变。

（二）俄国内部对朝鲜外交政策的矛盾

沙皇尼古拉二世和俄国外交部对“俄馆播迁”的政策不一致。俄国外

① Донесение российского поверенного в делах в Сеуле А. Н. Шпейера министру иностранных дел А. Б. Лобанову – Ростовскому от 2/14 января 1896 г. //АВПРИ. Ф. Японский стол. Оп. 493. Д. 5. Л. 5.

交部一直反对与日本在朝鲜发生冲突，驻朝外交官没有被外交部授权帮助朝鲜。士贝耶的到来也并没有改变俄国对朝鲜政策的总体方向。士贝耶和韦伯都认为，俄国在朝鲜政策中的主要任务是从朝鲜政府中淘汰亲日领导人，给予高宗国王组织政府的机会。在这种情况下，将组建一个亲俄的政府，而日本的影响力将下降。因此士贝耶和韦伯都支持在汉城的朝鲜反日派人士。士贝耶指出："要从根本上改变现有的秩序，我认为，应该让日本同意朝鲜国王有权从其追随者中选择其他顾问，并立即从这里罢免与日本合作的大院君①。只有实现这一目标，无论是通过与日本达成协议还是通过影响朝鲜，我们才可以考虑在这个不幸的国家恢复秩序。"② "俄馆播迁"事件的发生大大增强了朝鲜统治圈子中亲俄派的影响力，日本的权威开始下降。结果亲日内阁被替换，新一届政府中最重要的职位由明成皇后支持的亲俄政治家李范晋和李完用担任。

俄国政府密切地关注日本在朝鲜的行动。在收到士贝耶到达汉城后在 1896 年 1 月 15 日报告日本在朝鲜不受限制的活动的第一封电报后，沙皇尼古拉二世发表了一项内部决议："真的是时候了，日本人应该对他们在朝鲜的丑恶行径负责。"他坚决反对日本在朝鲜的政策。不同于沙皇，外交大臣罗巴诺夫选择谨慎处理朝鲜问题，并要求士贝耶澄清"推翻朝鲜目前政权的确切含义和手段"。同时，他被要求铭记"我们不想在当今的远东造成新的复杂情况"。③

俄国外交部对朝鲜的政策是继续维持其独立，执行该政策的方式是避免与日本发生冲突。"俄馆播迁"事件发生后的 1897 年 2 月，俄国重臣维特在给俄国驻日本使节的指示中说，俄国外交部对朝鲜政策的目标定义如下："我们不希望将朝鲜吞并，因为这种吞并不会给俄国带来好处，特别是考虑到朝鲜的贫穷和难以保护其广阔的海岸线不受外部攻击的情况。尽管如此，

---

① 大院君是朝鲜王朝的一种爵位，是入继国王大统而即位的国王给自己生父的封爵。此处所说的大院君是指兴宣大院君、朝鲜高宗的生父李昰应。

② Частное письмо А. Н. Шпейера Д. А. Капнисту от 4 января 1896 г. – АВПРИ. Ф. Японский стол. Оп. 493. Д. 44, 1895 – 1898 гг.

③ Телеграмма министра иностранных дел Лобанова – Ростовского посланнику в Токио Хитровоот 11/23 января 1896 г. – АВПРИ. Ф. Японский стол. Оп. 493. Д. 5. Л. 58, 71. Цит. по: В. П. Нихамин. Дипломатия русского царизма в Корее после японо – китайской войны. С. 151 – 152.

我们必须努力巩固我们的政治影响力，使得在任何其他大国影响下的朝鲜，对我们来说，既不是危险的，也不会变得如此。至少在政治复杂时期，这种邻国将是不容忽视的。”俄国政府“在朝鲜没有侵略目的，但希望这个国家受到俄国的政治影响”。①

在这样的原则下，第三次日俄协定书于1898年4月13日在东京由西德二郎和罗申签订。主要内容是：俄国和日本帝国政府最终承认朝鲜的主权和充分独立，并相互承诺避免对朝鲜内政的任何直接干涉；为了避免将来出现任何误会，如果朝鲜求助于俄国或日本以寻求建议和协助，俄国和日本皇室政府将相互承诺，未经事先同意，不采取任何措施任命军事教官或财务顾问。鉴于日本在朝鲜的贸易和工业企业的广泛发展以及生活在该国的大量日本国民，俄罗斯帝国政府不会阻碍日朝之间的贸易和工业关系的发展。② 通过这个协定书，日本在“俄馆播迁”后在朝鲜再次取得了优势。

（三）在远东国际格局变化过程中，俄国逐渐被孤立

首先，俄国的“黄俄罗斯”计划和日本的大陆计划冲突。沙皇尼古拉二世计划将新疆的乔格里峰到海参崴一线以北的中国领土全部侵占吞并，而日本军国主义也有侵略中国和朝鲜的计划。这两个帝国主义国家的侵略计划是对抗性的。在19世纪末20世纪初远东国际格局变化中，俄日矛盾在东北亚不可调解。

其次，俄日的较量使得在远东的英日同盟得以建立。当时俄英两国同时在中亚进行较量。在远东地区，英国实行平衡政策以遏制俄国向朝鲜的渗透。英国认为，如果俄国对朝鲜的影响力增加，其奉行的传统均势外交政策将会受到干扰，所以英国决定在远东支持日本。1902年英日两国最终结盟，对抗俄国在远东的扩张。

最后，1896年《中俄密约》签订后，俄国在远东政策的重点从朝鲜转向中国东北也对俄朝关系的降温产生了一定影响。1897年俄国强行占领旅顺口使中国政府重新认识了俄国随时翻脸、积极侵华的真面目，中俄结盟事

---

① Инструкция посланнику в Японии барону Розену, март, 1897 г. – АВПРИ. Ф.《Китайский стол. Все подданнейшие доклады》, 1897 г. Д. 14. Л. 40 – 50.

② Токио, 13/25 апреля 1898 г. Соглашение между Россией и Японией о Корее. http://istmat. info/node/27275.

实上结束。

1898 年《日俄东京议定书》签署谈判过程中，由于得到英国和美国等西方主要强国的保证，日本对自己的实力越来越有信心。与俄国相反，日本拒绝了朝鲜中立的建议，从而表明了日本对该国的真正计划。此后俄日两国之间的关系变得比 1895～1896 年更加紧张，但是日本获得了国际保证，其在朝鲜的经济地位和政治地位以及武装部队的战备方面做了更好的准备。《日俄东京议定书》签署之后，俄日两国在朝鲜的力量平衡被打破，俄国对朝外交难以维持，相对于日本，俄国在朝鲜的地位开始逐渐下降。

1904～1905 年的日俄战争暴露了俄国相对于日本的地缘战略劣势，日本的胜利得益于英国和美国的支持。1905 年 9 月 5 日，日俄两国在美国签署《朴茨茅斯条约》。《朴茨茅斯条约》第二条规定俄罗斯帝国政府认识到日本在朝鲜的政治、军事和经济利益，因此承诺不干预或干涉日本帝国政府对朝鲜采取的领导、赞助和监督措施。[①] 日俄战争后朝鲜成了日本的保护国，俄朝关系不再被视为两个主权国家之间的关系。1910 年，根据《日韩合并条约》，日本吞并朝鲜，俄朝关系终结。

俄国在朝鲜外交政策失败的最主要原因是，俄国武装力量主要集中在欧洲，它根本无力抵抗日本在朝鲜的扩张。西方大国主要是美国和英国支持日本的“大陆政策”也是重要原因，这在 1910 年 8 月 22 日签署的《日韩合并条约》中得到了体现。该文件结束了朝鲜作为主权国家的存在，并因此结束了俄罗斯帝国与朝鲜王国之间的关系。

余论：19 世纪末 20 世纪初东北亚国际政治格局的变化和朝鲜的国运

朝鲜是一个小国，它的命运深受周边大国中、俄、日的影响。在“俄馆播迁”的一年多时间里，朝鲜国王在俄国使团驻地逗留期间改变了朝鲜的外交政策，削弱了日本殖民主义者在该国的影响力，大部分日军从朝鲜撤出，日本军事占领政权实际上崩溃了。

---

① Мирный договор между Россией и Японией. Портсмут, 23 августа/5 сентября 1905 г. http://www.hist.msu.ru/ER/Etext/FOREIGN/portsmth.htm.

一般而言，可以认为1896～1898年这一时段是俄朝外交史上双方关系最好的时期。但是“俄馆播迁”的最终结果——俄国最终完全退出半岛，对俄国来说却完全是戏剧性的。

“俄馆播迁”期间俄国认为日本在朝鲜仅仅有经济利益，这种低估说明俄国对日本的外交政策存在严重错误认识。俄完全应该看到日本的“泛亚主义”意识形态的存在。根据该思想，东亚的所有国家都将在日本的领导下成为一体。

在19世纪末20世纪初，俄国和日本在整个远东地区尤其是在朝鲜和中国东北的竞争加剧。由于俄国在“俄馆播迁”上的外交失败，1904～1905年的日俄战争不可避免，因为俄国打算增强其在中国东北的影响力并阻止日本前往那里，反过来也一样。俄国的“黄俄罗斯”计划和日本的“大陆政策”必然冲突。沙皇尼古拉二世在远东实施扩张的过程中，没有充分考虑俄国在该地区军事上和经济上的薄弱，最终导致了1904～1905年日俄战争的完全失败，失败的结果之一是1910年日本完全吞并了朝鲜，最终俄朝关系结束。直到第二次世界大战中日本战败，朝鲜才得以复国。

晚清朝贡体制的惯性与中韩关系的转型

——以清朝对图们江越垦事务的处理为中心（1881～1905）

王奕斐　戴鞍钢

【内容提要】光绪年间，大量朝鲜边民越过图们江来到清朝一侧垦居，清朝处理该问题的方式一直在固守传统与变通旧制之间摇摆。朝鲜提出"借地安置"的办法欲保有对越垦流民的管理权，未获清朝同意。《中韩通商条约》签订后，两国又围绕李范允事件进行了交涉，从交涉过程可以看出，朝贡体制的惯性仍然影响着边境问题的解决。

【关键词】朝贡体制　中韩关系转型　借地安置　图们江越垦

【作者简介】王奕斐，复旦大学历史学系博士研究生，主要从事近代中韩关系史研究；戴鞍钢，复旦大学历史学系教授，主要从事中国近代史、晚清史研究。

近代中韩关系经历了从封贡关系到条约关系的转变。① 近代中韩关系的转型必然伴随着传统朝贡体制的变动，朝贡体制内部会进行一些调整和变化以适应新的形势。那么，在中韩关系转型的过程中，朝贡体制内部发生了怎样的变化？传统关系下的原则与新的变通办法之间有怎样的张力？清朝和朝鲜

① 陈尚胜认为，将传统中国与周邻国家的关系称作"封贡关系"较为恰当，而与此对应的体制可以称"朝贡体制"或"朝贡制度"。参见陈尚胜《中国传统对外关系研究刍议》，《安徽史学》2008 年第 1 期；陈尚胜《朝贡制度与东亚地区传统国际秩序——以 16～19 世纪的明清王朝为中心》，《中国边疆史地研究》2015 年第 2 期。

因朝鲜在 1897 年改国号为"大韩帝国"，本文行文中也使用了"韩国""中韩关系"等，与"朝鲜""中朝关系"等无区别。

建立平等的外交关系之后，原来封贡关系下的某些事务的处理方式是否还发挥作用？这些问题很少被探讨。一直以来，在近代中韩关系转型的讨论中，清朝对朝鲜政策的转变、袁世凯的活动、甲午战争、《中韩通商条约》的签订等问题受到了学界更多的重视，然而，相比以事件和人物为中心的研究，清朝对边境事务的处理更能提供一个连续的视角，有助于深化对相关问题的认识。

清朝和朝鲜以鸭绿江—图们江一线为界，越境事件时有发生。光绪年间，大量朝鲜边民越过图们江到清朝一侧垦居，提出土门、豆满“两江说”，否认两国以图们江为界的事实，由此引发了光绪十一年（1885 年）和十三年（1887 年）的两次勘界，后来，日本又借这一纠纷挑起了“间岛问题”。目前，学界关于边界问题的研究虽然较多，但已有研究集中在勘界和间岛问题本身，未能将该问题与朝贡体制的变动和中韩关系的转型相联系，对清朝内部的讨论和朝鲜提出的“借地安置”缺乏详细梳理。① 在史料的运用上，收藏于台北“中研院”近史所档案馆的《驻韩使馆保存档案》收录了光绪年间有关中朝边境交涉的大量原始档案，很少被利用。本文拟利用该档案并结合其他史料，首先梳理清朝内部对解决朝鲜人越垦问题的讨论以及朝贡体制的变动，然后探讨相关的处理措施和甲午战争之后的边境交涉，希望可以深化对中韩关系转型的认识。

一　图们江边境朝鲜流民的越垦和清朝的讨论

传统时代，朝鲜是清朝的藩属，边境事务的处理则以朝贡体制为基础形成了一整套处理模式。礼部是主管朝鲜事务的中央机构，边境事务可以由边

① 以往研究的代表性成果参见张存武《清代中韩边务问题探源》，《“中央研究院”近代史研究所集刊》第 2 期，台北“中研院”近代史研究所，1971；张存武《清韩陆防政策及其实施——清季中韩界务纠纷的再解释》，《“中央研究院”近代史研究所集刊》第 3 期，台北“中研院”近代史研究所，1972；杨昭全、孙玉梅《中朝边界史》，吉林文史出版社，1993；姜龙范《近代中朝日三国对间岛朝鲜人的政策研究》，黑龙江朝鲜民族出版社，2000；李花子《清朝与朝鲜关系史研究——以越境交涉为中心》，延边大学出版社，2006；李花子《明清时期中朝边界史研究》，知识产权出版社，2011；李花子《清代中朝边界史探研——结合实地踏查的研究》，中山大学出版社，2019；李志英，「19 世紀 末 清朝의 對間島朝鮮人 政策 — 越墾 韓人의 地位의 地位문제와 관련하여—」，『명청사연구』第 32 卷，2009；金斗鉉，「清末（1881 - 1894）‘越墾’韓人의 入籍措置와 그性格—‘薙髮易服’과 ‘領照納租’를 中心으로」，『서울大 東洋史學科論集』第 31 輯，2007。

界官交涉处理，中朝两国严禁百姓私自越界。

第二次鸦片战争后，俄国割占了中国东北部分领土，开始与朝鲜接壤，朝俄边境出现越境事件。因为事涉俄国，刚成立不久的总理衙门势必牵涉其中。同治年间，朝鲜国王以咨文的形式通报清朝礼部，中朝边境出现朝鲜人北逃，而朝俄边境出现朝鲜人前往俄境开垦土地的情况。礼部将朝鲜国王的咨文转奏清廷之后，清廷却一并下发总理衙门议覆，礼部未提供任何意见。① 总署认为，朝鲜居民前往俄国境内开垦，应由朝鲜禁止，中国未便出面。② 同时，总署不愿与礼部发生权力重叠，奏请逃民事宜除与俄人有关的部分由其核办外，其余事项均按惯例归礼部掌管。③ 可是，由于与西方人的交涉日益广泛，中朝间很难再固守旧有的处理方式，朝贡体制下的边境事务处理模式出现了松动。④

同治末年光绪初年，由于朝鲜北境遭遇自然灾害、人口增长和边禁松弛、统巡会哨制逐渐瓦解等，朝鲜北部边境百姓纷纷越过边境来到中国境内进行开垦并定居。⑤ 光绪元年，珲春协领接到奏报，南冈一带有朝鲜居民私自越垦。按照惯例，珲春协领命人前往驱逐。⑥ 由于这一时期的查边大多流于形式，所以清政府对朝鲜越境垦民的实际情况没有清晰的认识。

同光之际，俄国入侵新疆，占领伊犁，中俄围绕伊犁问题展开了交涉。光绪七年（1881 年）三月，为了抵御俄国的威胁，清政府派吴大澂前往吉

---

① 《请庆源犯越人等严饬押还咨》，《同文汇考》原编续《犯越二·我国人》，韩国国史编纂委员会，1978，第 3362 页；《报庆兴犯越俄罗斯人情形咨》，《同文汇考》原编续《犯越三》，韩国国史编纂委员会，1978，第 3403 页；《礼部知会北地逃越村民据咨转奏咨》，《同文汇考》原编续《犯越二·我国人》，韩国国史编纂委员会，1978，第 3362 页；《礼部知会据咨转奏咨》，《同文汇考》原编续《犯越三》，韩国国史编纂委员会，1978，第 3403 页。

② 《礼部知会逃越村民及俄人筑室请饬吉林将军确查办理总理衙门议奏咨附原奏》，《同文汇考》原编续《犯越二·我国人》，韩国国史编纂委员会，1978，第 3364 页。

③ 《礼部知会因北地逃民按图查奏咨》，《同文汇考》原编续《犯越二·我国人》，韩国国史编纂委员会，1978，第 3365 页。

④ 有学者通过朝鲜近代的两次洋扰讨论了礼部和总署的不同处理意见以及清朝传统外交体制的变化，参见周国瑞《礼部、总署与早期朝美交涉（1866～1873）》，《北方文物》2014 年第 3 期；姜博《洋扰中的天朝：西方侵扰朝鲜与清政府的应对》，山东大学硕士学位论文，2016。

⑤ 李花子：《清朝与朝鲜关系史研究——以越境交涉为中心》，延边大学出版社，2006，第 168～170 页。

⑥ 《珲春协领为驱逐西来流民严防朝鲜难民越境的呈文》，杨昭全、孙玉梅主编《中朝边界沿革及界务交涉史料汇编》，吉林文史出版社，1994，第 1142～1143 页。

林督办边防，中朝边境事务也在吴大澂职责范围之内。① 不久，珲春官员李金镛发现，南冈地方以北，朝鲜人开垦出熟地不下两千垧，并有朝鲜咸镜道刺史颁发的执照。② 面对如此严重的情况，吴大澂与吉林将军铭安担心数千流民同时被驱逐会流离失所，遂会衔奏请清朝变通旧章，承认朝鲜流民开垦土地的既成事实，准许他们一并领照纳租：

> 该国寄居之户垦种有年，并有数千人之多，簿海穷黎，莫非天朝赤子，若照例严行驱逐出界，恐数千无告穷民，同时失所，殊堪怜悯，臣等仰体圣明，绥来藩服，一视同仁之意，拟请饬下礼部，咨明朝鲜国王，由该国派员会同吉林委员查勘明确，划清界址，所有该国民人、寄居户口、已垦荒地，合无仰恳天恩，俯念穷民无所依归，准其查照吉林向章，每垧押荒钱二千一百文，每年每垧完纳地租钱六百六十文，由臣铭安饬司给领执照。③

对于上述建议，礼部的意见如下：

> 近边各国不得越界私辟田庐，例禁綦严。该国官员擅给执照，纵民渡江盗垦，事阅多年。现在宜令该国王，尽数招回，设法安置，重申科禁，方为正办。或于领照纳租外，令其隶我版图，置官设兵，如屯田例。惟该处地方情形亦难遥度，仍请饬令该将军等，再行筹划，求一有利无害之方。④

礼部虽然原则上认为令朝鲜国王“尽数招回”才是“正办”，但又未完全否决吉林方面的建议，提出可以将朝鲜流民“隶我版图”，“如屯田例”。可见，礼部尽管仍欲维持宗藩关系下的旧有处置方式，但面对新情况，也不

---

① 关于吴大澂强化东北防务及移民实边等问题，参见「吳大澂과 1880 년대 清·러 동부국경 감계」,『中國近現代史硏究』第 60 辑，2013。

② 「吉林將軍咨文」，김형종 편역，『1880 년대조선－청 국경회담관련자료선역』，서울대학교출판문화원，2014，pp.115–116。

③ 《照录军机处抄折》（光绪七年十月十七日），杨昭全、孙玉梅主编《中朝边界沿革及界务交涉史料汇编》，吉林文史出版社，1994，第 1069～1070 页。

④ 《清德宗实录》卷 139，光绪七年十一月壬寅，中华书局，1987 年影印本，第 53 册，第 994 页。

得不考虑变通体制。

光绪八年（1882年）一月，铭安、吴大澂复折，他们从“字小之义”出发，认为若将越垦流民刷还，他们很可能“无生还之望”，让其领照纳租是“推广皇仁”，这与礼部的意见是一致的，并同意按照礼部的意见办理。不久，清廷下发上谕，命令铭安等人查明户籍，将朝鲜越垦之民分别隶属珲春和敦化县管辖，词讼及命盗案件均由吉林办理。①

然而，朝鲜不同意清朝变通体制的处理方法。光绪八年八月，朝鲜议政府上奏朝鲜国王，担心若任由边民越界垦田，会造成人口流失。所以，朝鲜国王行文礼部，以“习俗既殊，风土不并，该民即系本邦生长，因占种一事，便隶版图，万一有不循政教，滋事两边，深为可虞”② 为由，请中方刷还流民。清朝由此改变态度，认为“该国之民，令其仍回本国，原属正办”，令铭安、吴大澂筹划详细办法。③ 十一月，清朝许朝鲜于一年之内收回流民。④ 可见，清朝在对待朝鲜越垦流民的态度上出现了反复。笔者以为，这是受到朝贡体制下处理越境问题的惯性的影响，清政府在该问题上的政策一直在固守传统与变通旧制之间摇摆。

二　朝鲜提出“借地安置”

清朝限定朝鲜于一年内收回流民，朝鲜方面却迟迟未采取措施。光绪九年（1883年）四月，朝鲜钟城贫民上书，提出土门、豆满两江论。⑤ 康熙时，乌拉总管穆克登查边定界，立碑“西为鸭绿，东为土门”。但该立碑处与图们江源相隔近百里，穆克登便指定以立碑处的黑石沟为界，命朝鲜人用堆栅将该沟与图们江源连接起来。然而，穆克登指定的图们江源向北流入松

① 《军机处寄礼部等上谕》（光绪八年二月初六日），《清光绪朝中日交涉史料》卷3，故宫博物院，1932，第8页。

② 「朝鮮國王咨文」, 김형종 편역『1880년대 조선－청 국경회담 관련 자료 선역』, 대학교 출판문화원, 2014, p.161。

③ 《清德宗实录》卷150，光绪八年八月己卯，中华书局，1987年影印本，第54册，第130页。

④ 《清德宗实录》卷154，光绪八年十一月甲申，中华书局，1987年影印本，第54册，第171页。

⑤ 图们江在清初写作“土门江”，朝鲜则称“豆满江”，发音相似，参见李花子《明清时期中朝边界史研究》，知识产权出版社，2011，第120页。

花江，不流入图们江。朝鲜在设栅连接水源时发现了这一错误并进行了纠正，用土堆和木栅将黑石沟下游连接到了图们江上游红土山水的支流上。[①]因为风吹日晒，连接图们江水源的木栅全部朽烂，图们江上游界线变得模糊不清。[②] 于是，朝鲜越垦流民和经略使鱼允中都认为图们江和豆满江是两条江，两江间的空地应属朝鲜，朝鲜流民并未越界。

为查明边界并妥善安置朝鲜流民，光绪十一年（1885 年），中朝双方进行了第一次勘界。此次勘界，双方在穆克登碑是否被移动和分水岭的问题上出现分歧，但勘界后朝方代表李重夏发现了连接到图们江源红土山水的木栅遗迹，认识到了“两江说”的错误，他将这一情况秘密报告了本国政府。[③]朝鲜政府接到报告之后没有马上承认这一情况，但与袁世凯关系密切的朝鲜外署督办金允植的态度发生了转变。相比中朝双方代表对于图们江源和“两江说”的分歧，金允植更看重越垦流民的安置问题。他认为可以定界碑和土石堆为据，“土门、图们不须论”，若清朝代表坚持己见，朝鲜可以让步，将流民垦种之地定为中国之界，但朝鲜越垦居民数千户，“一朝迁动，无地安插”，希望借清朝土地安插流民。[④]

光绪十二年（1886 年）三月二十五日，总理衙门上折，以图们江边界履勘未定，请旨饬下吉林将军派员再次踏勘边界。[⑤] 吉林边境地方官遵即照会李重夏前来会勘，但迟迟无回音，经再三催促，李重夏回信，称因管理海关，无法离开，须有朝鲜政府派饬，然后可行，会勘日期须等朝鲜政府通知再行照会。据此，总理衙门请北洋大臣李鸿章转咨朝鲜国王速命李重夏定期履勘。九月十八日，李鸿章行文袁世凯办理此事。[⑥] 实际上，此时担任德源

① 李花子：《清代中朝边界史探研——结合实地踏查的研究》，中山大学出版社，2019，第 66、93 页。

② 李花子：《清代中朝边界史探研——结合实地踏查的研究》，中山大学出版社，2019，第 198 页。

③ 李花子：《清代中朝边界史探研——结合实地踏查的研究》，中山大学出版社，2019，第 156 页。

④ 《吉、朝会勘土门江界址案》，驻韩使馆保存档案，台北“中研院”近代史研究所档案馆藏，馆藏号：01 -41 -018 -01，第 14、21 页。

⑤ 《吉、朝会勘土门江界址案》，驻韩使馆保存档案，台北“中研院”近代史研究所档案馆藏，馆藏号：01 -41 -018 -01，第 78 ~82 页。

⑥ 《吉、朝会勘土门江界址案》，驻韩使馆保存档案，台北“中研院”近代史研究所档案馆藏，馆藏号：01 -41 -018 -01，第 102 页。

府使监理元山商务的李重夏早已明白土门、豆满是一条江，并“因勘界之役左右为难，求其政府另派他员”。他在跟清朝元山坐探委员姚文藻的谈话中承认了“两江说”的错误，认为朝鲜居民确实是越垦，但他不敢直接向朝鲜政府提出“借地安置”的请求，希望由清朝转饬朝鲜告以勘界的具体办法。[①] 这是李重夏迟迟不愿动身的原因。

九月二十二日，袁世凯照会金允植再次要求定期勘界，而金允植却复函承认了图们、豆满是一江，表示界线自可按图指定，无须会勘。[②] 同时，金允植提出了“借地安置”的具体办法：

> 该民等流寓既久，户过数千，安土乐业，若一朝迁动，不免荡析流离，走死道路，寔皇朝之所怜闵。所望概予宽恩，权令依旧安着，由敝邦官员通行管辖，每岁收其地租，归之吉林地方官。依奉天边门例，设栅为限，再不准冒占一步。如此办法，皇朝不亏地课，敝邦不失民口。字小之恩，事大之意，两行其中，实合便宜。[③]

对此，总理衙门表示，“此事本末一在安插占垦流民，一在勘明图们江界”，应等勘明边界后，逐段建立石碑，再将流民或属吉林或属朝鲜，各归地方官管束，而“金允植所述，是辖境终未划清，而流民究归何处管束仍未明晰，其土门划界及借地安置之说尚属含糊，殊难凭此结案”。[④]

在清朝的催促下，朝鲜仍派李重夏为勘界使，定于光绪十三年（1887年）再次勘界。在第二次会勘之前，金允植又一次向袁世凯表示“借地安置”。据袁世凯报告，“韩廷意欲越垦居民征租由韩官代征，解交华官，而词讼事件及一切政令，仍由韩官操纵，不过地界由华划去管辖”。[⑤] 李鸿章表示，“如由韩王奏咨，恳借地安民，不刷还，不入华籍，或可邀准，若韩

① 《吉、朝会勘土门江界址案》，驻韩使馆保存档案，台北“中研院”近代史研究所档案馆藏，馆藏号：01－41－018－01，第 87～88 页。

② 韩国学文献研究所编《金允植全集》（二），亚细亚文化社，1980，第 60～61 页。

③ 韩国学文献研究所编《金允植全集》（二），亚细亚文化社，1980，第 62 页。

④ 《吉、朝会勘土门江界址案》，驻韩使馆保存档案，台北“中研院”近代史研究所档案馆藏，馆藏号：01－41－018－01，第 136 页。

⑤ 袁世凯：《致北洋大臣李鸿章电》（光绪十三年二月十三日），骆宝善、刘路生主编《袁世凯全集》（第 1 卷），河南大学出版社，2013，第 283 页。

代征租并管词讼政令，无此办法”。[①] 借地安置最终未能得到清朝的同意。

第二次勘界谈判由于双方在以红土山水还是石乙水划界的问题上出现分歧而失败，但二水合流处以下，双方代表以图们江为界达成了共识。[②]

总体来看，“借地安置”是朝鲜提出的变通旧体制的一种处理方式。朝鲜承认土门、豆满为一江，欲以借地安置的方式保留对越垦朝鲜人的管理权。该提议虽然被清朝否决，但也体现了朝鲜改变旧体制的倾向。

虽然清朝和朝鲜就图们江的天然界线达成了一致，但在勘界之后，朝鲜官员仍然越境强行派征赋税。有鉴于此，吉林将军长顺奏请于无关勘界之处派员清丈并令越垦朝鲜人入籍为民，以重边防。[③] 因此，清朝开始对图们江北岸的朝鲜垦民编甲升科，同时令其薙发易服，编籍为民。

从光绪十六年（1890 年）三月至十七年（1891 年）七月，所有地亩清丈完毕，由清朝官员发给执照，朝鲜流民按规定交纳租银；越垦之地共设四大堡，堡下分社，收抚垦民四千余户，共两万余口，拟于将来设官治理。[④]

三　许台身时期中韩的边境交涉

随着清朝在甲午战争中战败，与日本签订《马关条约》，朝贡体制崩塌。光绪二十三年（1897 年），朝鲜高宗称帝，建立大韩帝国。光绪二十五年（1899 年），中韩两国签订《中韩通商条约》，正式建立近代外交关系，徐寿朋成为首任驻韩公使。光绪二十七年（1901 年），清朝设立外务部。同年，许台身接替徐寿朋担任驻韩公使。在许台身任内，中韩两国就边境事务又展开了一系列交涉。

中韩之间虽然签订了通商条约，但陆路通商章程未定，边界问题一直悬而未决。俄国在庚子之役中出兵中国东北，清朝对韩民越垦地区管理薄弱，

---

① 李鸿章：《复袁道》（光绪十三年二月十三日），顾廷龙、戴逸主编《李鸿章全集》（第 22 册），安徽教育出版社，2008，第 183 页。

② 李花子：《清代中朝边界史探研——结合实地踏查的研究》，中山大学出版社，2019，第 171 页。

③ 《韩民越界开垦滋事案》，驻韩使馆保存档案，台北“中研院”近代史研究所档案馆藏，馆藏号：01－41－023－07，第 92 页。

④ 《韩民越界开垦滋事案》，驻韩使馆保存档案，台北“中研院”近代史研究所档案馆藏，馆藏号：01－41－023－07，第 151～153 页。

部分早已薙发之韩民受韩官煽动复又蓄发，造成疆界不清，管理混乱。所以，光绪二十八年（1902 年），吉林将军长顺命珲春副都统出示晓谕越垦韩民一律薙发以清疆界。为此，韩国外部照会许台身，认为韩民越江耕垦，不过一时之计，请许台身行文吉林方面撤销此令。因许台身未知详细情况，便行文吉林将军探知相关情况。长顺回函指出，按照万国公法，一人只准隶一国籍，下令薙发是因该处韩民屡被韩官兵骚扰，系未薙发之韩民勾串所致，遂令一律薙发，以杜纷争，况韩民既然占垦边地，将来生齿日繁，占地愈多，若不稍示区别，何以固我疆土。长顺希望许台身按照万国公法与之争辩。① 同时，吉林方面规定，越垦韩民薙发之后，如有江南韩民前来贸易，只准租赁房屋，不准私自架造，已归附之韩民若要变卖房产不许私自卖予江南韩民，各社乡约造报户口清册并发给门牌，再派书役前往查看。② 清朝希望以此将韩民全部编籍入户。

光绪二十八年（1902 年）七月，吉林将军长顺发咨文给许台身，称和龙峪抚垦总理叶含芬接到韩警务官照会，因吉林流寓韩国人数万户，韩国欲巡查抚谕，特派李范允为视察使，前往越垦地面调查，请清朝沿途各卡毋令阻碍。叶含芬认为，韩国委员前来应由韩国外部咨明，并由吉林将军通知保护，此乃邻国使臣往来定章，非边界官彼此往来常情可比，因未奉有明文，不能照准。长顺恐该韩官不顾阻拦仍行越界，遂咨行许台身照会韩政府据约阻止。③ 同时，长顺提醒叶含芬，李范允意在管理韩民，可以宾礼相待，不可按照接待领事章程，以免别生枝节。④ 叶含芬表示，李范允一事，已照会韩国警务官进行阻止，尚无回音。⑤

叶含芬的照会没有任何效果，韩国视察使李范允命人在安远堡一带阻挠韩民纳赋，并在各社售卖执照，按户苛派钱财。为此，吉林将军长顺于光绪

① 《韩官民越界焚抢暨中韩边界交涉案（二）》，驻韩使馆保存档案，台北“中研院”近代史研究所档案馆藏，馆藏号：02-35-001-02，第 65~69 页。

② 《韩官民越界焚抢暨中韩边界交涉案（二）》，驻韩使馆保存档案，台北“中研院”近代史研究所档案馆藏，馆藏号：02-35-001-02，第77 页。

③ 《韩官民越界焚抢暨中韩边界交涉案（二）》，驻韩使馆保存档案，台北“中研院”近代史研究所档案馆藏，馆藏号：02-35-001-02，第 61~62 页。

④ 《韩官民越界焚抢暨中韩边界交涉案（二）》，驻韩使馆保存档案，台北“中研院”近代史研究所档案馆藏，馆藏号：02-35-001-02，第 102 页。

⑤ 《韩官民越界焚抢暨中韩边界交涉案（二）》，驻韩使馆保存档案，台北“中研院”近代史研究所档案馆藏，馆藏号：02-35-001-02，第 102~104 页。

二十八年（1902 年）十二月二十六日上奏，请外务部照会韩国政府设法禁绝并会同驻韩公使许台身妥议章程以弭后患。[①] 外务部随即照会韩国驻清公使朴齐纯，请其电达韩国政府严行饬禁，同时请许台身查照办理。[②]

光绪二十九年（1903 年），韩国边境官吏在图们江架桥，并派兵过江欺凌垦民，摊派收钱。[③] 许台身屡次与韩国外部交涉，均无结果。[④] 九月，吉林署延吉厅同知陈作彦和吉安营统领凌维祺会见了韩国陆军参领徐廷圭和视察使李范允等人。韩方坚持管理垦岛百姓系奉有外部明文，清方则指出，韩国外部虽有行令视察使管理垦岛百姓之说，但未经两国公使和外部议准，不能允认。双方经过磋商，议定以后再有兵弁过江须持有营官护照，商民往来则由本国地方官发给路票，无护照和路票者一律拿办。[⑤] 但是，此次会晤之后，李范允仍欲渡江，并阻止各户向中国交租。自十月以来，李范允利用摊派收敛的钱财购置军装器械，挑选越垦壮丁一千名组成练营，请俄人教习，随时准备过江吞占土地。[⑥]

与此同时，许台身再次向韩国外部提出交涉。李范允在给清朝的文件当中，把自己的官衔改成了咸北垦岛生民财产保护管理使。许台身认为，根据条约，已经越垦者听其安业，再有越界者应禁止，无韩官可以越界管理的明文，理应由中国官吏管理，请韩政府将李范允撤回。[⑦]

十二月十五日，陈作彦与吉强军统领胡殿甲与韩国陆军参领金名焕在和龙峪会晤。金名焕强调按照商约通例，各国管本国之民，越垦韩民不应由中国管辖，而且李范允管理韩民是奉政府之命。清方官员坚持已入籍之

---

① 《韩官民越界焚抢暨中韩边界交涉案（三）》，驻韩使馆保存档案，台北“中研院”近代史研究所档案馆藏，馆藏号：02－35－001－03，第10 页。

② 《韩官民越界焚抢暨中韩边界交涉案（三）》，驻韩使馆保存档案，台北“中研院”近代史研究所档案馆藏，馆藏号：02－35－001－03，第 9 页，第 12～13 页。

③ 《韩官民越界焚抢暨中韩边界交涉案（三）》，驻韩使馆保存档案，台北“中研院”近代史研究所档案馆藏，馆藏号：02－35－001－03，第 38～40 页。

④ 《韩官民越界焚抢暨中韩边界交涉案（三）》，驻韩使馆保存档案，台北“中研院”近代史研究所档案馆藏，馆藏号：02－35－001－03，第 48 页。

⑤ 《韩官民越界焚抢暨中韩边界交涉案（三）》，驻韩使馆保存档案，台北“中研院”近代史研究所档案馆藏，馆藏号：02－35－001－03，第 93～96 页。

⑥ 《韩官民越界焚抢暨中韩边界交涉案（三）》，驻韩使馆保存档案，台北“中研院”近代史研究所档案馆藏，馆藏号：02－35－001－03，第 144～148 页。

⑦ 《韩官民越界焚抢暨中韩边界交涉案（三）》，驻韩使馆保存档案，台北“中研院”近代史研究所档案馆藏，馆藏号：02－35－001－03，第89 页。

韩民非通商之民，不可援用海口通商条约。韩方提出欲让越垦韩民自行举办团练，由金名焕发给快枪，自卫身家，被胡殿甲严词拒绝。清方坚持遵照前次会晤所定之约各守各界，金名焕虽含糊答应，但又于次日照会清方欲派兵过江剿匪。① 此时，日俄战争一触即发，虽然吉林边境已经布置防务严防韩国军队过江，但韩国军队已改为日装，吉林将军恐韩人之中夹杂日人，无从分辨，致酿衅端，故请旨饬下外务部照会韩使将李范允撤回，并向日本通报相关情况。② 十二月底，日俄战争已经爆发，李范允、金名焕等人准备带兵渡江，驻防边境的清军与几十名韩军发生了冲突。③ 对此，长顺只好请胡殿甲和许台身分别与韩国边境官员和韩国外部进行交涉。④

光绪三十年（1904 年）正月十五日和二十九日，许台身两次照会韩外部召回李范允。⑤ 三十日，许台身收到韩外部回信称已将撤回李范允之事行文议政府核办，⑥ 但韩国始终未将李范允撤回。二月，李范允带兵过江占据边境乡社，由茂山分道进兵，驱杀华民，经胡殿甲、陈作彦等人分路堵截，将李范允军队一律驱逐过江，沿江二百余里全部肃清，韩边境官吏提出议和。⑦

五月二日，胡殿甲、陈作彦与韩方代表金名焕、交界官崔南隆等在光霁峪会晤，商议善后。经过互相辩论，双方草创边界善后章程十数条，但韩方没有完全同意章程内容，希望从缓函商，再行盖印互换。此次会晤之后，双方又将章程底稿迭次磋商，至六月初三日议定中韩边界善后章程十二条。根据章程，双方同意在将界址勘明之前仍旧以图们江为界；韩方承认李范允滋

① 《韩官民越界焚抢暨中韩边界交涉案（三）》，驻韩使馆保存档案，台北“中研院”近代史研究所档案馆藏，馆藏号：02－35－001－03，第 179～180 页。

② 《韩官民越界焚抢暨中韩边界交涉案（三）》，驻韩使馆保存档案，台北“中研院”近代史研究所档案馆藏，馆藏号：02－35－001－03，第 180 页。

③ 《韩官民越界焚抢暨中韩边界交涉案（三）》，驻韩使馆保存档案，台北“中研院”近代史研究所档案馆藏，馆藏号：02－35－001－03，第 198～200 页。

④ 《韩官民越界焚抢暨中韩边界交涉案（四）》，驻韩使馆保存档案，台北“中研院”近代史研究所档案馆藏，馆藏号：02－35－001－04，第 10 页。

⑤ 《韩官民越界焚抢暨中韩边界交涉案（四）》，驻韩使馆保存档案，台北“中研院”近代史研究所档案馆藏，馆藏号：02－35－001－04，第 50 页，第 52～54 页。

⑥ 《韩官民越界焚抢暨中韩边界交涉案（四）》，驻韩使馆保存档案，台北“中研院”近代史研究所档案馆藏，馆藏号：02－35－001－04，第 17 页。

⑦ 《韩官民越界焚抢暨中韩边界交涉案（四）》，驻韩使馆保存档案，台北“中研院”近代史研究所档案馆藏，馆藏号：02－35－001－04，第 66～71 页。

事，并禁止在边界骚扰，若韩方再侵扰华界，则属韩方毁约；李范允管理北垦岛，中国未给批准文凭，中方不承认，则韩官不勉强；李范允撤回之前若再有侵犯边界之事则仍是韩方的责任；两国边民来往听其自便，军人不可持械过江；光霁峪江边土地仍可给予钟城贫民租种。总体来看，该章程基本保护了清朝的利益，韩边界官仍然承认图们江界线，也同意禁止军人越江滋事。但正如吉林将军长顺所言，"该统领等与其边界官所定草章并非专使定约可比"。[①] 不久之后，韩日之间签订《乙巳保护条约》，日本在汉城设立统监府，统一处理韩国外交，中韩在此之前未能签订关于边境事务的条约，给日本挑起间岛争端提供了机会。

结 语

近代由于俄国因素的掺入，总理衙门开始插手中朝边境问题，朝贡体制下处理中朝边境越境问题的模式出现松动。对于吉林方面变通体制的要求，礼部原则上虽欲按朝贡体制下的方式办理，但仍同意有限地变通旧章，这说明建立在朝贡体制上的处理模式已难以适应新形势的要求，这是朝贡体制内部出现的变化。清朝最后同意朝鲜刷还流民的要求则是受到朝贡体制惯性的影响，其政策摇摆于固守传统与变通旧制之间，反映了朝贡体制变动之下新旧处理方式之间的张力。

"借地安置"是朝鲜提出的改变旧体制的方案，其目的在于保留对越垦朝鲜人的管理权。有学者专门探讨了清朝与朝鲜的边界意识，认为在传统关系之下，双方均具有明显的边界意识。[②] 其实，从双方对"借地安置"的态度来看，相比界线是否明确，朝鲜更看重流民的安置和管理，即边界问题可存而不论，根本原因是朝鲜担心人口的流失。但清朝坚持勘界与安置流民并重，须在勘明边界之后，按照边境线将流民划分吉林或朝鲜管理，这表明国家利益是边界意识的决定性因素。

许台身任驻韩公使时，双方围绕李范允事件交涉的核心仍然是越垦韩民

---

① 《韩官民越界焚抢暨中韩边界交涉案（四）》，驻韩使馆保存档案，台北"中研院"近代史研究所档案馆藏，馆藏号：02－35－001－04，第90～96页。

② 李花子：《宗藩关系下清与朝鲜的边界及边界意识》，《苏州大学学报》（哲学社会科学版）2019年第6期。

的管理权问题。从档案中可以看出，驻韩公使许台身与吉林官员保持着密切的沟通。然而，虽然许台身一直与韩国外部进行交涉，但没有发挥明显的作用，而吉林官员在边境事务的处理上一直扮演着重要角色。最后，两国边境官员而非政府代表直接谈判并签订章程解决争端，说明朝贡体制下的旧有处理方式仍然发挥着作用。但是，该边界章程不是政府间签订的正式条约，这就为日本后来挑起间岛问题提供了可乘之机。

一般认为，中韩两国于 1899 年建立近代外交关系之后，已基本实现了中韩关系的转型。[①] 但从边境问题的交涉来看，朝贡体制的惯性仍然渗透在两国的交往之中。

---

① 陈尚胜:《徐寿朋与近代中韩关系转型》,《历史研究》2013 年第 3 期。

安全之地，诗书之国

——17 世纪朝鲜野谭集《於于野谭》中的中国形象*

韩　梅

【内容提要】 17 世纪朝鲜野谭集《於于野谭》将中国描绘为安全的容身之所、文明的诗书之国，这源于长期历史过程中朝鲜民族对华集体记忆与想象——灾难幸存者多次在中国获得救助、文人积极学习中国古典文学及文化，也与作品形成的历史语境有关，即 16 世纪末两国在壬辰战争中合作抗日，增加了朝鲜民族的对华信任，增进了朝鲜文人对中国文化的认同。《於于野谭》中的中国形象表明，在朝鲜民族的集体记忆与想象中，中国与朝鲜半岛是同舟共济的共同体。

【关键词】 朝鲜文学　《於于野谭》　中国形象　容身之地　诗书之国

【作者简介】 韩梅，北京外国语大学亚洲学院教授、博士生导师，韩国成均馆大学文学博士，主要研究领域为韩国古典文学、中韩比较文学及中韩文化交流史。

"野谭"是朝鲜文学史上的一种文学体裁，也被称为"文献说话""汉文短篇"，主要是由传说、逸话组成的汉文短篇作品。野谭集通常由精通汉文学的文人整理、编纂而成，收录的部分作品形成、流传于民间，部分作品则形成或流传于文人阶层，因而兼具民间文学和文人作品的性质，表现出民

* 本文系国家社科规划项目"16～17 世纪朝鲜文学中的中国形象研究"（项目编号：13BWW025）结项成果之一。

众与文人士大夫等多个阶层的认识与体验，是认识朝鲜古代各阶层世界观与思想感情的重要文学资料。

一 《於于野谭》其书

《於于野谭》[①] 是朝鲜文学史上的第一部野谭集，由朝鲜文人柳梦寅（1559～1623 年）编纂成书，完稿时间大约为 1621 年夏季之后至柳梦寅被杀的 1623 年之前。书中共收录短文 558 篇，[②] 荟萃了从王室成员到贩夫走卒的各阶层的轶事奇闻，大多源自民间或文人阶层的口头传说，也有编纂者柳梦寅自己创作的一些作品。

《於于野谭》是野谭集的开山之作，也因其很高的趣味性、知识性、思想性成为野谭集的代表作之一，受到广泛关注。朝鲜王朝第 21 代国王英祖李昑（1724～1776 年在位）曾在朝堂上两次言及此书，[③] 很多文人在文集中提及此书，可见其在朝鲜文化史上影响之大、流传之广。

《於于野谭》编纂者柳梦寅是朝鲜中期著名文人、官员，个性鲜明，文采出众，尤擅长散文，被公认为“非但擅东国，当旷世无比”。[④] 他创作了大量有关中国的诗文，刻画出极为正面的中国形象，反映出慕华思想、对明感恩意识等朝鲜民族社会集体体验与想象及作者希望实现自我价值的个人诉求。[⑤]《於于野谭》中涉及中国、中国人的短篇作品有 40 余篇，反映出 16 世纪后半期至 17 世纪上半期朝鲜各阶层对中国的认识与想象，对了解朝鲜民族对华心态具有比较重要的价值。但截至目前，就笔者所见，中外学术界皆未对《於于野谭》中的中国形象进行过专门研究。

《於于野谭》现有近 30 个版本流传于世，[⑥] 本文拟以申翼澈等人翻译、

---

① 《於于野谭》也称《於于野谈》。本文使用版本为申翼澈等人整理的全本《於于野谭》，因而使用“於于野谭”一名。柳梦寅：《於于野谭》，石枕出版社，2006。

② 柳梦寅：《於于野谭》，石枕出版社，2006。

③ 《承政院日记》第 1279 册，서울：首尔大学奎章阁藏本，第 122 页。

④ 车云辂：《於于堂文集诸贤批评》，《於于集》第 1 卷，《韩国文集丛刊》第 63 辑，民族文化推进会，1991，第 453 页。

⑤ 韩梅：《朝鲜古典文学中的中国形象——以柳梦寅的〈朝天录〉为中心》，《中国社会科学报》2014 年 8 月 11 日；韩梅：《柳梦寅文学作品中的中国乌托邦形象考——以个人诉求为中心》，《东疆学刊》2019 年第 2 期，第 43～47 页。

⑥ 申翼澈：《解题》，柳梦寅：《於于野谭》，石枕出版社，2006，第 23～24 页。

整理的全本《於于野谭》中与中国相关的作品为研究对象，梳理其中的中国形象特点，并从朝鲜民族长期积淀的对华体验、记忆及想象等“社会集体想象物”和16世纪末17世纪上半期的具体历史语境下朝鲜民族集体、个人的对华体验及现实诉求三个方面探讨中国形象的形成原因，从而归纳出16世纪末17世纪上半期朝鲜民族的对华基本认识。

二　安全的容身之地

在中国历史上，明朝是个相对封闭的王朝，虽然曾短期放开海禁，但在很长的时间里禁止民间的跨国流动。因此，能够进入中国的外国人通常只是使臣，其他群体则极为罕见。不过，《於于野谭》中却收录有几篇朝鲜人历尽劫难后在中国安身的故事。

《江南德母》讲述的是遭遇海难的朝鲜船工漂流到中国存活下来并最终与妻子重逢的故事。“江南德母”是京都西江船夫黄凤之妻，黄凤家“以海贾为生，万历初入海，遇飓风不还”。三年后，有人传信说黄凤“泊中原某地某城”。其妻不顾他人阻拦，“潜渡鸭绿江，直入中国”，一路乞讨到达江南，“果与凤相遇于海上边城”，夫妻一同返回朝鲜。其妻“归路有娠，还乡后生女，名江南德。闾里不名，号江南德母，异之如黄卷中人”。① 在这个故事中，海难中幸存的丈夫在中国获救，在江南地区生活了三年，妻子为寻夫偷偷入境，来到江南。夫妻不仅团聚，甚至在回国途中孕育出新的生命。夫妻二人给女儿起名“江南德”，“德”在朝鲜语中为“덕”，意思是“托……的福”之意，“江南德”意为“托江南的福”，说明在他们心目中中国的江南是一个幸运的地方。其乡邻也对夫妻二人的经历感到不可思议，以“江南德母”称呼其妻，说明“江南德”一名所传递的信息也得到了他们的认可。

追溯韩国古典文学史，遭遇海难的朝鲜半岛人员漂流到中国获救的故事很早就已出现。在新罗（公元前57～935年）后期的故事集《殊异传》中，《宝开》一文讲唐天宝四年（745年），新罗人宝开之子长春“从海贾而征，久无音耗。其母就敏藏寺观音前克祈七日，而长春忽至”。问其原委，则

① 柳梦寅：《於于野谭》，石枕出版社，2006，第44～45页。

曰，“海中风飘，舶坏，同侣皆不免。予乘（同‘乘’）只板，归泊吴涯。吴人收之，俾耕于野”，后来被异僧带回故里。[①]《殊异传》原书已经佚失，这一传说先后被收录在高丽僧人一然（1206～1289年）编纂的《三国遗事》及15世纪朝鲜文人成任（1421～1484年）编纂的《太平通载》中，成为朝鲜民族社会集体想象物的一部分。

从内容来看，《江南德母》与《宝开》情节极为相似，都讲的是从事海上贸易的男性出海时遭遇风浪，漂流到中国南方后获救，滞留在当地不归。家中的妻子或母亲做出一番努力，最终让丈夫或儿子平安返家。不同之处在于《宝开》中的母亲是求菩萨显灵，旨在弘扬佛法无边、慈悲为怀；《江南德母》中的妻子直接跨国寻夫，表现出女性的勇敢坚贞，旨在倡导儒家伦理道德。两个故事的差异反映出朝鲜半岛在新罗后期和朝鲜朝中期不同的主流意识形态，带有鲜明的时代烙印。就其解决问题的方法而言，后者显然更为现实，体现出认知的进步。而两个故事的共同之处就是都将中国书写为遭遇海难者获救、容身的安全之地。

不过，追根溯源，韩国古典文学中之所以很早就出现了这一中国形象，很大程度上源于两国自古以来守望相助、共同应对海难的历史事实。

中国与朝鲜半岛相邻，而且面临相同的海域，常年在海上谋生的渔民、商人漂流到对方国家的事例屡见不鲜。《高丽史》中记载，宋朝、明朝送还高丽漂民11次，其中比较详细的记录有2条。1097年的一条记录为“宋归我漂风人子信等三人”，并介绍了漂流的过程——“初，耽罗民二十人乘舟，漂入躶（同‘裸’）国[②]，皆被杀，唯此三人得脱。投于宋，至是乃还”。[③] 朝鲜朝百姓漂流到其他国家被杀害，转投宋朝获救。两相对比，中国显然是一个安全、友好的国家。1113年的一条记录为“珍岛县民汉白等八人，因卖买往乇罗岛，被风漂到宋明州。奉圣旨，各赐绢二十匹米二石，发还”，[④] 记载了宋朝皇帝下旨给获救的高丽漂民衣食并安排发还的史实。《明实录》中也记载着明朝送还朝鲜朝漂流人口的多条记录，《英宗实录》中记载，“吞只等系朝鲜国渔户，入海捕鱼，遭风坏舡（同‘船’），漂流海

① 一然：《三国遗事》第3卷，《塔像》第四，《敏藏寺》，高丽大学藏本，第32页。

② 具体指哪个国家不详。

③ 郑麟趾等：《高丽史》第7册，肃宗二年六月十二日，首尔大学奎章阁藏本，第26页。

④ 郑麟趾等：《高丽史》第8册，睿宗八年六月一日，首尔大学奎章阁藏本，第62页。

岛，遇廵（同‘巡’）海官军禽（同‘擒’）获。今朝鲜国王遣陪臣李仍孙等朝贡至京，宜给与衣粮，就令仍孙等领回，以示优待远夷之意。从之。”①这一记录说明对于漂流而来的朝鲜朝人员，明王朝沿用了宋朝的先例，施以救护，供给衣食，安排发还本国。由此来看，这是中国对待朝鲜半岛漂民的惯常做法。

从以上史料记录可以看出，因海上风浪漂流到中国获救的朝鲜半岛人员大多是渔民或从事海上贸易的商人，属于社会中下阶层，而这也是《宝开》之类民间故事最先出现在韩国文学史上的原因。渔民、商人等的实际经历在民间传播开来，并经过一定的想象加工，形成了这些故事，而中国作为安全之地的形象随着相关体验、记忆及故事的传播和传承，逐渐成为朝鲜民族的社会集体想象之一。而且随着时间的推移，相关事例不断增加，这一形象的传播范围越发广泛。举例而言，1488 年，朝鲜朝官员崔溥（1454 ~ 1504 年）从济州岛乘船奔丧，遭遇风浪，漂流到浙江宁波。明朝官方派人将一行人护送到北京，交由朝鲜使臣带回。崔溥成为拥有此类经历的少数上层文人之一。回国后，国王成宗命令他将沿途见闻写成《漂海录》，详细讲述其获救后在中国的经历。该书在朝鲜朝文人中广泛流传，中国是海难幸存者容身之地的形象在朝鲜王朝的上层得以普及。

由此可见，历史上中国对海难者的救助经过记忆和文学想象，逐渐形成了朝鲜民族的社会集体想象——中国是安全的容身之地。

除了海难者之外，《於于野谭》中还收录有经历战乱的朝鲜朝人在中国寄居的故事，最为典型的是《红桃》。

《红桃》的故事始于 16 世纪末朝鲜半岛南部的南原，当地人郑生与良家女红桃相爱成亲，生子梦锡，生活幸福。1592 年日本侵略朝鲜半岛，壬辰战争爆发，郑生被迫入伍。1597 年，日军发起第二次进攻，郑生与妻子红桃失散，听说红桃去了中国，跟随回国的明军来中国寻妻。女扮男装的红桃被掳入了日本后转卖给一个商人，随商船出海经商。郑生与红桃在浙江偶遇，便定居下来，生一子梦贤。梦贤长大后，娶了壬辰战争中援朝明军之女为妻。1618 年，明朝派大军征讨后金，郑生入伍，战败被俘，获释后返回

---

① 《明英宗实录》第 233 卷，景泰四年八月三日，台北“中研院”历史语言研究所影印本，1962，第 2 页。

本国。他在途中生病，得到作为明军援朝后留下的二儿媳生父救治，二人一起前往郑生的故里，与长子重逢。一年后，红桃率次子梦贤夫妻乘船返回南原，一家人团聚。①

在这一作品中，红桃夫妻在中国安居二十余年，生下次子，并娶了儿媳，主要得益于周围人的帮助。他们友善、慷慨、侠义、孝诚、坚毅，善待异邦人，并且表现出与朝鲜民族相同的道德观念和品格性情。

具体而言，当郑生发现妻子就在邻船而急于寻找时，同行的友人“天宫道主”拦住他，提醒他“此南蛮商船。蛮与倭相杂者也。尔如往，无益反有害。俟明发，吾有以处之”。第二天一早，“道主给银数十两，并家丁数人，谕以求之”。② 天宫道主的机智、侠义和慷慨跃然纸上。得知郑生一家遭遇的当地民众也纷纷伸出援手，“浙江之人咸怜之，各与银钱、米粟以糊口”。③ 二儿媳“华人处子”身上更是集中表现出两国相同的儒家价值观和性格特点。郑生夫妻的次子梦贤长大成人后，“华人处子”主动求嫁，原因是“吾父东征，往朝鲜不返。吾愿嫁此人，往朝鲜见父死所，招父魂而祭之。父如不死，万一或再逢”，④ 表现出强烈的孝思想和过人的勇气。在乘船前往朝鲜半岛的过程中，她表现出坚毅的性格。当断粮在即、前途渺茫之时，婆婆红桃意图自缢，她极力劝说，并提出了解决方法，为最终全家团圆发挥了关键作用。她对儒家道德的坚守、坚毅果敢的性格与江南德母、红桃等人极其相似。“天宫道主”“华人处子”等人物形象说明，中国人具有友善、慷慨、侠义等品性，与朝鲜人有着共同的伦理道德观念和性格特点，容易沟通和接近，这也为中国成为朝鲜民族心目中安全的容身之地提供了良好的保障。

在《红桃》中，中国成为战乱中死里逃生者的安居之处，该形象主要形成于 16 世纪末的壬辰战争期间明朝派军援朝抗日的历史背景之下。由于这场战争旷日持久，持续了六七年，其间明朝军队几次轮替，人员流动大，部分朝鲜朝百姓为了生计随回国的明军来到中国。据朝鲜王朝的文献记载，壬辰战争期间，“本国各道人民流离饥饿，各自救命，先后随天兵过江者不

---

① 柳梦寅：《於于野谭》，石枕出版社，2006，第 43～44 页。

② 柳梦寅：《於于野谭》，石枕出版社，2006，第 43 页。

③ 柳梦寅：《於于野谭》，石枕出版社，2006，第 44 页。

④ 柳梦寅：《於于野谭》，石枕出版社，2006，第 44 页。

记（同‘计’）其数”。[①]《於于野谭》中《刘海》一文讲的就是一名少年随明军来到中国的经历。“万历二十一年，晋州遇倭变，一家九人被抢掠。海十一岁，入刘提督綎军。綎哀之，置军中抚摩之。及寇退，随綎入中国为家丁”，改名刘海，后因征战有功，成为明军将领。[②] 被掳到日本的朝鲜朝文人鲁认在逃离日本时特意选择绕道中国，而不是直接回国。这些说明，在饱经战乱之苦的朝鲜人心中，中国是个安全可靠的地方。赵纬韩（1567～1649年）的小说《崔陟传》等作品讲述了与《红桃》极为相似的故事，引起很大反响，[③] 促进了这种认识的广泛流传。

如上所述，《於于野谭》的《江南德母》《红桃》《刘海》中，朝鲜朝人由于海难、战乱等天灾人祸来到中国，不仅保全了性命，而且最终与家人团聚。在这些作品中，中国是海难、战乱等劫后余生者的容身之所，中国人热情友善，与朝鲜朝人有着共同的价值观和品格性情，可亲且可靠。这一中国形象源于相关幸存者的体验与记忆，16～17世纪之交两国在战争期间的人员流动进一步丰富了这一体验。此外，作为想象的产物，此类文学作品将中国塑造为劫后幸存者的容身之地，也是出于对失踪者平安、家人团圆的祈愿和希冀。

三　人人能文的诗书之国

除了民间文学特色较为浓厚的上述故事之外，《於于野谭》中也有很多关于文人轶事、作诗、论诗的短文，表现出朝鲜民族对文学的关注。其中不少短篇与中国人相关，有的是诗文大家的轶话，有的是平民百姓吟诗作对、品鉴诗歌的故事，这些作品将中国塑造成了人人知诗文、擅诗文的诗书之国。

《於于野谭》中有关明朝文坛领袖、“后七子”之一王世贞的短文讲他将客人分为儒家、仙家、佛家、诗家四大类，在备有相应书籍的房间分别接

① 李好闵：《辽东抚院山海关分司等衙门查还人口呈文》，《五峰先生集》第14卷，《韩国文集丛刊》第59辑，民族文化推进会，1990，第541页。

② 柳梦寅：《於于野谭》，石枕出版社，2006，第59页。

③ 李民宬：《题崔陟傳。商山有一士人，自言渠所作》，《敬亭先生集》第4卷，《韩国文集丛刊》第76辑，民族文化推进会，1991，第252页。

待。主客见面，“各于宾客前置纸笔砚，常以书辞往复，未尝言语相接。客去，遂编而成书”。① 王世贞与客人交流用纸笔，而不是语言，事后便将双方文字交流的内容编纂成书，这意味着不仅王世贞“聪明强记”“文章横绝万古”，② 来访的宾客也皆为学识渊博、文才不凡之人。

《於于野谭》中擅于吟诗作对的中国人并不仅限于文人雅士，还包括女子、僧人等普通人。

> 我国一文士，如中原，见路上美姝，坐驴车而往。士倚门而望，贻两句诗，索美人联句，曰：心逐红妆去，身空独倚门。美姝驻驴，续之而去。其两句曰：驴嗔车载重，添却一人魂。③

在这个故事中，对于朝鲜朝文人给出的诗句，赶路女子信口吟出一联，以“嗔”字将驴拟人，以“添”“重”二字使魂魄具象化，以驴车载魂而去的方式间接描写对方对美人一见倾心、随着美人离去而失魂落魄的样子，构思巧妙，表达生动，显示出不俗的才情。

《於于野谭》中还讲述了一个中国僧人用对联难住高丽著名诗人李穑的故事。“李穑入中国，应举捷魁，声名动中国。”到一寺，寺僧在接待他时吟出一联，请李穑对下联。由于语涉双关，对仗巧妙，李穑仓促间竟然不能对，只好回答“翼日当更来报之”。后来他远游千里，增长见识，才对上了前日之句。④

在这两个故事中，赶路的美人和寺院中的僧人皆非诗坛名宿，但他们信手拈来，也是佳句，不亚于朝鲜朝的文人和高丽最负盛名的诗人，不可小觑，从而树立起中国人人善诗的诗书之国形象。

《於于野谭》还有几个故事说明中国人“文鉴甚明”，即无论是市井小民，还是文人雅士，都具有很高的诗文鉴赏能力。

《闵齐仁》中讲朝鲜朝文人“闵齐仁”作《白马江赋》，“心自负，求正于先达，课以次中，心怏然不快”。后来该作品经过妓女的传唱逐渐

① 柳梦寅：《於于野谭》，石枕出版社，2006，第143页。

② 柳梦寅：《於于野谭》，石枕出版社，2006，第143页。

③ 柳梦寅：《於于野谭》，石枕出版社，2006，第140页。

④ 柳梦寅：《於于野谭》，石枕出版社，2006，第140页。

流传开来。由于原作“篇末无歌，有一文士续之。适有中原学士见之，叹服曰，惜乎！此歌非赋之者手也。无此益佳”。[①] 在这个故事中，中国文人不仅推翻了朝鲜“先达”对《白马江赋》不高的评价，表达出对《白马江赋》的赞赏，而且清楚分辨出原诗与续歌出自二人之手。文中的“闵齐仁”是指朝鲜朝中期文人闵济仁（1493～1549 年），他作的《白马江赋》被推为韩国古典文学中的名篇，朝鲜朝廷曾将其作为代表本国文学水平的两篇赋之一介绍给明朝使臣。[②] 这些都证明中国文人品鉴诗文眼光精准。

《於于野谭》中还有一篇文章讲述中国僧人同样具有高超的诗文鉴赏能力。朝鲜朝文人郑士龙出使中国，遇到一位诗僧，作律诗数首向对方展示，僧人却不以为然。郑士龙极不服气，又写下金时习的律诗四首，混入自己的作品中。僧人读到金时习的诗作，立刻肃然，急忙正衣、净手、焚香，并断言，“此诗为物外高蹈者之作也，非子所能”。[③] 郑士龙（1491～1570 年）是 16 世纪馆阁文人，家境优渥，仕途平顺，诗歌效仿宋朝的江西诗派，诗风华丽，又有奇崛之气。金时习（1435～1493 年）是 15 世纪朝鲜朝前期的著名文人、主要文学流派——“方外人”的代表人物。他幼时便以聪慧闻名，后因不满世祖（1455～1468 年在位）篡夺王位，愤然出家为僧，一生寄情山水，创作了朝鲜朝首部小说集《金鳌新话》和多篇诗文。他学识渊博，思想多元，出入于儒释道三教之间，是朝鲜朝前期文化史上的传奇人物。《於于野谭》中的这一故事显然意在借外人之口褒金贬郑，而中国僧人一眼分辨出金时习的诗歌是方外之人所作，予以高度评价，同样显示出不凡的文学赏鉴能力。

以上多篇短文侧重点虽有所不同，但都表现出中国人懂诗文、擅诗文的特点，突出了中国诗书之国的形象。

对于朝鲜民族而言，中国诗书之国的形象形成已久，而且根深蒂固。虽然确切时间不可考，但至少从公元前 108 年汉武帝设立汉四郡开始，朝鲜半岛就开始使用汉字；唐朝时，崔致远（857～？年）等众多留唐新罗文人回国，将诗、赋、文、表、策等各种中国传统文学体裁的写作规范、创作技

---

① 柳梦寅：《於于野谭》，石枕出版社，2006，第 80 页。

② 《朝鲜景宗实录》第 11 册，景宗三年一月二十四日，国史编纂委员会影印本，1959，第 277 页。

③ 柳梦寅：《於于野谭》，石枕出版社，2006，第 154 页。

巧、美学思想带入朝鲜半岛；此后千年间，尽管有实学派文人丁若镛（1762～1836 年）宣称“我是朝鲜人，甘作朝鲜诗”，① 但是绝大多数文人一直将中国文学经典奉为圭臬，努力效仿。据初步调查，《韩国文集丛刊》中明确以“拟唐”“拟宋”为题目的诗文就达二百多篇。对于中国诗文的主要载体——书籍，以国王为代表的上层文人也极为珍视。世宗曾向明朝皇帝表示，“窃念弊封，邈在荒服，惟文籍之不足，故学问之未精”。② 可以说，在约两千年间，以汉字为载体的中国古典文学一直是朝鲜民族学习的对象，作为汉字以及各种文学经典的诞生地，中国诗书之国的形象早已得到朝鲜民族的认可，成为一种社会集体体验及想象。

除此之外，《於于野谭》之所以突出中国诗文之国的形象，与其形成的社会文化语境有关，也与编纂者柳梦寅的个人特点有关。

1592 年日本侵略朝鲜半岛，明朝派大军入朝支援，六年战争期间，两国深层次的军事合作、外交交流主要通过书面进行，李廷龟（1564～1635 年）、崔立（1539～1612 年）、柳梦寅等一大批朝鲜朝文人凭借出色的汉文学写作能力得到明朝的认可。柳梦寅曾以排比手法激动地描写李廷龟凭借文采斐然的外交公文在中国受到热情接待的场面，③ 并多次提及自己的诗文在中国得到赞扬一事。④ 这种经历让朝鲜朝文人真切体验到两国文化的共同性，也进一步加深了他们对中国人懂诗文、重诗文的认识。《於于野谭》中人人能文的中国诗文之国形象与此不无关系。

就编纂者柳梦寅个人而言，他以文扬名，其文章被评价为“东国百年来未有之奇文”，⑤ “当今无可颉颃者”。⑥ 他状元及第，早年荣达，晚年却

---

① 丁若镛：《松坡酬酢》其五，《与犹堂全书》第 1 集第 6 卷，《韩国文集丛刊》第 281 辑，民族文化推进会，1994，第 124 页。

② 《朝鲜世宗实录》第 3 册，世宗八年十二月七日，国史编纂委员会影印本，1959，第 52 页。

③ 柳梦寅：《送户部尚书李圣征廷龟奏请天朝诗序》，《於于集》第 3 卷，《韩国文集丛刊》第 63 卷，民族文化推进会，1991，第 347 页。

④ 柳梦寅：《别冬至副使睦汤卿大钦诗序》，《於于集》第 3 卷，《韩国文集丛刊》第 63 卷，民族文化推进会，1991，第 352 页；柳梦寅：《於于野谭》，石枕出版社，2006，第 138、140 页。

⑤ 卢守慎：《於于堂文集诸贤批评》，《於于集》，《韩国文集丛刊》第 63 卷，民族文化推进会，1991，第 453 页。

⑥ 尹根寿：《於于堂文集诸贤批评》，《於于集》，《韩国文集丛刊》第 63 卷，民族文化推进会，1991，第 453 页。

遭贬斥，便将诗文创作视为不朽的手段，对文学表现出很高的热情，① 而他写作的榜样自然是中国的文学经典。他将《左传》《国语》《战国策》以及柳宗元、苏轼等人的文章合编为《大家文会》，奉为创作典范。② 他在文章中大量引用中国文化典故，表现出对中国文化的热爱。③ 如此种种，都意味着他认可并重视中国作为文学经典源头的重要地位。

结　语

以上对《於于野谭》中有关中国的作品进行了梳理，将中国形象总结为劫后安全的容身之所、人人知诗能文的诗书之国。如上所述，这两种形象首先源于朝鲜民族对中国的相关体验与记忆。例如，劫后余生的容身之地形象源于海难幸存者在中国的体验与记忆，诗书之国的形象来自朝鲜民族对以汉字为载体的中国古典文学长期学习、效仿的体验及记忆。

纵观韩国古典文学史，继首部野谭集《於于野谭》之后，朝鲜王朝后期还出现了《青丘野谭》《鸡西野谭》等数部野谭集，它们收录的作品更多，但有关中国的故事却远不及《於于野谭》丰富。这说明《於于野谭》中的中国形象也离不开它所形成的具体历史文化语境——16 世纪末到 17 世纪初的朝鲜王朝。两国在壬辰战争期间合作抗敌，促进了双方的交流，丰富了朝鲜民族对中国的正面体验，提高了其对华的信任和好感度，在频繁的外交公文互动中，朝鲜朝文人深化了对两国文化相通、中国人精通诗文的体验。正是这种历史文化语境促使 17 世纪上半期的《於于野谭》中塑造出安全、友善、文明的中国形象。

除此之外，《於于野谭》中的中国形象应该也与朝鲜民族的自身诉求有关。从编纂者柳梦寅的事例来看，将中国塑造为人人能文的诗书之国，含有希望通过文学得到认可以实现自我价值的强烈愿望。而将中国塑造为遭遇劫

---

① 韩梅：《柳梦寅文学作品中的中国乌托邦形象考——以个人诉求为中心》，《东疆学刊》2019 年第 2 期，第 46 ~ 47 页。

② 柳梦寅：《大家文会跋》，《於于集》，《韩国文集丛刊》第 63 卷，民族文化推进会，1991，第 445 页。

③ 曹春茹：《朝鲜作家柳梦寅引中国文化典故研究》，《当代韩国》2011 年春季号，第 111 ~ 122 页。

难者安全的容身之地，则包含着经历离乱的朝鲜民族对亲人平安的殷切祈盼。

如《於于野谭》中的中国形象所示，在朝鲜民族的社会集体记忆与想象中，山水相连的中国与朝鲜半岛是心意相通、互帮互助、同舟共济的共同体。

朝鲜壬辰战争文学中的浙江想象*

孙海龙

【内容提要】 壬辰战争时期曾先后有逾五万浙兵受命援朝抗倭。入朝后浙兵对明末浙江景观、旅游文化的分享极大丰富了朝鲜文人对“概念风景”之外浙江面貌的想象。同时，相同的战争及同频共振的离别与创伤也在无形中促成了朝鲜文人对浙兵“天涯骨肉”的认同。在朝鲜文人与浙兵普遍交好的大背景下，浙江山水不仅为身处战争、党争双重困境中的朝鲜文人提供了避祸全身、栖息灵魂的精神空间，也成了其心中可安身立命的友谊之邦、安居之所。

【关键词】 壬辰战争　浙兵　“概念风景”　浙江想象

【作者简介】 孙海龙，文学博士，杭州师范大学外国语学院朝鲜语专业讲师，主要从事中韩比较文学研究。

作为全球化开端时代东亚史上首次大规模国际战争，壬辰战争①备受学界关注。② 战争不仅拨动了历史发展的罗盘，也在文学上留下了深刻印记。在这场历时七载的域外战争中，作为援朝明军的主力，浙兵及其出身地浙江

* 本文系国家社会科学基金项目“17～19世纪韩文长篇小说的中国元素与书写研究”（17CWW007）阶段性成果。

① 因立场各异、认识不同，就如何命名这场战争一直众说纷纭。为凸显其东亚国际战争的特性，本文称之为“壬辰战争”，并分别称1592～1593年第一阶段、1597～1598年第二阶段的战争为“壬辰倭乱”“丁酉再乱”。

② 近年史学界创见迭出。参见孙海龙等《中国的壬辰战争研究与建言》，《韩国学研究》第57辑，2020。

曾是朝鲜[①]文人想象、书写的重点。目前，学界对壬辰战争纪实文学、小说、汉诗、传说、歌辞等的研究已颇具规模，其中部分研究也留意到了文本各处散落的浙江元素。[②] 但受关注焦点的影响，这些研究都未能结合浙兵援朝这一历史背景揭示朝鲜壬辰战争文学中浙江想象的具体面貌与意义。本文捡拾余义广泛搜集战争相关文献资料与文学作品，细致分析其中浙兵、浙江元素产生的由来、面貌与特点，从文学的角度揭示浙兵援朝的文化意义与影响。

一 壬辰战争的爆发与浙兵援朝

1592 年四月十二日，日本兵船登陆釜山浦，壬辰战争爆发。战争伊始，由于朝鲜承平日久，军备废弛，日兵势如破竹，“浃旬之间，三都失守，八方瓦解”。[③] 认识到己力不逮后，朝鲜请援之使“旦暮且渡鸭绿江”，明朝亦因朝鲜“为国藩篱，在所必争”，几经考虑后决定派兵援朝。[④]

作为明军精锐，浙兵因擅于御倭一直是战时调募的重点。所谓浙兵，即籍贯为浙江之明军。据牛传彪考证，浙兵随戚继光入闽抗倭后名声大噪，继而成为边、海、腹里集中调募的对象。[⑤] 战时曾有多少浙兵入朝抗倭，至今并无定论。不过，由于申钦《天朝诏使将臣先后去来姓名》与《天朝先后出兵来援志》详细记录了援朝明军的官职、往来时间、军队编制与驻防地

---

① 文中“朝鲜”指 1392 年由李成桂创立之李氏朝鲜。

② 郑珉：《壬乱时期文人知识层与明军的交游及其意义》，《韩国汉文学研究》第 19 辑，1996，第 158 ~ 186 页；郑珉：《16、17 世纪朝鲜文人知识层的江南热及西湖图》，《古典文学研究》第 22 辑，2002，第 281 ~ 306 页；申泰秀：《〈周生传〉的创作背景》，《韩国语言文学》第 76 辑，2011，第 109 ~ 150 页；申泰秀：《16 世纪朝鲜文人对外国空间心象地理的想象及书写》，《古小说研究》第 31 辑，2011，第 5 ~ 39 页；金秀燕：《明代边缘文人的生活与〈周生传〉》，《瀛洲语文》第 40 辑，2018，第 89 ~ 114 页；权赫来：《〈崔陟传〉中绍兴、杭州的文学地理与叙事设计》，《古小说研究》第 39 辑，2015，第 73 ~ 102 页；屈广燕：《朝鲜王朝的西湖诗文及其内涵分析》，《宁波大学学报》2017 年第 2 辑，第 24 ~ 29 页。

③ 柳成龙：《惩毖录（序）》，北京大学朝鲜文化研究所和中国社会科学院边疆史地研究中心编《壬辰之役史料汇辑》（下），全国图书馆文献缩微复制中心，1990，第 263 页。

④ 张廷玉：《朝鲜传·明史卷三二零》，中华书局，1974，第 8292 页。

⑤ 牛传彪：《明中后期“浙兵半天下”现象考释》，《史学月刊》2019 年第 12 期，第 26 ~ 29 页。

点，《朝鲜王朝实录》宣祖二十六年正月丙寅条与宣祖三十一年三月二十九日甲寅条具体记录了明军的部署情况，在史料互证基础上可得援朝浙兵大概兵力，如表1所示。

表1　壬辰战争中援朝浙兵兵力统计

将领姓名(籍贯)	壬辰倭乱	丁酉再乱	兵力总数(人)
骆尚志 (绍兴余姚)	步兵三千		3000
吴惟忠 (金华义乌)	步兵一千五百	兵三千九百余员名	5400
王必迪 (金华义乌)	南兵一千五		1500
叶邦荣 (金华义乌)	浙江马兵一千五	一千六百员名	3100
周冕 (浙江金华)		浙兵三千	3000
卢继忠 (浙江处州)		马步军二千七百七十	2770
茅国器 (浙江绍兴)		浙兵二千九百员名	2900
陈蚕 (浙江金华)		步兵三千	3000
陈寅 (温州金乡)		兵四千员名	4000
季金 (台州松门)		浙兵三千三百员名	3300
吴宗道 (绍兴山阴)		己亥又领水兵	未详
张榜 (浙江)		步兵四千六百	4600
张良相 (杭州右卫)		水兵一千五百	1500
李天常 (绍兴山阴)		水兵二千七百	2700
李香 (浙江前卫)		南兵三千六百	3600

续表

姓名、籍贯	壬辰倭乱	丁酉再乱	兵力总数(人)
沈茂 （浙江）		浙兵三千一百员名	3100
蓝芳威 （江西饶州）		兵三千三百员名	3300
		未到浙兵四千员名	4000
合计	54770		

首先，如表1中所示蓝芳威为江西饶州人，但作为“钦差统领浙兵游击将军署都指挥佥事”，其麾下3300人均为浙兵；其次，因浙兵“北赴蓟镇等地戍守、征战”，多称“南兵”，[①] 王必迪、李香率部南兵亦为浙兵；再次，由于“在途之兵虽有先后，皆可计日而至”[②]，表中“未到浙兵四千员名”亦可计入总数；最后，战时吴宗道等部分浙兵虽曾多次入朝，但史料对其所领人数语焉不详。结合上述情况来看，援朝浙兵总数至少有54770人。在最近的研究中，刘永连、段玉芳论证指出壬辰战争时期可坐实明军为139045人次，算上伤亡的话援朝明军总数则至少应为15万。[③] 据此来看，援朝明军中浙兵占比应为37%以上，即每三名援朝明军中至少有一名为浙兵。

浙江与朝鲜半岛之间的交流源远流长。自远古时起两地就已通过浙东至朝鲜半岛全罗南道的海上航线相互联通。[④] 此后受朝代更迭、国际关系变化等影响，两地间的交流几经起落，但始终维持一定水平。然而，在1421年明朝定都北京、朝鲜贡道从陆后，两地间的交流逐渐由盛转衰甚至趋于隔绝。在隔绝近两百年后的1592年，援朝浙兵犹如信使为朝鲜文人带来了千里之外吴越之地的最新消息。这些援朝浙兵在成为朝鲜文人印证、了解浙江的窗口的同时，也在一定程度上形塑了朝鲜文人对浙江的认知与想象。最终，随着朝鲜文人对战争的记录、书写，援朝浙兵及与之相关的浙江元素也进入了朝鲜文学当中，成为承载壬辰战争期间中韩友谊的珍贵印记。

① 牛传彪：《明中后期“浙兵半天下”现象考释》，《史学月刊》2019年第12期，第26页。

② 刘永连、段玉芳：《万历援朝抗倭战争明军兵力考》，《朝鲜·韩国历史研究》，2016，第239页。

③ 刘永连、段玉芳：《万历援朝抗倭战争明军兵力考》，《朝鲜·韩国历史研究》，2016，第247页。

④ 金健人：《中国江南与韩国的史前海路》，《中国航海》1997年第2期。

二　形胜的见证者与浙江游赏胜地印象的形成

浙江作为行政区划的历史最早可追溯至明朝。明丙午年间初置浙江等处行中书省于杭州，洪武九年又改浙江等处承宣布政使司。浙江承宣布政使司下辖杭、嘉、湖、宁、绍、台、金、衢、严、温、处十一府及安吉一州与七十五县，所辖范围与今之浙江大体相同。[①] 浙江境内形胜繁多，其中杭州、西湖尤受文人墨客推崇。“斗酒彘肩，风雨渡江，岂不快哉？被香山居士，约林和靖，与东坡老，驾勒吾回”，[②] 南宋时白居易、林逋、苏轼就已成西湖文化的标杆。三人的诗歌在呈现杭州、西湖自然之美的同时，又塑造了其形胜、隐逸的空间意象原型。同时，钱镠、伍子胥、岳飞等历史人物的存在又于明丽山水、隐逸高远之外铸就了杭州、西湖忠愤、阳刚的筋骨。

1592 年末明军入朝抗倭之际，明朝境内旅游狂潮势头正炽。异于传统注重隐逸的旅游文化，此时的旅游已成不分尊卑、不论男女的全民休闲游赏活动。[③] 为旅游狂潮挟裹，象征隐逸、忠愤的杭州、西湖成了彼时士女竞游的游赏胜地：“阖城士女，尽出西郊，逐队寻芳，纵苇荡桨，歌声满道，箫鼓声闻。游人笑傲于春风秋月中，乐而忘返，四顾青山，徘徊烟水，真如移入画图，信极乐世界也。”[④] 旅游的繁盛也刺激了西湖诗文、旅游书籍的出版。田汝成的《西湖游览志》与《西湖游览余志》在几经删减、翻刻后成为时人实地游观、卧游西湖的重要指南。[⑤]

与中国文人交游时，朝鲜后期文人朴思浩称其“曾于东坡诸名人纪迹，夙知苏杭之景物。东国人于天下名胜，首称江南所以然也”。[⑥] 即天下名胜中朝鲜文人推崇苏杭为代表的江南皆因“东坡诸名人纪迹”。实际上，壬辰战争之前朝鲜文人了解浙江的途径主要有四：其一为“东坡诸名人纪迹”，其二为朴寅亮、金富轼等前人之游浙诗文，其三为《西湖图》《杭州图》等

---

① 陶水木、徐海松、王心喜、尹铁编著《浙江地方史》，浙江人民出版社，2012，第 5 ~ 6 页。

② 刘过：《沁园春》，吴坤定编《宋词三百首》，北京十月文艺出版社，2016，第 529 页。

③ 魏向东：《晚明旅游地理研究（1567 ~ 1644）》，天津古籍出版社，2011，第 416 页。

④ 张瀚：《松窗梦语》，王国平编《西湖文献集成》（第 13 册），杭州出版社，2004，第 273 页。

⑤ 马孟晶：《名胜志或旅游书》，《新史学》2013 年第 4 期，第 118 页。

⑥ 胡晓明：《江南诗学》，上海书店，2017，第 40 页。

山水画，其四为崔溥的《漂海录》。

四条途径中的第一条“东坡诸名人纪迹”构成了朝鲜文人想象浙江时的“元话语”与“原型意象”；第二条中朴寅亮、金富轼等的游浙诗文由于数量有限，且深受“东坡诸名人纪迹”影响，实际上主要深化、巩固了第一条路径塑造出的“原型意象”。而第三条中的《西湖图》始兴于南宋入元式微后又于16世纪中叶复兴。① 据载1532年苏世让曾在回国时携《杭州西湖图》《雪拥蓝关图》等入朝。② 由于山水画直观形象更适于卧游骋怀，一直是朝鲜文人了解、想象浙江景观的重要资料。朝鲜文人杨士彦就曾凭一纸《杭州图》畅想杭州景观：“茶帘酒旗风飏，苏小之宅，女墙雉堞云矗。周王之城，灵胥怒涛，卷青天而雪立。岳王忠愤，悬白日而霜飞。”③ 第四条中的《漂海录》作为崔溥应王命撰写的游历日记，主要记述了其1488年漂流到台州临海后经浙东运河转京杭运河再由北京经鸭绿江返回朝鲜途中所见之景象。与《西湖图》《杭州图》等山水画一样，《漂海录》成书付梓后也成为壬辰战争之前朝鲜文人了解浙江等江南地区风貌的珍贵资料。④

考察“西湖十景”东传概貌时衣若芬在分析洪大容等燕行使向杭州人或到过杭州的人打听、印证西湖形胜的场景后，指出“西湖十景”“潇湘八景”都曾是朝鲜文人可望而不可即的“概念风景”，不同的是随着文学、绘画、人员交流的积累，杭州、西湖还另有了“可居可游人间胜地”的特性。⑤ 事实上，较之使行途中偶遇去过杭州的人或杭州人的小概率事件，壬辰战争时期浙兵与朝鲜人的接触频度更高、规模更大、距离更近，其影响也更深刻、广博。据韩国学者郑珉考证，壬辰战争时期田汝成的《西湖游览志》也随人员往来东传到了朝鲜。⑥ 最终，在《西湖图》《杭州图》与崔溥

---

① 王双阳、吴敢：《从文学到绘画：西湖十景图的形成与发展》，《新美术》2015年第1辑，第68～70页。

② 宋寅：《君月汀根寿答海嵩尉书》，高裕燮编《朝鲜画论集成》（下卷），景仁文化社，1979，第309页。

③ 杨士彦：《蓬莱诗集》，民族文化推进会编《韩国文集丛刊》（第36册），民族文化推进会，1989，第445页。

④ 张孝铉：《〈崔陟传〉的创作基础》，《古典与诠释》2006年第1辑，第155页。

⑤ 衣若芬：《文图学理论框架下的东亚“西湖十景”研究》，《域外汉籍研究集刊》2018年第2期，第8～10页。

⑥ 郑珉：《16、17世纪朝鲜文人知识层的江南热及西湖图》，《古典文学研究》第22辑，2002，第292页。

《漂海录》对浙江山水的呈现、书写广受关注的大背景下，随着援朝浙兵的到来与《西湖游览志》的流入，朝鲜迅速刮起了一场史无前例的浙江潮、西湖热。

在普遍向往浙江形胜的氛围下，作为最直接的见证者浙兵成为朝鲜文人于诗文、图画之外，享有、印证浙江胜景的重要媒介。战时朝鲜文人所作诗文中随处可见对其与浙兵相对笑谈浙江形胜的描写。如裵龙吉就曾书写其与浙兵欢笑谈论西湖美景之画面：

上国高明小国人，客轩相对笑谈温。
他年何处相思切？岚卷青山月一痕。

江南形胜擅西湖，和靖先生德不孤。
更问苏堤杨柳树，至今依旧带烟无。

千载英灵白马潮，至今香火尚未消。
栖霞岭与胥山庙，相距中间几怒涛？①

异于裵龙吉对杭州、西湖的关注，晚年曾与僧人交往甚密的李廷龟则对汉时便因有仙之说而声名远播的天台山充满向往："平生每想江南好，荷桂仙区首独回。今日逢君如旧识，满川明月说天台。"② 除此二人外，权韠也曾在与胡庆元的交谈中分享对绍兴的印象："吾闻镜湖水荷花，十里传香风。又闻会稽山千峰，影落波涛中。淑气钟精廖磅礴，其间往往生豪雄。"③

友好、融洽的交流过程中明末浙江繁华热闹的游赏文化也自然而然地被提及、讨论。李义健就在得知每逢二三月杭人都会大摆游宴后欣羡作诗："昔闻杭州胜，今见杭州人。听说西湖景，使我融心神。问家在何处，廿里去湖滨。杭俗爱西湖，游赏不辞频。年年二三月，百花照湖新。朝贵及闺姝，倾城探好春。笙歌咽画舫，欢乐穷芳辰。我生困偏邦，胜绝寻何因。对

---

① 裵龙吉：《赠浙江人三首》，张在镐校点《琴易堂集》，韩国国学振兴院，2015，第 32 页。

② 李廷龟：《赠金华老人葛亮》，民族文化推进会编《月沙集》，民族文化推进会，1999，第 30 页。

③ 权韠：《送胡秀才从吴都司南下》，《石洲集》，昨晟社，1984，第 82 页。

君一怊怅，瓮里难抽身。”① 通过类似的描述、分享，于隐逸、忠愤、形胜的“概念风景”之外，作为“实实在在，可居可游人间胜地”的浙江逐渐为朝鲜文人熟知并在此后的文学作品中得到丰富呈现。

作为女性主人公江南红的故乡，在汉文小说《玉楼梦》中杭州有着远超苏州的“人物繁华，市井热闹”。② 五月五日钱塘竞渡时更是丝竹美人，歌舞升平，宛若“花世界”：“刺史命诸妓奏乐，跌宕管弦，嘹亮碧空。联翩舞袖，飘扬江风。珠翠红妆，照耀水中。十里钱塘化为一片花世界。”③ 在韩文长篇小说《刘氏三代录》中，浙江同样被赋予了游赏胜地的意象。小说写刘世衡为了向皇帝明志而前往雁荡山、西湖等处散心：“数月后太监谷大用于天台、雁荡处觅得驸马。但见驸马山人衣冠，逍遥物外，遍游三江五湖、西湖、潇湘等吴楚名胜，抵雁荡仅旬日矣。”④

三　命运与共的海外知己与友善的梦想之地

壬辰战争肆虐的战火打破了朝鲜两百余年的太平生活。流离失所中不少朝鲜文人以记、录、诗等形式将自己的战时遭遇、见闻诉诸纸面。⑤ 这一过程中浙兵也成为朝鲜文人书写、记录的客体：“胡生年少风骨殊，意气昂昂出尘鹤。上有爷孃下有弟，孝悌出天无失礼。力贫不足供珍馐，去家千里来远游。楼船将军是知己，引为幕客资良筹。大帆如云略扶桑，百年壮观超子长。去年来住江都城，闾巷小儿知姓名。”⑥ 诗中所言“胡生”即胡庆元。丁酉再乱时为了获得丰厚薪饷，家境贫寒的浙江绍兴人胡庆元以吴宗道幕僚的身份应召东征。入朝后胡庆元与在江华岛避难的朝鲜文人权韠一见如故，相交莫逆。胡庆元归国后权韠还曾多次作诗抒发离怀：“有客归南越，征帆带夕晖。途穷还此别，岁晚欲谁依。九月清霜重，孤城黄叶稀。那堪相送

---

① 李义健：《峒隐先生稿》，民族文化推进会编《韩国文集丛刊》，民族文化推进会，1990，第178页。

② 南永鲁：《玉楼梦》，北岳文艺出版社，1989，第25页。

③ 南永鲁：《玉楼梦》，北岳文艺出版社，1989，第49页。

④ 《刘氏三代录》第1册，韩吉娟译注，昭明出版社，2010，第249页。

⑤ 张庚男：《壬辰倭乱的文学形象化》，亚细亚文化社，2000。

⑥ 权韠：《送胡秀才从吴都司南下》，《石洲集》，昨晟社，1984，第82页。

罢，寂寞掩柴扉。”①

壬辰战争时浙兵与朝鲜文人结为异国知己之佳话俯仰皆是。朝鲜文人李敏叙就曾感叹于浙兵吴宗道与朝鲜文人林欢间的深厚情谊：“吴固越人也。余人亦皆古所谓非我族类者，而相得之欢，相与之深若是者，不可不谓之异事也。”② 除浙兵外，战时为了方便交流明朝还曾大量招募擅谋划、通外语之士人入朝。③ 作为军中幕僚，这些士人亦因出众的诗文创作能力及同为“士”的身份认同而与朝鲜文人相交甚笃。前述胡庆元便是个中代表。

除浙兵的身世、相与畅谈的场景及离别之情外，朝鲜文人还将目睹到的战争对浙兵的影响诉诸笔端。《赠浙江人》中李安讷便细腻摹绘了浙兵于异域战场收到家书时的复杂心情：“一望家山万里余，今年始得去年书。书中有恨天涯别，只恨当年学剑初。”④ 然而，战争带给浙兵的远不止背井离乡之痛，还有权韠《周生传》中言及的有情人间的乱世流离。

《周生传》中浙兵书记官周生与仙花的爱情颇有几分“离经叛道”的意味。身为士人的周生在与妓女绯桃有盟约的情况下依然“随心适欲”地抱着“事成则为庆，不成则见烹可也”的心态追求仙花。而仙花贵为丞相之女却暮色怀春，不但未在周生跄墙闯入时奋力保护名节，反而与之私合日复一日。以 16 世纪末朝鲜的礼教观念来看，二人之行径堪称惊世骇俗。但小说既没有对周生始乱终弃行为的批判，也看不到对周生、仙花婚前野合的指责。相反，张老与卢夫人二人均以成全的态度约定壬辰年“九月牢定结褵之期”。不料，是年壬辰战争爆发，商议修改婚期的书信尚未及送出，周生已作为书记官东征入朝。最终，行将圆满的姻缘因战争而搁置，一对有情人亦因此而生死牵挂，相思成疾。

不仅来自吴越之地的浙兵深受影响，壬辰战争带给朝鲜人的伤痛更是刺身切骨。战时日兵所及之处皆是炼狱，“积尸如山，杀死殆尽咽”。⑤ 家破人亡、流离失所更是成了朝鲜人战时的宿命。吴希文《琐尾录》就曾详细记

---

① 权韠：《别后》，《石洲集》，昨晟社，1984，第 130 页。

② 李敏叙：《林氏家藏简帖跋》，《西河集》，流出版社，2018，第 360 页。

③ 方志远：《“山人”与晚明政局》，《中国社会科学》2010 年第 1 期，第 212 页。

④ 李安讷：《赠浙江人》，转引自郑珉《壬乱时期文人知识层与明军的交游及其意义》，《韩国汉文学研究》1996 年第 19 辑，第 154 页。

⑤ 宗惠玉：《论丰臣秀吉发动侵朝战争给朝鲜带来的严重影响》，谢国桢编《一九九三年海峡两岸学术讨论会明史论集》，吉林文史出版社，1993，第 439 页。

述其与家人四散分离独自避身山野的凄惨遭遇："自余入山，今将月余，节入中秋，寒气袭人，倍常凄冷，深思老母妻子，今在何处，而尚得保存乎，念及于此，宁不悲痛。"① 郑希得《还家后以古诗记怀》也真实再现了其被俘归国后寻亲无着的悲伤："满屋烟沈扑面尘，还家何处访情亲。旧时巷陌都忘记，却问新移来住人。"②

朝鲜文人与浙兵虽国籍不同、出身各异，但战争引发的生死离别、背井离乡是共通的，战时渴望回归的心情也是同样的。吴希文"深思老母妻子，今在何处"的揪心、郑希得"旧时巷陌都忘记，却问新移来住人"的悲痛与援朝浙兵"书中有恨天涯别，只恨当年学剑初"的叹息、无奈同频共振。同样的战争与同样的离别与创伤体验最终在朝鲜文人与浙兵之间架起了一道无形的情感桥梁，促成了其对浙兵"同室殷忧"之"天涯骨肉"的认同。③

需要注意的是，除战争的冲击外，战时朝鲜文人还需面对朋党政治的压力。自 1575 年东西分党后即便是壬辰战争期间，士人内部的钩心斗角、倾轧残杀也从未停止。在生命遭逢战争、党争等多重压迫时，与目之所及皆为废墟、白骨、鲜血、伤痛的战场相比，千里之外能随心适欲舒展人性的浙江变得格外美好、珍贵且令人神往。《周生传》中的钱塘，即今之杭州作为周生的故里既是其遇到仙花、收获爱情、约定幸福的地方，更是充满理想色彩的治愈空间。这里四季如春、秀美似画："但见两岸，碧树葱茏，晓色苍茫。树荫中，时有纱笼银灯，隐映于朱栏翠箔之间。"如此美景使得周生迷醉："岳阳城外倚兰桨，半夜风吹入醉乡。"④ 据尹胜俊考证，"醉乡"出自唐王绩《醉乡记》，实指虚构的异于现实的自由国度。⑤ 郑珉也认为与武陵桃源一样，《周生传》中的杭州是一个承载了作者浪漫想象的理想空间。⑥换言之，此处之杭州不但是周生等浙兵愿化作浮萍漂泊回归的家园，也是寄

① 吴希文：《琐尾录》，国立晋州博物馆编《壬辰倭乱史料丛书 5》，亚细亚文化社，2002，第 51 页。

② 郑希得：《月峰海上录》，国立晋州博物馆编《壬辰倭乱　史料丛书 1：文学（2）》，亚细亚文化社，2000，第 207 页。

③ 李恒福：《与俞相公书》，民族文化推进会编《影印标点本韩国文集丛刊》（62），民族文化推进会，1988，第 452 页。

④ 权韠：《周生传》，国立晋州博物馆编《壬辰倭乱　史料丛书 1：文学（2）》，亚细亚文化社，2000，第 322 页。

⑤ 尹胜俊：《醉乡与超脱现实的梦》，《东洋学》第 31 辑，2001，第 108 页。

⑥ 郑珉：《〈周生传〉的创作功能及文学性质》，《韩国语言文化》第 9 辑，1991，第 116 页。

托了权韠等朝鲜文人避祸全身、栖息灵魂之愿望的精神空间、理想居所。

在为另一位浙兵知己娄凤鸣送行时，权韠曾这样写道："水接吴天阔，山从越地分。云霞灵隐寺，花月涌金门。形胜中原最，繁华外国闻。平生劳梦想，送尔更消魂。"[①] 类似基于与浙兵的跨国情谊而对浙江充满神往的情感在赵维韩《崔陟传》中以朝鲜士人崔陟去国离家在浙江友人庇护下定居浙江的形式得以呈现。小说中崔陟在1597年八月的南原城战役后与家人离散。在偶遇浙兵把总余有文并与之相交后，崔陟逐渐萌生出前往明朝生活的想法。战争结束后他便追随余有文来到了其故乡绍兴。定居绍兴期间余有文始终视崔陟为知己，无私承担了这位异国友人的生活用度。余有文病故后，崔陟的另一位杭州友人宋佑又因不忍其漂泊而邀崔陟一同卖茶行商。也正是在一次行商越南的途中崔陟偶然重逢离散多年的妻子玉英。此后，二人在宋佑帮助下于杭州涌金门生活了十八年后回归朝鲜。小说对崔陟在绍兴、杭州的具体生活虽然交代不多，但浙江人余有文、宋佑对崔陟的温暖帮助及其定居绍兴、杭州的情节设定赋予了浙江一抹温暖的友情色彩。如小说所示，在援朝浙兵与朝鲜文人广泛交游的大背景下，浙江于朝鲜文人也成为一个可供安身立命的友谊之邦、安居之所。

余　论

自立国之初起朝鲜便确立了慕华事大的政策指向。[②] 壬辰战争中明朝连续两次的及时出兵更是极大加深了朝鲜对明的认同。1599年十月五日，朝鲜国王宣祖传旨政院，命令将其亲书"再造藩邦"四字摹写阳刻后悬于邢玠生祠以示感激。[③] 在壬辰战争这场"再造藩邦"的战争中，浙兵援朝打破了自明朝定都北京后浙江与朝鲜半岛近两百年的隔绝。作为现实中浙江形胜的直接见证者，浙兵对明末浙江形胜之景与游赏盛况的描述、分享极大丰富、更新了朝鲜文人对浙江的想象。最终，在形胜、隐逸与忠愤等"概念风景"之外，朝鲜文人对浙江的想象逐渐具备了可居可游

① 权韠：《送娄还杭州钱塘县》，《石洲集》，昨晟社，1984，第187页。

② 孙卫国：《试论朝鲜王朝之慕华思想》，《社会科学辑刊》2015年第1辑，第109页。

③ 国史编纂委员会：《朝鲜王朝实录》46册，探求堂，1986，第687页。

胜地的维度。同时，战争带来的创伤与思乡情感同频共振促成了朝鲜文人对浙兵“天涯骨肉”的身份认同。在朝鲜文人与浙兵普遍交好的大背景下，浙江山水不仅为身处战争、党争双重困境中的朝鲜文人提供了避祸全身、栖息灵魂的精神空间，也成了其心目中可安身立命的友谊之邦、安居之所。

作为牵涉中日韩三国的历史大事件，壬辰战争一直都是备受作家关注的题材。但由于历史认识的不同，近年来中韩两国的壬辰战争书写普遍呈现出一定的片面性，尤其是在书写战时明军与朝鲜官军联合作战的场景时更是会为了凸显本国军队的功绩而侧重再现矛盾、冲突。诚然，随着时间流逝，战时形成的朝鲜文人对浙兵“天涯骨肉”的身份认同及对浙江友谊之邦、安居之所的想象早已风干在了历史的长河中，但散落于文献中的浙兵与浙江元素仍时刻提醒我们应珍视壬辰战争那段中韩友好协作、联合对抗外敌侵略的历史。

试论盘索里的文化品格[*]

池水涌

【内容提要】 盘索里是朝鲜半岛家喻户晓的说唱艺术，距今已有三百多年的发展历史。盘索里作为来自民间的说唱艺术，表达了朝鲜朝社会普通民众的“去恨趋乐，化悲为喜”的情结，追求亦庄亦谐、众人共欢的审美趣味。盘索里的艺术品位经历了一个“俗”的“雅化”过程，而它的最终归宿则指向“雅俗一元化”。“雅俗一元化”不仅是盘索里所追求的艺术品位，也是盘索里在自身发展过程中呈现出的文化表征，它赋予了盘索里以大众性和通俗性为主要内涵的文化品格。

【关键词】 朝鲜半岛　盘索里　文化品格　雅俗一元化

【作者简介】 池水涌，文学博士，华中师范大学外国语学院教授，博士生导师，主要从事韩国古典文学、中韩比较文学研究。

盘索里是朝鲜半岛家喻户晓的说唱艺术。它于17世纪末至18世纪初发源于朝鲜半岛西南部的全罗道地区，距今已有300多年的历史。任何一门艺术都是人类有目的有意识地创造美和享受美的审美文化活动，具有自身独有的文化品格。我们说某种艺术的文化品格，主要是指将这种艺术样式的存在看成社会精神生产活动及其客观成果的重要组成部分，而从历史与文化的角

* 本文系韩国学中央研究院海外韩国学培育项目“中国华中地区韩国学核心基地培育项目”（AKS－2016－INC－2230001）阶段性成果。

度对其艺术品位与美学风格所作的综合性界定。① 一般来说，一门艺术的文化品格是在特定的文化和美学价值体系的明滋暗润中形成的。对表演艺术来说，它的社会文化基因，它的听众（观众）定位、表演风格、功能定位、艺术品位等，是其文化品格的重要内涵，它们无不与该表演艺术形式所处的整体文化环境和相应的审美习惯有着密切的联系。基于这种认识，本文将从以下几个方面去考察盘索里的文化品格，以便能够更加深入、客观地了解和把握盘索里的艺术品位与文化张力。

一　盘索里的社会文化基因

谈到盘索里的社会文化基因，首先要提及的是在朝鲜半岛源远流长的巫俗文化。巫教不仅是朝鲜半岛民间信仰的基础，也是朝鲜半岛传统艺术的承载者与传承者。韩国学者普遍主张盘索里起源于朝鲜半岛南部湖南地区的巫歌（包括叙事巫歌）。他们认为湖南地区的巫歌与盘索里之间存在许多共同点。首先，盘索里演唱时的音色与湖南地区的巫歌非常接近，它们都使用沙哑的声腔。但是，比起随意、低沉、哀怨的巫咒，盘索里的声腔显得更加“霸气”。其次，盘索里艺人手持扇子随着鼓手敲打的节奏做出的肢体动作，与湖南地区的巫师跳神时胳膊的摆动动作如出一辙。再次，盘索里和湖南地区的巫歌在演唱内容上也有相似之处。盘索里讲唱的故事大多是主人公一开始受尽苦难和折磨，到最后都迎来幸福的结局。盘索里主人公的这种“苦尽甘来”“化悲为喜”的人生经历与湖南地区的巫师举行巫祭时所作的“沙尔普利”（即去煞）场面十分相似。“沙尔普利”就是巫师通过跳神的方式，替人类驱逐种种怨恨和痛苦，以重新唤起人类对美好生活的憧憬，其结尾处也往往充满欢庆的气氛。最后，盘索里与叙事巫歌的演戏唱在表演形式上极其相似。比如，盘索里与叙事巫歌演戏唱均由唱者站着演唱，并做出各种辅助性动作，伴奏者则在旁边伴奏；盘索里与叙事巫歌演戏唱均说唱掺杂，其唱曲常有曲折变化；盘索里唱本和叙事巫歌演戏唱唱本中均穿插着很多世俗

① 丁和根：《淮剧艺术的文化品格——淮剧文化考察之二》，《艺术百家》1998 年第 1 期，第 97 页。

歌谣和滑稽漫谈；等等。[①] 显然，盘索里与湖南地区的巫歌之间有着天然的联系，而这种天然的联系同时也体现在盘索里的演员身上。盘索里产生之初，作为盘索里表演主体的盘索里演员，均来自朝鲜朝社会底层，其中多数为湖南地区的民间世袭巫。他们凭借自己会唱巫歌的专长，蜕变为盘索里艺人，成为盘索里创演的生力军，而后来成为盘索里名唱的艺人也几乎都出自湖南地区的民间世袭巫系统。[②]

除了湖南地区的巫歌之外，广大笑谑之戏、优戏等朝鲜半岛其他民间娱乐形式，对盘索里的产生也起到了不可忽视的重要影响，对此韩国学界早有共识。但不管是笑谑之戏还是优戏，都是朝鲜半岛众人共欢的民间娱乐形式，与巫俗的"沙尔普利"有着异曲同工之妙。可以说，湖南地区的巫歌和朝鲜半岛众人共欢的民间娱乐形式共同促成了盘索里的产生，成为盘索里这门民间说唱艺术生长的社会文化基因。由于盘索里来自朝鲜半岛民间，并且天生带有巫俗文化情结和众人共欢的民间娱乐基因，所以它的表演形式非常简单，一个演员，一个鼓手，一众听众，就可以演出了。朝鲜朝后期的盘索里作家尹达善在其《广寒楼乐府序》中，对盘索里的表演形式做了非常形象的描述："朝鲜唱优之戏，一人立，一人坐，而立者唱，坐者以鼓节之。"盘索里在民间开始传唱的初期阶段，主要流传于朝鲜半岛各地的乡镇，大多数听众来自民间巫俗信仰集团。为了满足盘索里听众随时娱乐的需要，盘索里艺人从来不讲究表演场所和舞台布置；简单的表演形式和简便的表演道具也使得盘索里艺人可以轻装上阵，走街串巷，撂地卖艺，不受场地的限制。

随着盘索里影响的不断扩大，盘索里开始进入文人士大夫的视野，逐渐受到社会上层人士的关注。不仅文人学士直接参与盘索里的改编和加工，而且盘索里的演出场所也延伸到两班贵族府邸乃至宫廷。为了满足社会上层人士的审美要求，盘索里改编者对盘索里原有的十二种唱本进行筛选和整理，淘汰掉那些热衷于描写世俗欲望的唱本，并在保留的唱本中注入严肃、优雅的元素，以提升盘索里的艺术品位。但即便如此，盘索里也没有改变它作为民间艺术的本质属性。它讲唱的内容还是朝鲜朝社会普通

---

① 崔东现：《何为盘索里》，艾迪特，1999，第19～21页。

② 郑鲁湜：《朝鲜唱剧史》，朝鲜日报社出版部，1940，第14页。

民众的生活和追求；它的听众还是以朝鲜朝社会普通民众为主体的社会大众；它的唱本和表演还是注重亦庄亦谐、众人共欢的“场面”效应；它的演员服装和化妆还是保持本色自然的民间风格。不仅如此，盘索里艺人仍然不断地从民间文化土壤中汲取营养，使盘索里始终保持着旺盛的艺术生命力。这说明盘索里是深深植根于民间文化土壤的民间艺术，民间巫俗文化情结和众人共欢是其与生俱来的社会文化基因，也是它生生不息的原始动力。

二　盘索里的听众定位

从某种意义上来说，表演艺术的成败取决于听众或观众的定位。盘索里自产生以来，一直保持着强大的艺术生命力，其中很重要的原因就在于它拥有深厚的听众基础和稳定的听众定位。

在民间传唱的初期阶段，盘索里的听众大部分是民间巫俗信仰集团的民众，他们是盘索里得以生存和发展的生态土壤和动力源泉。由于大部分盘索里听众是朝鲜朝社会底层的普通民众，所以盘索里所讲唱的故事也大多来自反映朝鲜朝社会普通民众喜怒哀乐的民间故事。这些民间故事经过盘索里艺人的演绎和加工，成为盘索里听众喜闻乐见的精神产品。盘索里讲唱的故事基于现实又超越现实，带有较强的理想主义色彩，同时具有鲜明的道德教诲和警示意义。比如，《春香歌》讲唱的是贱民出身的春香与贵族出身的李梦龙之间超越身份等级、基于人格平等的忠贞爱情；《兴甫歌》讲唱的是贫穷、善良的兴甫最终好人得好报成为一个富翁，而恶毒的乐甫最终遭到报应而落得倾家荡产的故事；《沈清歌》则讲唱的是从小失去母亲的沈清不惜牺牲自己来报答盲父的养育之恩，却最终死而复生成为沈皇后的故事；等等。尽管盘索里讲唱的这些故事和人物的结局在现实生活中无法实现，但它们反映了朝鲜朝社会普通民众渴望实现的民众情结，即“去恨趋乐，化悲为喜”的人生理想，因此，足以引起盘索里听众的欣赏热情和情感共鸣。

前文已提到，随着盘索里影响的不断扩大，流传在民间的盘索里走进文人士大夫的视野，开始受到社会上层人士的关注。根据朝鲜朝后期文人赵在三在《松南杂识》中的记载，早在 18 世纪中期盘索里已在申光洙等文人骚客中间大受欢迎,[①] 并且出现了御前演出的情况。[②] 而进入 19 世纪以后，文人学士直接参与盘索里的改编和加工，从而使原生态的盘索里发生了一些变化，其中变化最明显的莫过于盘索里唱本。盘索里原本有十二种唱本，经过文人学士的筛选和整理，其中热衷于表达世俗欲望的七种唱本被淘汰出局，剩下了五种唱本，即《春香歌》、《沈清歌》、《兴甫歌》、《水宫歌》和《赤壁歌》。此外，文人学士在保留盘索里唱本原有的深层主题——“去恨趋乐，化悲为喜”的民众情结的基础上，凸显了朝鲜朝社会的正统观念，比如,《春香歌》标榜“贞烈”,《沈清歌》宣扬“孝道”,《兴甫歌》提倡友爱,《水宫歌》强调忠诚，等等。还有，文人学士在沿用盘索里唱本原有的通俗易懂、诙谐幽默的表达方式的同时，引入大量的汉诗、辞赋、典故之类高雅的表达方式，从而提高了盘索里唱词的表达能力，同时给盘索里唱本增添了悲壮美和典雅美。

文人学士对盘索里的改编和加工，对盘索里原有的听众定位产生了一定的影响，但它并没有从根本上改变原有盘索里听众的生态结构。考察朝鲜朝时期盘索里的生存状态和发展过程，我们几乎找不到盘索里听众的分化现象。[③] 这说明文人学士对盘索里的改编和加工，在很大程度上并没有超出朝鲜朝社会普通民众的期待。事实上，文人学士在盘索里唱本中标榜的“贞烈”“孝道”“友爱”“忠诚”等正统观念，是朝鲜朝时期普遍的社会心理和主流价值观念，它们与朝鲜朝社会普通民众的人生观和价值观并不相左。还有，尽管文人学士在盘索里唱本中引入了大量的汉诗、辞赋、典故之类高雅的表达方式，但他们同时还保留了许多符合普通民众口味的俚语、俗语以及滑稽、诙谐的表达方式，使它们彼此交融、相得益彰，形成盘索里唱本雅俗相间的和谐音符。总而言之，文人学士在盘索里唱本中宣扬的正统观念也好，大量引入的高雅表达方式也罢，不仅没有影响朝鲜朝社会普通民众对盘索里的欣赏热情，反而更好地为盘索里亦庄亦谐、众人共欢的美学追求和审美效应服务，从而巩固了盘索里以朝鲜朝社会普通民众为主体的大众化听众定位。

---

① 田耕旭:《韩国的传统戏剧》，文盛哉译，复旦大学出版社，2014，第 290 页。

② 金钟喆:《盘索里史研究》，历史批评社，1996，第 32 页。

③ 金大幸:《我们时代的盘索里文化》，亦乐出版社，2011，第 23 页。

三　盘索里的表演风格

表演艺术的表演风格千差万别，属于同一种类型的表演艺术，也会由于文化的、审美的差异，而体现出不同的表演风格。比如，中国的鼓书和弹词、日本的净琉璃、韩国的盘索里等，虽然同属说唱相间的表演艺术，但它们的表演风格却大相径庭，各有千秋。就拿盘索里来说，民间巫俗文化情结和众人共欢的娱乐基因是盘索里最本质的文化属性，而这一点又在很大程度上规定了盘索里的表演风格。有道是："文如其人，名如其物。"事实上，"盘索里"这一称谓很好地体现了盘索里表演的本质属性，对它的分析和阐释，有助于我们了解和把握盘索里的表演风格。

盘索里为合成词，由"盘"与"索里"两个词结合而成。"盘"字，在韩国语中大致有三种意思：一是指多人聚集的空间或场所，比如，专门为娱乐游戏而设的空间或场所被称为"诺利盘"，只要有"诺利盘"则必有盘索里表演等诸多娱乐活动；二是指组织、编排娱乐活动或演出，比如，"组织戏盘""编排索里盘"等即是，而"组织戏盘""编排索里盘"等说法在与盘索里有关的文献记载和盘索里唱本中随处可见；[①] 三是指量词，表示有始有终的完整的过程，比如，"一盘棋""玩一盘"，等等。再来看"索里"一词，它在韩国语中也大致有三种意思：一是指天地间万物所发出的声响；二是指话语，即人们在交流中说出来或写出来的语言；三是指人的嗓音。"索里"的上述几层意思均为它的一般通用义，而"盘索里"中的"索里"则更多地表示它的特殊功能，主要包括盘索里艺人苍老、沙哑、悲凉的唱腔，以及盘索里艺人对故事中不同角色的声音和天地间各种声音，如风声、雨声、雷声等的惟妙惟肖的模仿。据此，我们可以概括"盘索里"的含义：在多人聚集的空间或场所，盘索里艺人与现场的鼓手、听众一起，营造富有感染力的演出现场，即"组织戏盘"或"编排索里盘"，采用"说中夹唱、唱中带说"的演唱方式和叙述、代言、模仿融为一体的表演手段，把一个唱本的"起承转结"完整地说唱一遍。

---

① 田耕旭：《韩国的传统戏剧》，文盛哉译，复旦大学出版社，2014，第 269 页。

盘索里是“唱”本位的表演艺术，“唱”是盘索里最主要的表演手段，演员主要通过演唱的方式讲述故事和故事中的人物。所以，盘索里对演员的“唱”功要求很高，演员不仅要具备超高超宽的音域和能够随心所欲地驾驭五音六律的发声法，而且要掌握苍老、沙哑、哀怨，甚至有些霸气的唱腔和高难度的演唱技法，以便能够营造出极富感染力的“场面”。盘索里不讲究故事的情节结构的紧凑性和情节的紧张性，而格外重视对由人物和环境以及人物之间的矛盾冲突构成的相对独立的“场面”的渲染。也就是说，盘索里带给听众的审美享受，并非来自前后相续、错落有致的故事情节，而主要是来自伴随着演员音乐唱腔的“场面”的渲染。[①] 盘索里的“场面”是演员从故事情节发展线上选取能够引起听众共鸣的几个点，再用抒情性很强的唱词进行添作、敷衍、渲染而成的。

当然，盘索里“场面”的营造光靠演员的演唱和渲染是远远不够的，它还需要鼓手和听众的积极配合。盘索里表演追求演员、鼓手、听众“三位一体”的审美创造效应。盘索里艺谚中有“一鼓手，二名唱”“一听众，二鼓手，三名唱”的说法，这表明鼓手和听众在盘索里表演中具有举足轻重的地位。在盘索里表演中，鼓手不仅为演员的声乐演唱提供伴奏，而且指挥演员的演唱，为演员助兴，还根据故事情节，为演员提供对手戏角色；而听众则主要为演员的表演叫好助兴，演员的演唱每到精彩处，便拍手叫好，做出积极的回应。每当故事进入关键时刻，即主人公陷入困境或遭遇不幸，或者面临命运抉择的时候，演员、鼓手和听众情不自禁地沉浸到盘索里作品的世界中去，与主人公分享喜怒哀乐，在情感上与主人公达到高度同化，从而营造所谓的“场面”效应。盘索里的“场面”往往充满悲剧色彩或悲壮气氛，富有感染力，使听众处于高度紧张之中。所以，盘索里演员在“场面”的前后或中间会穿插一些滑稽、幽默或诙谐的“说白”，以缓解听众的紧张情绪。盘索里所营造的亦庄亦谐、众人共欢的演出氛围，让听众“时而痛哭流涕，时而捧腹大笑”。朝鲜朝后期文人李建昌和宋晚载对盘索里的这种表演风格做了非常生动的描述。李建昌在《赋沈清歌二首》中写道：“鼓声骤急全疑雨，扇影低崔半欲波；休道笑啼皆幻境，百年几向此中过。”宋晚载则在《观优戏五十首》中的第二十五首

① 金兴圭：《盘索里的叙事结构》，《创作与批评》第10卷第1号，1975年2月，第137页。

中做了如下描述：“宜笑含睇善窈窕，人情曲折在仰昂；不知何与村娥事，悲欲泛滥喜欲狂。”

四　盘索里的功能定位

任何一门艺术都有它的功能，包括审美愉悦功能、审美教育功能、审美认知功能等等。盘索里是来自民间的说唱艺术，民间巫俗文化情结和众人共欢的娱乐基因是它与生俱来的最本质的文化属性。因此，盘索里的首要功能应该是审美愉悦功能，即通过盘索里的表演和欣赏活动，让听众获得审美愉悦和精神享受。除了审美愉悦功能之外，审美教育功能也是盘索里不可忽视的重要功能，这一点从盘索里所演唱的故事和故事中的人物不难发现。盘索里的审美教育功能主要是指它的道德教育功能，即听众通过对盘索里的欣赏活动，潜移默化地受到真善美的熏陶和感染，对故事中的人间正义产生趋同效应，从而树立正确的人生观和价值观。盘索里的审美愉悦功能和审美教育功能相辅相成、密不可分，共同构成盘索里的功能定位，成为盘索里能够长久保持艺术生命力的内在动因。那么，盘索里的审美愉悦功能和审美教育功能是怎样实现的呢？

首先，它们是通过盘索里的故事和故事中的人物实现的。也就是说，盘索里讲述的故事和故事中的人物本身足以给盘索里听众带来精神的愉悦和道德的教诲。春香和李梦龙之间忠贞不渝的爱情，沈清的孝心及其命运转变，兴甫的善有善报和乐甫的恶有恶报，兔子的临危不乱和机智脱险，曹军士兵对权贵的不屑和揶揄等故事，尽管对盘索里听众来说是可望而不可即的，但它们反映了朝鲜朝社会普通民众渴望实现的民众情结，即“去恨趋乐，化悲为喜”的人生理想，所以它们能够给盘索里听众带来精神的愉悦和道德的熏陶。不仅是盘索里的故事，盘索里故事中的主人公也能够让盘索里听众感受到心灵的疗伤和情感的认同。盘索里故事中的主人公纯洁善良、坚贞不屈，具有天使般的人格魅力。比如，春香在卞学道的淫威之下宁死不屈，对李梦龙的一片丹心毫无动摇；沈清对盲父的孝心始终如一，对以身殉孝没有半点犹豫；兴甫面对狠毒、贪婪、霸道的哥哥，始终以忍为善、以恭为高、以德感化；兔子在生死关头毫不慌张，以超人的胆识和智慧应对险境；等等。盘索里故事中的主人公所体现的，不是他

（她）的个人意志，而是朝鲜朝社会普通民众的集体意志。因此，他们虽然历经艰险，但都有幸福美满的结局。盘索里听众正是通过作品中主人公化悲为喜的命运转变和劝善惩恶的道德教诲，来获得精神的愉悦和真善美的启迪。

其次，它们是通过盘索里的表演形式和表演风格来实现的。事实上，盘索里的审美愉悦功能和审美教育功能与它的表演形式、表演风格是互为表里的。如前所述，盘索里是“唱”本位的表演艺术，“唱”是盘索里最主要的表演方式，盘索里演员主要通过演唱的方式来演绎故事和故事中的人物。而盘索里这种“唱”本位的表演方式，本身具有长于抒情的特质。所以，盘索里艺人在题材的选取与内容的构思处理上，不是将故事性（包括素材的新鲜性和情节的曲折性）作为关注的中心，而是将故事和人物身上那些能够引起听众情感共鸣的场景作为尽情挥洒的对象，这就是前面所提到的盘索里“场面”的营造。比如，在《春香歌》中，对故事的情节演进，只用简单概括的语言粗略交代而过，而对于那些能够引起听众情感共鸣的场景——五月五日端午节春香与李梦龙不期而遇的场景，李梦龙见到春香后魂不附体的场景，春香与李梦龙私订终身的场景，李梦龙随父上京而与春香依依惜别的场景，春香独守空房思念李梦龙的场景，春香在卞学道淫威之下受刑的场景，春香身陷囹圄受尽磨难的场景，李梦龙重返南原遭春香之母冷遇的场景，李梦龙到春香的牢狱去探监的场景，卞学道在自己的生日宴上遭罢免的场景，春香和李梦龙大团圆的场景，等等，则大力渲染，着意铺陈，不惜浓墨重彩，务使荡气回肠。[①] 而盘索里《春香歌》所营造的上述“场面”，往往使盘索里听众情不自禁地投入其中，与主人公春香和李梦龙高度共情，悲主人公所悲喜主人公所喜，并从中获得心灵的愉悦和道德的升华。

五　盘索里的艺术品位

盘索里的艺术品位是盘索里诸多要素在审美趣味上的综合体现。盘索里来自民间，自从产生之日起，它就是为朝鲜朝社会普通民众服务的。

① 金宽雄：《朝鲜古典小说叙述模式研究》，延边大学出版社，1994，第357页。

“俗”是盘索里与生俱来的艺术品位，这是由它的民众性所决定的。“俗”体现在盘索里的方方面面，包括唱本、演员、听众、音乐、表演等，而在唱本中体现得尤为明显。唱本是盘索里的内在支撑，它在很大程度上决定盘索里的艺术品位。早期的盘索里唱本，一般都是用明白晓畅的俗言和俚语来描述朝鲜朝社会普通民众的生活与追求，同时用滑稽诙谐的表达方式来帮助听众宣泄心中的郁结。可以说，“以俗言道俗情”① 是盘索里唱本固有的艺术特色。也正是因为如此，它难免带有一些粗鄙、低俗的东西。不过，艺术品位是一个动态的历史范畴，它并不是一成不变的。“几乎所有的文艺形式，往往是起于俗，成于雅；雅因俗而大，俗因雅而精。”② 随着文人学士参与盘索里唱本的改编和加工，盘索里的艺术品位也得到了相应的提高。

但是，文人学士对盘索里唱本的改编和加工，没有一味地走“高雅”路线。他们在盘索里唱本中引入“雅”元素的同时，还保留了原有的“俗”元素，使它们相辅相成、相得益彰，形成盘索里唱本雅俗相间的审美品位。比如，他们在盘索里唱本中引入“贞烈”“孝道”“友爱”“忠诚”等朝鲜朝社会正统观念的同时，保留了盘索里唱本固有的“去恨趋乐，化悲为喜”的民众情结，两者彼此交融、相辅相成，形成了盘索里亦雅亦俗的主题特征。又如，他们在描写人物的性格及其行为时，依然保持亦庄亦谐、亦毁亦誉的审美趣味：春香一会儿是纯真无瑕、行为检点的处女，一会儿又是对床笫之事颇为熟悉、玩起各种把戏来很有一套的过来人；沈鹤奎一会儿是“行为清廉、志操刚正”的正人君子，一会儿又是“淫荡好色”的轻薄之徒；兴甫虽然穷得叮当响，但去衙门借粮时却不肯放下两班架子，对吏房说出一系列傲慢的话；③ 等等。而盘索里人物性格及其行为描写中体现的亦庄亦谐、亦毁亦誉的审美情趣，与亦雅亦俗的盘索里主题相互衬托、交相辉映，增强了盘索里“悲中含笑，笑中有泪”的美学特征。再如，盘索里是长于抒情的“唱词”与滑稽、幽默、诙谐的“说白”交替相续或相互交融

① 范伯群：《俗文学的内涵及雅俗文学之分界》，《江苏大学学报》（社会科学版）2002 年第 4 期，第 38 页。

② 李欣：《文艺雅俗观的变迁与思考——文艺雅俗之辩、变与辨》，《福州大学学报》（哲学社会科学版）2008 年第 4 期，第 83 页。

③ 金宽雄：《朝鲜古典小说叙述模式研究》，延边大学出版社，1994，第 346、352 页。

的说唱艺术。演员对故事中主人公的悲伤或怜悯之情通过唱词诉诸听众的感情，把听众吸引到盘索里的作品世界中去，使他们与主人公产生高度的情感共鸣。而自从文人学士在盘索里唱词中引入汉诗、辞赋、典故之类高雅元素之后，盘索里唱词不仅具有了雅俗相间的审美品位，而且多了几分悲壮美和典雅美，以致与滑稽、诙谐、幽默的“说白”相互交融时产生更加强烈的“悲喜交集”反应，从而增强了盘索里所追求的亦庄亦谐、众人共欢的“场面”效应。

对于艺术品位来说，雅俗化一也许是最理想的归宿。中国现代著名作家朱自清在评论陈独秀和胡适之的作品时，提出了“雅俗一元化”的新概念。[①] 它既是对他人艺术经验的总结，也是他自己在艺术创作中始终坚持的美学原则。朱自清提出的“雅俗一元化”，主要是指文学语言的雅俗化一，即以俗语为基础和主干，使雅语和俗语相结合，彼此交融、相辅相成，从而获得文学语言的大众性和通俗性。朱自清提出的“雅俗一元化”主张，虽然是针对文学的语言艺术来说的，但它完全可以用来说明盘索里的艺术品位。自从文人学士参与盘索里的改编和加工之后，盘索里的艺术品位经历了一个“俗”的“雅化”过程，但这个“雅化”是以“俗”为基础、保持“俗”的本色的“雅化”。在这个意义上，两者可谓异曲同工，不谋而合。

综上所述，盘索里是来自民间的说唱艺术，它的生存与发展与朝鲜朝社会普通民众的生活和审美需求息息相关。盘索里表达了朝鲜朝社会普通民众的“去恨趋乐，化悲为喜”的民众情结，追求亦庄亦谐、众人共欢的审美趣味。随着朝鲜朝社会文化的发展，盘索里的艺术品位经历了一个“俗”的“雅化”过程，而它的最终归宿则指向“雅俗一元化”。“雅俗一元化”不仅是盘索里所追求的艺术品位，也是盘索里在自身发展过程中呈现的文化表征，赋予了盘索里以大众性和通俗性为主要内涵的文化品格。

---

① 宋连生：《朱自清雅俗一元化的语言艺术初探》，《河北大学学报》（哲学社会科学版）1991年第2期，第31页。

社会与管理

韩国孝石文化节对延边地区文旅融合发展的启示

金松兰　李宇巾

【内容提要】在文旅融合的大背景下，节庆旅游作为文化资源与旅游业融合发展的新形式，受到广泛关注。延边地区旅游业发展基础良好，文化资源丰富，极具节庆旅游开发潜力和优势，但是在实际操作中，潜力和优势并未得到充分发挥。因此，本文基于延边地区节庆旅游资源 SWOT 分析，选定韩国文化观光庆典成功案例江原道平昌郡“孝石文化节”为借鉴对象，解析其特色及成功要素，并从品牌建设、政府+市场化运作、资源整合、人才培育四个方面提出建议，促进延边地区节庆旅游开发，探究延边文旅融合发展之新路径。

【关键词】文旅融合　孝石文化节　SWOT 分析

【作者简介】金松兰，博士，延边大学马克思主义学院副教授，主要从事中韩乡村社会现代化转型研究；李宇巾，延边大学马克思主义学院硕士研究生。

引　言

文化是旅游的灵魂，旅游是文化的载体，文化与旅游天然融合。[①] 2018 年

① 陈锋平、朱建云：《文旅融合新鉴：桐庐县“公共图书馆+民宿”的实践与思考》，《图书馆杂志》2020 年第 3 期，第 107～112 页。

4 月，文化和旅游部正式挂牌；2019 年 10 月，十九届四中全会提出完善文化和旅游融合发展的体制机制，标志着文旅融合发展在中国已经上升为国家战略规划。随着文旅融合的演进，节庆文化资源的开发利用成为文旅融合发展新的着眼点和文旅高度耦合的重要途径，推动旅游业向个性化、多元化方向发展。韩国中央政府早在 1996 年开始，为推动文旅融合发展，制定相关政策，每年选拔具有鲜明地域文化特色的文化观光庆典作为重点扶持对象，提供财政支援，并且协助地方政府进行对外宣传，为韩国文旅项目商品化进程注入了活力，为韩国节庆旅游发展提供了崭新的平台。韩国节庆旅游起步早、发展快，已经形成了较为成熟的发展体系。其中，“孝石文化节”（Hyoseok Cultural Festival）作为韩国江原道平昌郡最具代表性和影响力的文化观光庆典，2006 年开始被纳入韩国中央政府扶持的文旅项目范畴，具有鲜明的文化特色和清晰的发展思路，若能使“孝石文化节”成功经验为我所用，借鉴其长处、补足其短处，并抓住当下文旅融合发展契机，把握好政策机遇，节庆旅游有望成为延边地区经济发展的有力引擎，助力传统旅游业实现转型升级，给延边带来丰厚的经济效益和良好的社会效益。

一 民族文化资源与文旅融合

节庆旅游是基于地方特有文化资源开发，在特定时间、特定地点举办的各种节日、活动，是助力地方经济发展的综合性文化节庆活动，其长效发展依赖于丰厚的文化资源的有效开发和利用。因此，文化资源有其开发的现实价值和必要性，符合文旅融合发展的潮流。

（一）民族文化资源的现实价值

文化资源泛指一切与文化活动有关的内容，既包括自然文化资源，也包括人文文化资源，其中，人文文化资源是人类依托自然资源经过实践创造的，带有自然文化的烙印，其开发具有文化、社会、生态、经济等诸多方面的价值。同样地，对民族地区在其历史发展中形成的独树一帜的民族文化资源进行开发利用，也能够带来巨大的社会、生态、经济效益。

1. 社会价值

民族文化资源的社会价值，主要体现在构建和维系民族地区社会和治理方面。例如，延边农村社会是以水稻种植为“事业中心”、传承和保护朝鲜族农耕文化的重要阵地，延边农村传统的“乡约”和“礼治”思想对延边农村和谐社会构建具有积极作用。农村社会的维系和发展离不开农业的发展，但更为重要的是在农业生产过程中世世代代传下来的民俗、民风等民族文化传统对农业和农村生活的影响和作用。

2. 生态价值

民族文化资源对民族地区生态文明建设具有独一无二的价值，是实现人与自然和谐相处重要思想的来源。尊重自然、顺应自然、依赖和敬畏自然是传统的农耕文化区别于以征服自然、改造自然为主要特征的工业文明的主要特点。农村是人类社会中拥有最多自然生态资源的地区，因此，与民族地区生产和生活相关的民族文化资源具有生态保护和恢复的重要价值。

3. 经济价值

把民族文化资源中的抽象因素转化为生产力要素，使这些要素在不同产业中以不同样态发挥作用，实现其经济价值，有助于民族地区经济多样化发展。文化与经济之间是相辅相成的辩证关系，在相互融合过程中趋于“文化经济化”和“文化产业化”。但是，不是简单地使经济效益依附于文化之上，而是把两者融合在一起达到一体化。

（二）文旅融合

那么如何对民族文化资源进行有效开发利用，充分发挥其价值？目前文旅融合发展就是获取“1 +1 >2”效益的最佳对策及方案。

1. 文旅融合是我国经济文化协调发展的必然要求

我国经济发展正处于转型升级的关键阶段，农业不再是主导的经济活动。文化与旅游产业逐渐成为国民经济支柱产业，要求对文化资源加以开发利用，实现文化与旅游产业融合发展。文化和旅游的融合是文化事业和旅游产业的融合，文化可以主动融入旅游并提升旅游空间的文化内涵，在旅游中生产文化的价值和生活生命的意义。① 然而“很多地区对历史文化资源的开

① 杜彬：《文旅融合背景下文化遗产资源推动旅游空间建设的思考》，《文化遗产》2021 年第 2 期，第 32 ~41 页。

发只停留在了表层，还未做深度开发，难以开发出真正具有深厚底蕴的旅游文化产品，导致当地旅游资源没有真正转化为市场竞争优势，有文化底蕴却无产业发展、有融合基础而无融合深度”。[①] 为了解决这一问题，自 20 世纪 90 年代以来，相关部门出台多项政策，鼓励旅游业合理开发利用文化资源，实现文旅的深度融合发展。

2. 文旅融合发展的政策演进

1993 年，《关于积极发展国内旅游业的意见》[②] 阐明了旅游业的发展对于加强各地经济文化交流的重要意义，成为文旅融合发展的先导，针对文化资源的开发利用出现在旅游领域的研究视野中。此后的国家政策经历了“促进文化与旅游融合发展”的演变，直到 2018 年正式被确立为文化和旅游融合发展战略。

2009 年，文化部与国家旅游局发布《关于促进文化与旅游结合发展的指导意见》[③]，提出“文化是旅游的灵魂，旅游是文化的重要载体”，阐明了文化和旅游的结合对于文化产业升级发展的重要作用，要求发展品牌化的全国节庆旅游活动。2014 年文化部、财政部出台《关于推动特色文化产业发展的指导意见》[④]，提出要依托各地文化资源，通过科技、创意、市场推动特色文化产业健康发展。2016 年国务院印发《“十三五”旅游业发展规划》[⑤]，提到促进旅游与文化融合发展，要实施“旅游 +”战略，实现旅游与城镇化、新型工业化、农业现代化、现代服务业的融合发展，利用优势资

① 李宇军：《文旅融合发展中的“文化—旅游”“政府—市场”“中央—地方”三大关系》，《贵州民族研究》2021 年第 3 期，第 171 ~ 175 页。

② 国务院办公厅：《国务院办公厅转发国家旅游局关于积极发展国内旅游业意见的通知》，《中华人民共和国国务院公报》1993 年第 27 期，第 1276 ~ 1278 页。

③ 2009 年 8 月 31 日，为落实中央扩大内需的战略部署，推进文化与旅游协调发展，满足人民群众日益增长的文化消费需求，文化部、国家旅游局提出《关于促进文化与旅游结合发展的指导意见》。

④ 为贯彻落实党的十七届六中全会关于发展特色文化产业、国务院关于推进文化创意和设计服务与相关产业融合发展的精神，加快实施《国家“十二五”时期文化改革发展规划纲要》，推动特色文化产业健康快速发展，文化部、财政部联合印发了《关于推动特色文化产业发展的指导意见》，http：//www. gov. cn/xinwen/2014 – 08/26/content 2740021. htm。

⑤ 《“十三五”旅游业发展规划》是为贯彻《中华人民共和国国民经济和社会发展第十三个五年规划纲要》，根据《中华人民共和国旅游法》制定的。2016 年 12 月 7 日，国务院印发《“十三五”旅游业发展规划》，http：//www. gov. cn/zhengce/content/2016 – 12/26/content_5152993. htm。

源，打造传统节庆旅游品牌。2018 年文化和旅游部正式挂牌，并确定了“宜融则融，能融尽融，以文促旅，以旅彰文”[①] 的工作思路，文化和旅游融合发展成为文化和旅游领域行政管理、产业发展、科学研究的热点议题。2021 年《中华人民共和国国民经济和社会发展第十四个五年规划和 2035 年远景目标纲要》[②] 提出要“推动文化和旅游融合发展”，成为发展节庆旅游的重要政策支持。

虽然当下文旅融合发展已成为旅游发展的一大趋向，但是，我们必须明确一点：文旅融合发展的起源并非中央，而是我国各地的一些实践，尤其以我国中西部地区的节庆旅游实践为主，在注重保护民族文化资源的同时，发展少数民族文化旅游产业，既促进了文旅融合发展，也带动了经济的增长、文化的传承。

二　韩国孝石文化节案例分析

（一）孝石文化节的由来

在政府的大力支持下，1999 年 9 月，位于韩国江原道中南部的平昌郡成功举办了第一届孝石文化节。平昌郡利用其独有的文化资源，吸引了众多韩国民众前来观光。江原道平昌郡蓬坪面是韩国近代著名作家李孝石（1907 ~ 1942）的故乡，更是他的代表作短篇小说《荞麦花开时》中荞麦花盛开的优美田野风景的所在之地。[③] 孝石文化节一开始是为纪念和弘扬韩国

---

① 2018 年 12 月 10 日，文化和旅游部党组书记、部长雒树刚出席“2018 旅游集团发展论坛”并发表主旨讲话。他指出，文化和旅游部组建以来，明确了“宜融则融，能融尽融，以文促旅，以旅彰文”的工作思路，当前要注重围绕文化和旅游融合发展这一重要工作，以人民美好生活引导文化建设和旅游发展。http：//www. szzs360. com/news/2018/12/2018 _ 1 _ mzs45424. htm。

② 2021 年 3 月，《中华人民共和国国民经济和社会发展第十四个五年规划和 2035 年远景目标纲要》正式颁布，其第三十六章第二节提出“推动文化和旅游融合发展”。http：//www. gov. cn/xinwen/2021 - 03/13/content_ 5592681. htm。

③ 《荞麦花开时》（메밀꽃필무렵）是李孝石（1907 ~ 1942，号可山）于 1936 年 10 月在《朝光》杂志上发表的短篇小说。小说中故事展开的主要背景为作者的故乡江原道平昌郡的村庄，因这部短篇小说的出名，江原道平昌郡也成了韩国家喻户晓的“荞麦花盛开”的地方。

近代文学先驱李孝石先生的文学贡献而设计的文化观光庆典。李孝石先生的代表作《荞麦花开时》被选入韩国高中语文课本，是韩国家喻户晓的文学作品，其影响力广泛而深远。为了一睹李孝石笔下的美丽的田野风光，每年9月，在荞麦花盛开时节，大量游客聚集在平昌郡蓬坪面，体验丰富多彩的庆典活动。孝石文化节的前身是“蓬石会”[①]为纪念李孝石先生而专门举办的“孝石写作大赛”。依靠“蓬石会”的积极作为，1971年至1999年间，“孝石写作大赛”从一个平昌郡中小学生参与的活动，逐步发展为全国性的写作大赛，即“孝石文化节”[②]。

（二）孝石文化节的资源优势

平昌郡由1邑7面组成，面积约占整个江原道的8.7%（1463.9km^2），其中林地占84%（1220.9km^2），农地占9.5%（138.7km^2），其他占7.1%（104.1km^2），是韩国第三个总面积最大的郡。全域自然资源充裕多样，同时文化资源也极为丰富，有16处国家级文化遗产和47处地方文化遗产。[③]平昌郡目前拥有145处旅游景点，其中文旅融合开发项目有77个。[④]根据韩国观光公社（Korea National Tourism Organization）[⑤]对韩国观光旅游资源的分类，江原道平昌郡的旅游资源可分为自然观光资源、文化观光资源、社会观光资源、产业观光资源、娱乐观光资源五大类（见表1）。

资源优势成为平昌郡发展文旅融合的重要支撑，自1999年开始孝石文

---

① “蓬石会”（蓬坪李孝石宣扬会）现已改名为“李孝石文学宣扬会”，是目前孝石文化节的组织机构。

② 1990年，平昌郡蓬坪面被文化部指定为“全国第1号文化村”；1998年，成立孝石文化节委员会；1999年，孝石文化节正式诞生。

③ 韩国江原道平昌郡政府网站，https：//www. pc. go. kr/portal/intro。

④ 김정민·김선미,「봉평의 지역이미지를 이용한 문화상품용 텍스타일 패턴디자인 개발 연구-이효석의 소설“메밀 꽃 필 무렵”을 중심으로」,『한국디자인문화학회지』, 23（2），2017，pp. 127－139.

⑤ 韩国观光公社（한국관광공사）是韩国政府推广本国观光旅游业的官方机构。成立于1987年6月10日，目的在于振兴韩国国内旅游事业、开发和发展旅游资源、教育培养旅游领域人员。目前，韩国观光公社为向海外宣传韩国旅游、开发海外市场，在全球共设20个支社。支社的主要业务是向当地居民介绍韩国以增进对韩国的理解，提供具体的韩国旅游信息，参与当地的媒体及有关的市场和广告活动，协助其他与韩国旅游有关的国际展览和各种活动。http：//www. visitkorea. or. kr/intro. html。

化节已经在蓬坪面成功举办了 21 次[①]，成为韩国文旅融合发展的典范。2018 年 12 月 31 日，韩国文化体育观光部公布的 2019 年韩国文化观光庆典推荐 Best 41 目录中，孝石文化节被评为优秀庆典。[②] 韩国文化体育观光部于 2019 年 12 月 27 日公布了“2020～2021 年韩国代表文化观光庆典 35 选”，孝石文化节依然位列其中，成为代表江原道的七大庆典之一。[③] 韩国文化体育观光部将对评选出的 35 个文化观光庆典提供为期两年的财政支援，并通过强有力的国内外宣传活动，继续努力将这些文化观光庆典打造成受国内外游客好评的庆典。

表 1　平昌郡观光资源

地区分类	自然观光资源	文化观光资源	社会观光资源	产业观光资源	娱乐观光资源
平昌邑	平昌岩石公园 星辰村庄 山寨最好村庄	平昌传统市场			700 休闲运动 滑翔伞
美滩面	白龙洞窟 琪花里大象岩石 平昌东江淡水鱼生态馆 小丸纪花里蓉 出水敦内米街 喀斯特 於廉治村 米夏丽青玉山 白云山村		东莫村生态体验学习场	农村体验文姬村	
芳林面				桂村村落 山羊牧场	

① http：//www. hyoseok. com/。1999～2019 年，孝石文化节一直如期举办；2020、2021 年孝石文化节因疫情等未举办，因此至 2021 年，孝石文化节共举办了21 届。

② 《2019 年度文化观光庆典推荐 Best 41》，韩国旅游官方网站，http：//chinese. visitkorea. or. kr/chs/AKR/MA_ CHG_ 9_ 4. jsp？ cid＝2588588#。

③ 《2020～2021 年韩国代表文化观光庆典 35 选》，韩国旅游官方网站，http：//chinese. visitkorea. or. kr/chs/AKR/MA_ CHG_ 9_ 4. jsp？ cid＝2643214。

续表

地区分类	自然观光资源	文化观光资源	社会观光资源	产业观光资源	娱乐观光资源
大和面		平昌酷暑狩猎庆典 大火前锚市场		凤凰村 广川村 梨墩子南瓜藤蔓村	
龙坪面	判官台			白玉村 桂芳山村 黄土炕村 韩国鹦鹉学校	
珍富面	草药村 塔村 五臺山	珍富传统市场	鬼怪 天国的阶梯 月精寺寺院民宿	肯辛顿弗洛拉花园 巨文里格库里村	
大关岭面	大关岭交易地村庄 屏内里村 车村 外野风村 雪花村	大关岭雪花节 百日红庆典	恋爱小说 国家代表 无限挑战 夏日香气 冬季恋歌 国际音乐节 鲁山文化节	高山牧场高冷地 湾头村 儿童动物农场 纯羊群牧场 堂吉诃德牧场 蓝天牧场 三养牧场 大关岭羊群牧场	阿尔卑西亚 点睛塔 韩国休闲学校滑雪/雪
蓬坪面		武夷艺术馆 李孝石文学之林 凤山书房 八石亭 忠州家 李孝石故居 水碓坊 李孝石加山公园 孝石文化村 蓬坪传统市场 孝石文化节	侠女:剑的记忆 秋日童话	林带村	漂流运动 山地摩托车

资料来源：김정민,김선미,「봉평의 지역이미지를 이용한 문화상품용 텍스타일 패턴 디자인 개발 연구」,『한국디자인문화학회지』, 23（2）, 2017, pp. 127－139。

（三）孝石文化节的特性

孝石文化节从一开始就朝着将文学与观光融为一体、把李孝石的文学因素和蓬坪面的自然景观环境相结合的方向企划庆典。其办节宗旨可以概括为以下三点：一是在文化方面，广泛宣扬、继承和发展李孝石的文学精神，把平昌郡蓬坪面建设成一个文学气息浓厚、风格独特的“文学村落”；二是在自然方面，利用蓬坪面的荞麦田和优美的自然环境，为游客提供净化身心的休息空间，使其成为亲近大自然的安详、清净之地；三是在传统方面，挖掘过往美好且宝贵的东西，唤起人们的记忆，把蓬坪面打造成体验传统文化的好去处。[①] 从宗旨层面分析，“孝石文化节”具有区别于其他庆典活动的文学、自然和传统三个方面的特性（见表2）。

表2　孝石文化节的特性

主要活动	特性(庆典性质)	内容
文学分享会	文学性质	李孝石作品朗读、诗人诗朗诵、与小说家对话、诗歌创作歌曲演出、舞台演唱会等
主题照相区 自然照相区	自然性质	以荞麦花田为中心,感受、回味自然的纯净、小说中的角色、乡村瓜棚等蓬坪的自然美
传统农乐	传统性质	再现由蓬坪面居民演奏的传统农乐

资料来源：신현식,「문화관광축제 스토리텔링 속성 분석에 관한 연구-효석문화제를 중심으로」,『인문콘텐츠』, 19，2010，pp. 511－532。

除此之外，孝石文化节举办场地的特殊性和文化内核的特殊性，也具有区别于其他庆典活动的地域特性和文化特性（见表3、表4）。

表3　孝石文化节的地域特点

主要活动	地域特性	内容
孝石诗作赛 弘扬文学活动	文化(文学)村落	让人们认识乡土人物李孝石先生和他的代表作品《荞麦花开时》的实际舞台是孝石文化村,增加魅力性
庆典主题馆 荞麦科学馆 荞麦体验馆	荞麦之乡	了解荞麦品种、加工产品、研究成果展示等荞麦的生长和特性,并体验荞麦压花、品尝等
荞麦花开小径 水边小院 水边休息处	环保清净地区	让人感受到位于人类最适合居住的海拔700米的平昌(蓬坪)的清净

资料来源：신현식,「문화관광축제 스토리텔링 속성 분석에 관한 연구-효석문화제를 중심으로」,『인문콘텐츠』, 19，2010，pp. 511－532。

---

① 신현식,「문화관광축제 스토리텔링 속성 분석에 관한 연구-효석문화제를중심으로」,『인문콘텐츠』, 19，2010년 11월，pp. 511－532.

表4 孝石文化节的文化（艺术）特性

主要活动	文化（艺术）特性	内容
李孝石作品展示诗画展 入选作品展示 平昌旅游照片展	展览	荞麦和传统文学相关的展示，孝石作文大赛及全国摄影征集作品等多样的展示
全国孝石赛诗会 街道赛诗会 全国四物游戏大赛	大赛	作为文学庆典，以全国为单位举行作文大赛，并辅助举行四物游戏竞演大赛
分享文学音乐会 舞台音乐会 现场剧《荞麦打谷声》	演出及音乐节	李孝石先生作品朗读、诗人诗朗诵、与小说家对话、诗歌创作歌曲等演唱会和《荞麦花开时》的庭院剧、《荞麦打谷声》等演出

资料来源：신현식, 「문화관광축제 스토리텔링 속성 분석에 관한 연구－효석문화제를 중심으로」, 『인문콘텐츠』, 19, 2010, pp. 511－532。

（四）孝石文化节成功要素分析

韩国孝石文化节的成功举办为平昌郡地区带来了巨大的经济、文化效益，也带动了整个平昌郡区域内的旅游业的发展。对孝石文化节成功举办的要素进行分析，或有助于推进我国节庆旅游业发展。

1. 聚焦“孝石文化”品牌核心

文化不是一朝一夕能创造出来的东西，将蓬坪文化特色确立为能够代表平昌的品牌，是当前形势下开发新文化产品最有效的方式。以居民喜闻乐道的“孝石文化”为开发核心，成片的荞麦花田使游客沉醉体验20世纪30年代的异时空，也体验主人公许生元美丽的初恋回忆。荞麦花形象更是广为人知，激活了一些利用景观作物举办地区庆典的新可能性，如高敞青麦田庆典。以孝石文化节为契机，蓬坪地区的文化形象扩散，武夷艺术馆、歌剧学校等文化艺术建筑也逐渐在蓬坪地区扎根，与“孝石文化”相得益彰，升华了文化内涵。

2. 多元主体协同参与

“孝石文化节”的成功举办得益于在市场机制下各方的协调配合（见图1）。

第一，政府的大力支持。

孝石文化节的成功举办离不开政府的支持与帮助，尤其是节庆旅游政策

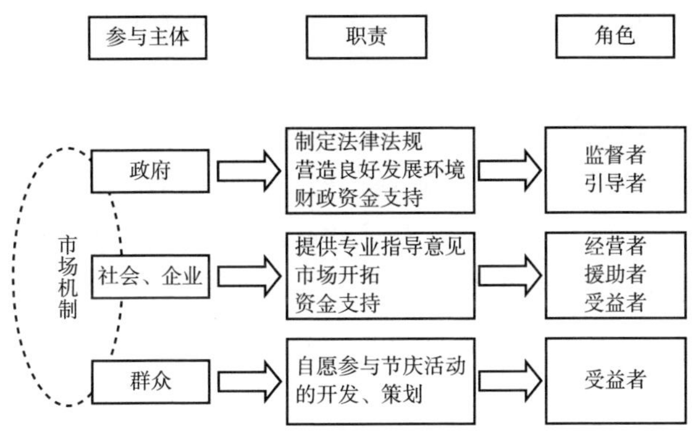

图 1　多元主体协同参与

资料来源：笔者自制。

的推出与财政资金的支持。在韩国，节庆旅游的发展由政府相关部门即文化体育观光部及各级地方政府共同负责，协调组织社会机构进行广泛参与，合力发展节庆旅游。1988 年，韩国实行“文化立国”政策，为文化产业制定了专门的发展战略及中长期规划，推动文化旅游产业的发展。在这样的政策机遇下，先后举办了“安东国际假面舞节”“南道饮食节”“大关岭雪花节”等各类文化庆典和节日活动，又在 1999 年成功举办了第一届孝石文化节，且一经推出就获得了巨大成功，多次入选“韩国代表文化观光庆典”“年度文化观光庆典推荐 Best41”，得到了文体部的财政支援，孝石文化节的举办有了稳定的资金支持。

第二，群众、社会、企业的广泛自觉参与。

2001 年经观光公社、百货商店、旅行社等的大力宣传，第三届孝石文化节的举办取得了惊人成效，从长坪进入蓬坪的道路交通堵塞，荞麦食物也全部售光，孝石文化节的发展成效开始显现。以此为契机，居民的意识发生转变，除了舞台和安装照明装置等几项较为复杂的事务外，孝石文化节的其他事项都由当地居民自发协调，以主人翁的姿态自觉投入到清扫村庄、修筑茅草屋顶、种植荞麦等工作中，甚至庆典期间大部分节目也是由当地居民设想并积极参与的，居民自发表演鼓舞、长鼓、四物游戏、国乐、管弦乐等节目。蓬坪面的生活改善会和妇女会更是开发了 30 多种荞麦食物，并举行了品尝会活动，获得了游客的一致好评，销量也很好。居民的广泛参与给孝石文化节注入了源源不断的活力，这也是节庆活动能够长期举办、经久不衰的重要原因。

3. 完善的配套设施

19 世纪 70 年代韩国开始了助力农村社会转型的“新村运动”，深刻改变了“韩国的城市像发达国家，农村是第三世界”的社会发展格局，成为平昌郡地区经济高速发展的重要抓手。新村运动的第一阶段即“要致富先修路”，中央政府无偿向乡村地区提供建设所需的水泥等物资，茅草屋、泥土路焕然一新，极大地提升了农村的生活条件，为节庆旅游的发展夯实了基础设施基础。19 世纪 70 年代后期永东高速公路顺利开通，2016 年 11 月第二条永东高速公路也建成通车，各地到江原道的交通路线不断优化，都使得平昌郡地区的交通网络越发完善。尤其是 2018 年冬季奥运会的举办更是使该地的基础设施服务水平上了新台阶。

4. 积极有效的宣传

孝石文化节的巨大成功离不开积极有效的宣传。从第三届孝石文化节开始，政府方面邀请观光公社、百货商店、旅行社、记者对蓬坪面进行了宣传、营销，这对于促进新生节庆的发展意义重大，成为孝石文化节蓬勃发展的重要节点。直到现在韩国政府也一直在积极利用各种海外推广渠道大力投放广告，希望将其打造为国际品牌，以扩大孝石文化节的知名度，吸引广大的国内外游客。其次，韩剧也发挥着潜移默化的宣传作用。韩国大量的影视作品诞生于此，如《冬季恋歌》《蓝色生死恋》这些受众广且经典的影视作品多在此取景，大量的韩剧迷来此观光打卡，知名度极高。最后，2018 年平昌冬奥会成功举办，作为主办地的平昌郡地区成为红极一时的旅游胜地，其代表性节庆活动孝石文化节也因此名声大噪，游客蜂拥而至。

5. 积极开发节庆旅游产品

节庆产品，是以民族节庆必需品为基础，通过重新包装以满足顾客需求的整体概念。① 节庆产品对节庆旅游的促进作用表现在两个方面：第一，满足了游客购买旅游纪念品的需求；第二，节庆产品作为展示民族地区风土人情和特色意蕴的有形文化，能够进一步发挥宣传作用，吸引更多的游客。孝

① 李沛新：《壮族节庆文化开发路径创新探析》，《广西民族大学学报》（哲学社会科学版）2017 年第 2 期，第 62～66 页。

石文化节在发展过程中重视对节庆旅游产品的开发，尤其是围绕《荞麦花开时》作品中提及的驴和荞麦，开发了荞麦饼干、荞麦面、荞麦茶等一系列荞麦制品，以及木制的、铁制的驴形手机挂件、装饰品，并配有专门的旅游纪念品卖场进行售卖。

三　韩国经验对延边文旅融合发展的启示

我国民族地区已经进入文旅融合发展的新时代，随着改革的深入开展，民族地区文旅融合也步入了快速发展的新轨道。[①] 对于自然生态资源丰富、地缘优势明显、民族文化特色浓郁的延边地区而言，节庆旅游作为文旅融合的重点项目，以节庆文化为发展的基石，将节庆产业与旅游产业相融合，能够满足经济、政治、文化等多重目标，如果能够利用韩国经验提升延边地区节庆旅游业发展水平，将对整个延边地区经济、文化、社会产生更加深远的影响，极大地推动延边地区文旅融合发展的理论与实践。

（一）延边节庆旅游资源 SWOT 分析

延边州作为我国最大的朝鲜族聚居地，素有“礼仪之乡”“教育之乡”“歌舞之乡”的美誉，民俗资源优势显著，旅游业发展势头良好。基于 SWOT 分析法对延边地区节庆旅游发展进行分析，有助于理清节庆旅游发展的优势、劣势、机遇、挑战，实现节庆旅游高效发展，从而为延边地区文旅融合发展提供更加坚实的理论和实践支撑。

1. 优势（Strengths）

第一，丰富的资源优势。根据延边州旅游资源普查，延边州旅游资源共有 255 个单体，8 大类，28 小类和 78 种基本类型。[②] 据延边州旅游局的统计，旅游节庆活动达 60 多项，并且已经形成了生态景观型、文化艺术型、民族民俗型、民族宗教型、地域特产展示型、休闲娱乐型、多种综合型等较为完备的旅游项目和活动分类。

---

① 李宇军：《中西部民族地区的文旅融合发展：现状、问题与对策分析》，《贵州民族研究》2020 年第 7 期，第 121 ~ 125 页。

② 孙丽坤：《基于 SWOT 分析的延边地区旅游发展战略选择》，《中国经贸导刊》2010 年第 4 期，第 71 页。

第二，良好的区位优势。延边州地处中、俄、朝三国接壤地带，地靠日本海，“鸡鸣闻三国，犬吠达三江”，地理位置优越，是跨国游游客的重要集散地，客源市场较为稳定，在东北亚国际旅游中占有重要地位。

第三，朝鲜族特色鲜明。延边州作为中国最大的朝鲜族聚居地，根据延边朝鲜族自治州 2020 年国民经济和社会发展统计公报，朝鲜族人口为 73.03 万人，占 35.68%，全州朝鲜族风情浓厚，朝鲜族文化资源如朝鲜族花甲礼、朝鲜族百种节更是被列入国家级非物质文化遗产代表性项目名录。鲜明的朝鲜族特色成为延边州旅游业发展的独特优势。

2. 劣势（Weaknesses）

第一，基础设施不够完善影响游客旅游体验。交通设施的匮乏限制了延边地区旅游业的进一步发展。延边地区仅有朝阳川一个机场；高铁、火车等直达车次少，转车等耗费大量时间，增加旅行成本；选择自驾的游客面临人车拥挤的问题，都影响旅游热情。周边地区能够为游客提供完整的餐饮、娱乐、住宿服务的配套设施很少，这也制约了节庆旅游的发展空间。

第二，存在“同质化”竞争。延边有“小首尔”之称，与韩国有较多的相似之处，这也使得韩国成为延边地区旅游业发展最大的竞争者。其中一个原因是韩国节庆旅游发展已经较为成熟，活动丰富，设施完善。另一个原因是赴韩旅游花费更低。延边虽地处中国境内，但其位于东北边陲，对于山东沿海地区和南方地区而言，交通费用甚至高于出国旅游。以从深圳到韩国、延边为例，从深圳到韩国旅游比从深圳到延边旅游费用低得多，部分游客由于旅游产品的“同质化”可能会选择赴韩旅游（见表 5）。

表 5　深圳到延边和到韩国旅游的价格对比

	延边	韩国
路线	深圳—哈尔滨—长白山—延吉—长春	深圳—仁川—济州—首尔
价格	4580/人(二晚五天)	3180/人(四晚五天)

资料来源：深圳市海外国际旅行社官网，http：//www. otcsz. com/。

第三，旅游特色不够鲜明。游客多处于走马观花状态，真正能够吸引游客参与进来的活动项目较少，朝鲜族特色节庆旅游产品也未得到充分开发，延边丰富的旅游资源尚未转化为经济发展的动力。此外，旅游产品功能结构单一，自然观光仍居主流。当前延边节庆发展虽然有意识地在提高游客的体验感，如设计了一些简单的韩式料理制作体验活动，但是总体上看游客体验感不足，体验感活动开发层次不高、深度不够，难以满足游客的体验需求。

第四，专业人才缺乏。节庆旅游的发展离不开专业人士的营销、规划。延边地区位置偏僻，经济发展一直处于相对落后状态，大量人员外出务工，一直面临人才流失问题，相关专业人才缺乏，而且这个问题短时间内很难解决。

3. 机遇（Opportunities）

第一，政策机遇。延边地区具有鲜明的政策优势，既享受少数民族地区政策优惠，又享受区域开发政策扶持。国家层面文化和旅游融合发展的时代背景给予节庆旅游空前的发展机遇、新一轮东北老工业基地振兴战略带动整个东北地区经济复兴，优化了延边的基础设施服务，"一带一路"建设的推进加深了延边与沿线国家、地区的互联互通，这些都为延边地区节庆旅游业的发展带来了新的机遇；延边州政府及下设各市的优惠政策，如《州人民政府关于印发〈延边朝鲜族自治州产业发展规划〉的通知》，强调重点发展以朝鲜族民俗风情旅游、森林旅游、城市休闲旅游和特色节庆旅游等为主的旅游业；[①] 龙井、珲春、延吉、图们等地也实施优惠政策，为节庆旅游业的发展保驾护航。

第二，居民收入提高，节庆旅游市场需求旺盛。随着我国经济实力的增强、人民经济收入的增加，公众的需求逐渐向精神层次转变，节庆旅游成为新的消费市场。2022 年全国居民人均可支配收入达 36883 元，比上年增长 5.0%，[②] 人均可支配收入的增长为节庆旅游市场提供了潜在机遇。

4. 挑战（Threats）

第一，内地节庆旅游市场"分流"。总的来讲，我国节庆旅游发展较为成熟的地区多集中于西南、广西等地，经过十几年的改进与完善，这些地区节庆活动更具品牌化、创新性，如壮族"三月三"、白族"石宝山歌会"已经发展为成熟的节庆旅游活动。与之相比，延边地区节庆旅游业起步晚，处

① 《州人民政府关于印发〈延边朝鲜族自治州产业发展规划〉的通知》，延边朝鲜族自治州人民政府网站，http：//www.yanbian.gov.cn/zwgk_83/wj/201911/t20191128_5339.html。

② 《中华人民共和国 2022 年国民经济和社会发展统计公报》，http：//www.gov.cn/xinwen/2023-02/28/content_5743623.htm。

于较低发展水平，市场竞争力不足。

第二，地缘政治多变，受国际环境干扰较大。边境政治局势对当地旅游业发展具有较强的干扰作用，如边境区域发生政治突变或相关国家发生政治动荡、社会骚乱等，都将对入境旅游市场产生较大影响。[①] 延边地区节庆旅游客源市场中，境外游客占很大一部分比重，但是由于国际形势受诸多因素影响，国际关系波谲云诡，如近年来一波三折的中韩关系，我国境内韩国游客大幅减少，极易影响到延边地区旅游业的发展。

第三，生态环境压力。民族地区良好的生态环境和文化环境不仅是民众生存发展的需要，更是文旅业可持续发展的基石。延边州一直被列为我国生态环境质量优良地区，但随着旅游业的发展，越来越多的资源被开发利用，难免对环境形成较大压力，尤其是各景区依然存在着的游客不文明现象，更是加剧了延边生态环境压力。因此，务必高度重视对延边生态环境的保护。

第四，多元文化冲击。延边地区虽然是我国最大的朝鲜族聚居地，但是也生活着包括汉族、满族、蒙古族在内的诸多民族人民，各民族文化的交流碰撞可能会导致新矛盾、新问题的产生，增加延边文化旅游的不确定性风险。外来游客对延边民族文化了解不够深入也会产生一系列误会，如有关宗教信仰的争执、风俗习惯方面的冒犯等，可能对延边节庆旅游发展带来新的挑战。

（二）对延边文旅融合发展的启示

节庆旅游作为延边文旅融合发展史上的主要形式，给延边地区带来了经济效益，也提升了地区知名度，但是由于开发、管理不够完善，延边地区节庆旅游仍存在品牌意识不强、宣传营销不足、旅游产品单一、旅游项目趋同、人才缺失等一系列问题，严重阻碍了文旅融合发展的脚步。参考韩国孝石文化节的经验，对延边地区节庆旅游事业加以优化、改进，提升延边节庆旅游品牌价值，发挥“政府+市场化运作”的合力，让广大延边人民认识到民族文化资源的价值和意义，是延边地区文旅融合进一步发展的根本。

1. 以文化特质为核心构建旅游品牌

旅游产品品牌化建设顺应时代要求，也顺应旅游业自身发展的内在规

① 李开宇、张艳芳：《中国入境旅游受突发性事件影响的时空分析及其对策》，《世界地理研究》2003年第4期，第101～109页。

律，更是文旅融合发展的必然趋势。文旅融合发展的一个表现形式就是将地区的历史韵味、民族风情和传统习俗展现给游客。孝石文化节紧紧抓住文化品牌核心，一切活动及工作都以将“孝石文化效益”最大化为前提。同样，延边地区要实现文旅深度融合也必须紧紧抓住朝鲜族特色文化这一核心，尤其是对于延边龙井市明东村①来说，若能结合孝石文化节的成功经验对此加以开发利用，必能创造巨大的经济、文化价值。但是建设者必须重视文化转化为旅游资源时面临的文化衰落、文化体验失真等问题，要在文化资源开发中还原文化本真。以文化传承为目的，推动文旅融合，有利于满足人们的美好生活需求。②

2. 政府 + 市场化运作

延边地区目前存在文旅不融合现象，到底是政府方面出了问题，还是市场方面出了问题？从历史发展来看，起初文化发展由政府调控，旅游业发展则属于单一的市场行为；但是随着文旅融合的发展，政府与市场的关系逐渐从对立排斥走向互动发展。从现阶段文旅融合发展的实践来看，政府坐镇，市场化运作，是破除“文旅融合”障碍的首要因素。以节庆旅游发展为例，单纯依靠政府出资和运作容易导致节庆旅游形式单一，创新性、娱乐性不够，吸引力不强，运作成本也比较高，加剧政府的财政负担。但是如果将节庆旅游市场化，赋予节庆旅游更多自主权，甚至在条件成熟的情况下，由专业公司负责节庆活动的运作，或许能够给予节庆旅游更强的生命力。但是有一点需要注意，“在一些文旅融合产业发展不尽如人意的民族地区乡村，地方政府要发挥积极主导力量，为文旅融合的发展提供更多的公共服务”。③

3. 对文旅资源进行有效整合

当下的文化旅游已从“主题公园”时代迈入“全域旅游”时代，区域协同是弥补业态短板、共享旅游资源的有效方法。④ 延边拥有丰厚的文化、

---

① 明东村位于延边州龙井市智新镇，是中国朝鲜族教育第一村，也是朝鲜族著名诗人尹东柱故居所在地。近年来，明东村获评“国家级少数民族特色村寨”“吉林美丽休闲乡村”“延边州朝鲜族传统村落”等。

② 范周：《文旅融合的理论与实践》，《人民论坛・学术前沿》2019 年第 11 期，第 43 ~ 49 页。

③ 孔凯、杨桂华：《民族地区乡村文旅融合路径研究》，《社会科学家》2020 年第 9 期，第 72 ~ 77 页。

④ 卢敦基、马智慧：《文旅融合背景下金庸武侠地理学的价值与开发策略》，《浙江学刊》2020 年第 1 期，第 55 ~ 60 页。

旅游资源，在整合和开发文化、旅游资源方面具有突出的优势，但是由于地形、行政区划的分割，这一优势尚未得到充分利用。要实现延边地区文旅深度融合，必须对文化、旅游资源进行高效整合，最大限度地削弱时空限制。资源整合重点在于政府的积极作为，政府是资源整合的中心，是区域资源开发利用的整体规划者，要坚持集约化、可持续化的发展导向，依据一定的整合原则，优化文化、旅游资源整合模式。

4. 引进、培育专业人才

推进文化和旅游高质量融合发展，人才培养是关键动力和根本保障。[①] 弥补延边地区的人才缺口是当前文旅融合发展必须要解决的难题，要坚持外来人才引进与本地人才培育相结合。一方面，依靠人才引进政策吸引人才，以加强福利、提高薪资待遇等吸引专业人才，实施人才留存战略，给予他们更多的优惠，留住外来人才；另一方面，注重本地人才培育，明确培育什么样的人才、谁来培育人才等问题，与周边高校加强合作，以相关专业学生为重点培养对象，共同培育具有专业文化素养、热爱了解朝鲜族民族文化的高素质人才。坚持立足时代发展要求，指导文化和旅游人才队伍建设，助力文化和旅游业高质量融合发展。

总之，延边地区丰富的资源优势和良好的旅游业发展基础是文旅融合发展的坚实依靠，可在充分利用资源的基础上，吸收借鉴韩国节庆旅游发展的经验，依靠文化旅游产品品牌建设、政府与市场通力合作、人才培育，积极为延边文旅融合发展探索新路子。

---

① 白长虹：《文旅融合背景下的行业人才培养——实践需求与理论议题》，《人民论坛·学术前沿》2019 年第 11 期，第 36～42 页。

韩国资产证券化信托功能监管的发展历程及经验启示*

马新彦　崔鸿鸣

【内容提要】广义上，资产证券化过程中，设立特定目的信托的受托人既包括标准的信托机构，也包括虽无信托之名但行信托之实的其他金融机构。韩国的功能主义综合金融监管体系十分具有代表性，不仅迅速扭转了不利局面，而且有利于对数字财产交易、金融投资（消费）者保护、企业数据保护与金融监管科技等主题的拓展。守住不发生系统性金融风险的底线是中国特色社会主义制度的优越性在金融改革领域的深刻体现。我国应着重解决资产证券化信托的功能统一监管问题，明确大资管产品的信托属性，理清基础法律关系，充分将社会主义核心价值观融入金融监管工作当中，走中国特色社会主义金融改革发展之路。

【关键词】资产证券化　功能监管　金融改革

【作者简介】马新彦，法学博士，吉林大学法学院教授，主要从事民商法学研究；崔鸿鸣（通讯作者），大连海事大学法学院师资博士后，主要从事民商法学研究。

资产证券化信托是现代世界金融创新的典型代表，自19世纪70年代在美国产生以来，其内涵与外延得到了不断丰富与延展，影响力已渗透到世界经济的方方面面。面对国际形势的剧烈变动，同为亚洲国家的韩国功能主义

* 本文系国家社会科学基金重点项目“自然资源利用的权利体系研究”（2020AFX017）、国家社会科学基金重大专项项目“社会主义核心价值观在民法典中的价值定位与规范配置研究”（18VHJ003）阶段性成果。

金融监管体系极具代表性，梳理韩国资产证券化信托功能监管的发展历程并总结经验，对我国完善金融监管改革具有重要意义。

一　韩国资产证券化信托的产生

韩国资产证券化信托（asset securitization trust，AST）的产生深受美国影响，直接源于韩国政府为应对金融危机而采取的一系列金融举措。1997年韩国遭遇金融危机，金融机构不良债权的过度累积，严重威胁到了全国金融结构稳定，国家破产在即。究其根源，20世纪60年代，韩国总统朴正熙（박정희）为使韩国经济在战后迅速回暖，推出了出口导向型的经济发展计划，由银行向财阀发放低息甚至负息贷款，制定贸易出口指标，与后期银行贷款资格绑定倒逼贸易出口。同时，韩国政府大举向世界银行借贷，由此获取了大量外汇收入。然而，这种政府背书的刚性兑付模式，难以遏制盲目扩张所引发的道德危机，韩国企业与个人负债率因此居高不下，危急关头政府外汇储备不足短期外债的30%。后韩国起亚汽车集团宣布破产，然而韩国政府并未迅速采取援助措施，由此大型投行纷纷下调韩国主权信用评级，韩国在国际资本市场遭遇重创，外债挤兑大潮来袭。出于对国家政治经济安全的综合考量，韩国政府被迫向国际货币基金组织（IMF）申请援助。同时，建立更高标准的金融监管体系，成立金融监督委员会，清理亏损严重的金融机构。政府注入巨额公共资金出清金融机构不良债权，由韩国资产管理公司（KAMCO）购买了面值约900亿美元的不良资产，资产证券化（asset-backed securitization，ABS）正是核心举措。

根据联合国和平发展银行的定义，资产证券化本质上是一种以流动性为核心的转换行为，起源于美国20世纪70年代的住房抵押贷款支持证券（residential mortgage-backed security，RMBS）。[①] 在住房抵押贷款支持证券

① 资产证券化存在层级区分。在基础层级中，实体资产（entity asset）、信贷资产（credit asset）或现金资产（cash asset）转换为证券的过程均可称资产证券化。在此基础上，还存在证券资产（security asset）证券化，即将上述分散的证券组合作为基础资产，遵循同样的逻辑再次证券化，此时的证券被称为担保债务凭证（collateralized debt obligation，CDO）。通常债务资产包括贷款（loans）与债券（bonds），可分别称担保贷款凭证（collateralized loans obligation，CLO）与担保债权凭证（collateralized bonds obligation，CBO）。与此同时，还有证券持有者会通过购买保险规避风险，若其无法按期获得证券收益，则保险公司须如约赔付，且该保险合约可由双方自由转让，这被称为信用违约互换（credit default swap，CDS）。

中，商业银行向贷款申请人发放房屋抵押贷款，贷款申请人以房产抵押并承诺在未来很长一段时间内将偿还本金与利息。因为此类贷款业务规模庞大，商业银行出于风控与营收综合考虑，将所有零散的抵押贷款债权组合作为基础资产，置于特殊目的载体（special purpose vehicle，SPV）中，其独立于银行，对外以折扣价格将上述资产出售给其他金融机构。由此，银行可以赚取利差并快速实现资金回流。[①] 通俗而言，资产证券化之所以需要借助特殊目的载体（SPV），主要出于发起人与受托人风险控制的需要。而最有效的方法莫过于在破产层面阻断风险蔓延，以避免危机波及各方主体自身信用与资产。显然，有限公司与信托是最适合的两种载体，前者的有限性与后者的财产独立性均有助于实现风险隔离效果，且信托优势更加明显。需要指出的是，采用特定目的信托（SPT）并非简单通过受托人身份判定，也就是说信托受托人既包括标准的信托公司受托人，也包括虽无信托之名但行信托之实的金融机构受托人。

资产证券化信托既能够有效处理不良债权，又能够广泛吸收公众资金，这一特性使其成为韩国政府化解金融危机最重要的金融工具之一。随着韩国经济的逐渐复苏，不良资产证券化信托发行量逐渐减少，一般资产证券化信托发行量却显著上升，说明证券化作为一种较低成本融资手段正在变得流行。[②] 随着资产证券化信托的不断增多，资产证券化业务与法律体系间的制度冲突不断显现。为此，韩国政府启动了资产证券化立法工作，韩国资产证券化信托的发展也逐渐进入成熟阶段。

二　韩国资产证券化信托的发展成熟

1998 年，韩国颁布了《资产证券化法》（Asset-backed Securitization Act），规定有证券化专门公司（special purpose company，SPC）与单一信托模式，[③] 承

① http://www.un-pdbank.org/SinglePage/zichanzhengquanhua/1-41.htm.

② 韩国《金融投资服务与资本市场法令》第 4 条，详见大韩民国法制研究院（KLRI）官网，https://elaw.klri.re.kr/eng_service/lawView.do?hseq=43324&lang=ENG。

③ 韩国《资产证券化法》第 2 条，详见大韩民国现行法令集官网，https://www.law.go.kr/LSW/eng/engLsSc.do?menuId=2§ion=lawNm&query=asset-backed+securitization+act&x=18&y=27#liBgcolor0。

认三种不同类型的证券化工具：资产证券化特殊目的公司（ABS SPC）、离岸特殊目的公司（offshore SPC）与信托公司。ABS SPC是以有限责任公司形式设立的在岸（on offshore）特殊目的公司。offshore SPC是专门从事资产证券化业务的外国实体。法律明确禁止ABS SPC设立任何分支机构或雇用员工，不得从事法律明确列出外的任何业务。韩国财政经济部（MOFE）指出，尽管offshore SPC可以在韩国设立分支机构，但该机构同样不得从事法律明确列出外的任何业务。根据韩国《信托商业法》（Trust Business Act of Korea）设立的信托公司（包括银行）可以担任资产证券化信托的受托人，外国信托公司须单独申请信托业务许可证。且根据韩国《资产证券化法》，只有法案列出的合格主体才有资格担任资产证券化信托的发起人，主要包括某些政府实体、金融机构以及具有国际声誉的公司并需要获得韩国金融监督委员会（Financial Supervisory Commission of Korea，FSC）的许可。

根据韩国《资产证券化法》，资产证券化信托的设立需要经过登记、交付、任命与综合审查程序。首先，发起人必须向韩国金融监督委员会进行登记，列明ABS的范围、类别、与发起人有关的重要事项以及管理、运营与处置等事项，且每个ABS工具仅能设立一个计划。其次，发起人须基于《资产证券化法》第13条规定的真实销售，向ABS工具完成资产交付并办理交付登记。最后，ABS工具须指定符合条件的服务商，并达成委托协议。在涉及公开发行ABS交易中，韩国金融监督委员会要求指定一家金融机构作为受托人，以保护证券持有人作为受益人的利益。此外，就特殊限制而言，韩国金融稳定委员会限制股票的证券化（stock securitization），同时放宽了韩国《民法典》对于抵押权转让登记的程序限制。①

根据《海牙关于信托的法律适用及其承认的公约》第2条，信托本质上属于一种法律关系，② 韩国《信托法》第2条也将信托界定为法律关

① 根据韩国《民法典》，抵押权转让必须在不动产所在地登记。由此，在证券化资产分散在全国各地时，到每个法院进行登记成本高昂。韩国《资产证券化法》简化了这一流程，规定仅向韩国金融稳定委员会一次性进行抵押权移转登记即可。

② 《海牙关于信托的法律适用及其承认的公约》第2条规定："在本公约中，当财产为受益人的利益或为了特定目的而置于受托人的控制之下时，'信托'这一术语系指财产授予人设定的在其生前或身后发生效力的法律关系。"中国《信托法》第2条规定："本法所称信托，是指委托人基于对受托人的信任，将其财产权委托给受托人，由受托人按委托人的意愿以自己的名义，为受益人的利益或者特定目的，进行管理或者处分的行为。"

系。[1]概言之，信托关系的运行主要涉及设立、变更与终止三大类法律行为。以信托设立行为为例，该行为包括了签订信托合同的负担行为、移转信托财产权或履行其他既定义务的处分行为。[2] 具体而言，首先由委托人与受托人签订信托合同，[3] 信托合同成立，在不违反法律强制性规定而生效后，等价于信托合同对委托人与受托人产生法律约束力，信托关系由此成立，但尚未生效。因为受益人在信托合同中处于第三人地位，除非合同约定，否则其不享有对于委托人与受托人的请求权。在信托财产权发生既定移转或当事人履行既定义务后，信托才生效。此时，信托关系对委托人、受托人与受益人产生法律约束力，信托财产获得独立性，受益人获得受益权，受托人取得信托财产权。[4]

在企业资产支持证券（EABS）中，原始权益人作为委托人与信托受托人签订信托合同。合同成立生效后，原始权益人即负有向受托人移转目标财产权的义务，若其不履行义务，受托人享有申请强制执行的权利。委托人将债权或权益资产等财产权移转给受托人，再履行特定登记等既定义务后，信托关系生效（SPT 设立），信托财产获得独立性。此时，根据信托合同安排，原始权益人取得信托受益权。由于目前我国并不承认信托本身的独立法人资格，因此一般由受托人以自己名义对外处理信托事务，受托人对外承担个人责任。[5] 同理，在信贷资产支持证券（CLO）中，通常以抵押贷款债权作为基础资产。在资产支持票据（ABN）与资产支持商业票据（ABCP）中，通常以各类债权与供应链为基础资产。在保险资产证券化（IABS）中，通常以保单质押贷款债权等为基础资产。此外，基础资产还包括其他权益资产。以上基础资产的转移，在信托设立行为中，属于移转信托财产权的行为。究其法理，

---

① 详见大韩民国现行法令集官网，https：//www. law. go. kr/LSW/eng/engLsSc. do？ menuId = 2§ion = lawNm&query = trust + act&x = 52&y = 27#liBgcolor29。

② 关于负担行为与处分行为的区分，本文不加赘述。通俗而言，负担行为会导致主体消极财产的增加，处分行为会导致主体积极财产的减少。

③ 信托合同为诺成合同，在民事信托中，信托合同当事人也可约定为实践合同。

④ 参见楼建波《区分信托合同与信托——昆山纯高案的另一种说理路径》，《社会科学》2020 年第 11 期，第 103 ~ 112 页。

⑤ 《信托公司管理办法》第 38 条规定：“信托公司因处理信托事务而支出的费用、负担的债务，以信托财产承担，但应在信托合同中列明或明确告知受益人。信托公司以其固有财产先行支付的，对信托财产享有优先受偿的权利。因信托公司违背管理职责或者管理信托事务不当所负债务及所受到的损害，以其固有财产承担。”

本质上属于民法上的财产权让与行为，当事人因此而成立财产权让与关系。

不过，由于实际上 ABS 工具的名义价值大于实体价值，长时间跨度 ABS 问题逐渐显露出来。为进一步化解金融机构流动性风险，解决长期 ABS 的持续运行问题，韩国颁布了《住房抵押债权证券化特殊目的公司法令》(Special Purpose Companies for Mortgage-backed Bonds)，以强化公司主体责任。然而，根据该法授权成立的住房抵押贷款证券化公司，由于其公信在金融市场上未被承认，在领导住房抵押贷款证券化市场方面存在局限性。2003 年，《韩国住宅金融公司法》（Korea Housing Finance Corporation Act）颁布，据此成立的韩国住宅金融公司充分发挥了住宅抵押贷款证券化市场的激活功能，[①]《住宅抵押贷款证券化公司法令》因而被废除，[②] 房地产抵押贷款与学生贷款证券化开始出现，跨境资产担保债券市场得到了极大发展。

随着韩国 ABS 市场逐渐完成了由不良资产处置向筹资渠道的转型，资产证券化信托发行方式慢慢取代了传统 ABS 工具，信托在 ABS 市场中发挥的作用越来越明显。至 2003 年，韩国已成为亚洲最大的证券化市场，占据全亚洲证券市场发行量的 80% 以上。[③] 为了提升韩国经济的开放性，在激烈的国际竞争环境下金融监管的紧迫性与日俱增。对于资产证券化信托的监管，一方面在于对资产证券化业务的监管，另一方面在于对信托业务的监管。不过，随着全球范围内传统金融领域与产品的紧密融合，金融监管体系正不断发生功能上的融合，不再拘泥于传统的分业监管，韩国已完全转向功能监管模式，并营造了良好的社会效应。

三　韩国资产证券化信托功能监管及其社会效应

世界各国在金融危机等各种政治、经济和社会事件背景下，都通过适应

① 目前，韩国境内获得法律认可的住宅抵押贷款证券化法人是韩国住宅金融公社（Korea Housing Finance Corporation，KHFC）。

② 2015 年 7 月 24 日，大韩民国国会表决废除了《住宅抵押贷款证券化公司法令》。详见大韩民国现行法令集官网，https://www.law.go.kr/LSW/lsLinkProc.do?lsNm=%EC%A3%BC%ED%83%9D%EC%A0%80%EB%8B%B9%EC%B1%84%EA%B6%8C%EC%9C%A0%EB%8F%99%ED%99%94%ED%9A%8C%EC%82%AC%EB%B2%95&chrClsCd=010202&mode=20&ancYnChk=0#。

③ 参见美国结构性融资行业组织（SFIG）的《美国证券化综合指南——中国市场委员会白皮书（2017）》，中国资产证券化论坛（CSF）、清华大学五道口金融学院译，2017，第 154 页。

环境，不断探索建立起更加完备的金融监管体系。金融集团联合论坛（Financial Groups Joint Forum）发布的《关于对金融混业集团联合监管的报告》，对全球金融监管趋势做出了广泛深入的调查研究，报告显示全球金融监管体系正不同程度转向集中监管。[①] 自2008年全球金融危机以来，韩国监管机构在持续发力防范系统性金融风险。然而由于新冠疫情，世界经济大幅萎缩，以英国与美国为代表，全球资产证券化信托整体呈现监管权力扩大的趋势。不仅如此，实际上韩国现代金融监管制度的确立也深受美国影响。

美国传统的资产证券化信托监管体系，是在美联储领导下的“五角大楼”结构，分别由货币监理署（Office of Comptroller of Currency，OCC）、联邦存款保险公司（Federal Deposit Insurance Corporation，FDIC）、美国证券交易委员会（Securities and Exchange Commission，SEC）、商品交易委员会（Commodity Futures Trading Commission，CFTC）与金融消费者保护局（Consumer Financial Protection Bureau，CFPB）构成。鉴于经济危机的教训，美国对于资产证券化信托的监管更加注重维护金融系统稳定。2010年美国通过《多德—弗兰克法案》第1章设立了金融稳定监督委员会（FSOC）。FSOC为集体问责制，由财政部长担任主席，直接对国会负责，统合全美金融监管机构与有关部门，指导财政部金融研究办公室（OFR）工作。FSOC的核心职能在于，以更加严格的标准，对全美任何形式的非银行金融机构进行综合监管，并有权限期中止适用金融消费者保护局公布的有害金融稳定的法规。[②]

韩国早在1997年金融危机前就已将监督局与银行分开，并设立金融监督局。[③] 在1998年金融监管权力集中于金融监督委员会之前，金融监管机构按行业分类。银行业受韩国银行监管局监管，对于特殊银行，由主管部门根据其设立情况进行监管。证券业务由财政经济部证监会行使监督权。对于保险业务，保监会行使相关职权。1999年以后，韩国金融监管走向了功能主义的综合监管模式。韩国金融监管体系由财政经济部（金融政策局）、

① 详见中国证券监督管理委员会官网，http：//www. csrc. gov. cn/csrc/c100220/c1003125/1003125/files/《关于对金融混业集团联合监管的报告》. pdf。

② 详见美国《多德—弗兰克法案》第H. R. 4173 § 112（a）（2）、H. R. 4173 § 112（b）、H. R. 4173 § 113、H. R. 4173 § 170、H. R. 4173 § 120条。

③ 강만수，『현장에서 본 한국경제 30년』，서울：삼성경제연구소，2005，p. 249.

金融监管委员会和金融监管局组成。财政经济部（金融政策局）负责制定和修订与金融相关的法律法规，以涵盖整体金融政策。监管政策工作由金融监督管理委员会承担，金融机构实际监管执法工作由金融监管局承担。2008 年世界金融危机爆发，韩国颁布《金融服务委员会法》（Korea Financial Services Commission Act），对财政经济部的金融政策职能与金融监督管理委员会的监管政策职能进行整合，明确金融政策和监管执法事项，制定了金融监管委员会主席与金融监管局主席分离制度。由金融服务委员会取代原有金融监督委员会，下设证券期货委员会（Securities & Futures Commission）与金融监督院（Financial Supervisory Services Commission）承担监管职责。① 金融监督院自金融服务委员会独立出来，作为综合监管执行机构。② 金融监督院接受金融服务委员会指导与监督，履行对各金融机构的监管职能。③

2009 年，韩国开始施行《金融投资服务与资本市场法令》（Financial Investment Services and Capital Market Act），将信托、银行与保险等金融业法律进行整合，统一了各金融机构公司治理结构，强化了投资者保护措施。发行人必须通过向金融服务委员会提交证券申报表来接受证券的公开发行。④ 同时，金融服务委员会或证券期货委员会可根据总统令转移其部分法定权力，可委托金融监督院提供金融服务。⑤ 特别地，对于相同投资品种，无论其提供主体如何，一律适用该法案，呈现出了典型的功能监管特征。⑥

2018 年至 2019 年，根据韩国《资产证券化法》和《住房金融公司法》发行的资产支持证券总额从 49.4 万亿韩元增至 51.7 万亿韩元，增长了 2.3 万

① 详见韩国金融服务委员会（FSC）官网，https：//fsc. go. kr/eng/ab020101。

② 参见翟舒毅《韩国金融监管改革研究》，吉林大学博士学位论文，2017，第 63 页。

③ 韩国《关于设立金融服务委员会等的法案》第 18 条。详见大韩民国法制研究院（KLRI）官网，https：//elaw. klri. re. kr/eng_ service/lawView. do？ hseq =47931&lang = ENG。

④ 韩国《金融投资服务与资本市场法令》第 119、438、440 条，详见大韩民国法制研究院（KLRI）官网，https：//elaw. klri. re. kr/eng _ service/lawView. do？ hseq = 43324&lang = ENG。

⑤ 이정두，「韓國，美國，英國，日本의 통합 및 분리형 감독체계에서 발행공시규제 권한의 감독기관간 위임과 집행구조에 관한 비교법적 연구」，『금융감독연구』，2021，pp. 1 – 38.

⑥ 卢恩泳：《韩国证券监管机制的发展与改革》，《法学家》2008 年第 4 期，第 151 页。

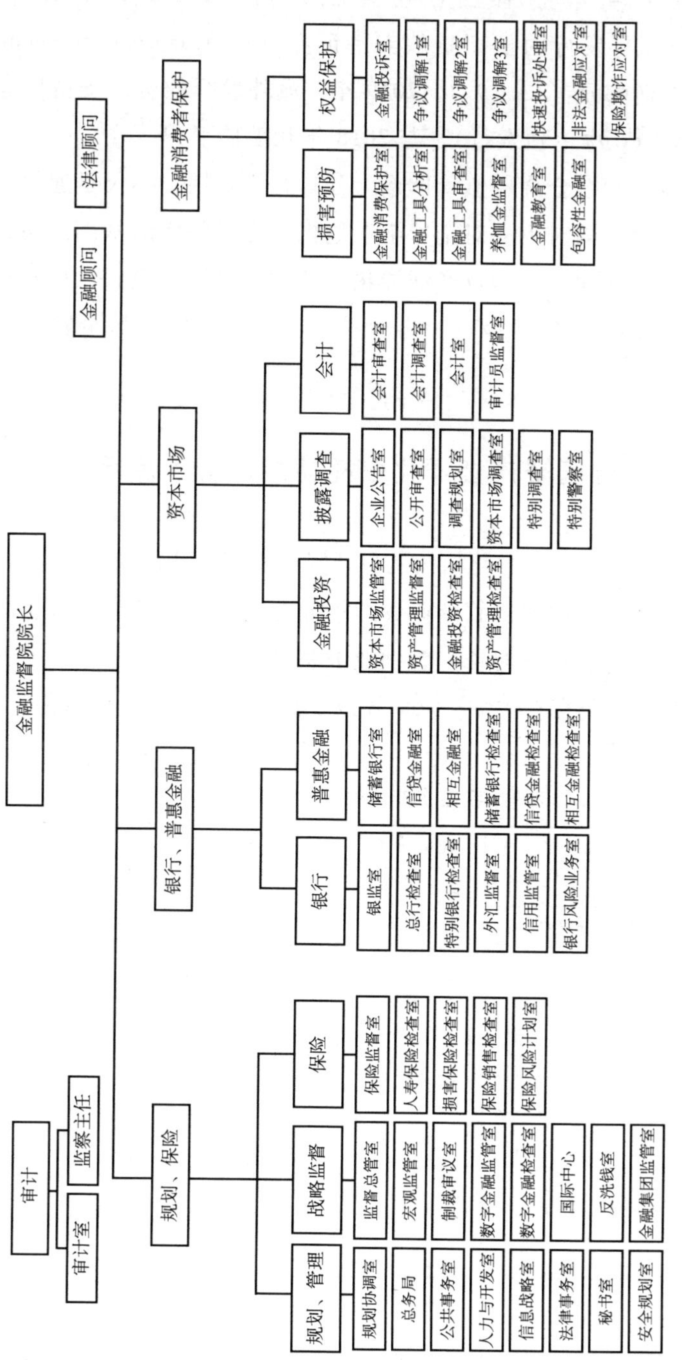

图 1 韩国金融监督院功能监管框架

资料来源：笔者根据相关资料整理。

亿韩元，增幅为 4.7%。韩国住房金融公司（Korea Housing Finance Corporation）2019 年发行的抵押贷款支持证券（mortgage-backed securities）金额增加 3.3 万亿韩元（13.3%）。2019 年，海外发行的资产支持证券总额达到 3 万亿韩元（6 次单独发行），与 2018 年几乎持平。①

韩国的功能主义综合金融监管体系十分具有代表性，不仅迅速扭转了金融危机的不利局面，同时为应对全球金融危机奠定了坚实的基础。而且，在新冠疫情肆虐全球期间，韩国资产证券化信托的功能监管模式，更有利于对数字财产交易、金融投资（消费）者保护、企业数据保护与金融监管科技等主题的拓展。

四　韩国资产证券化信托功能监管的启示

总体而言，中国资产证券化信托是中国资产管理行业的典型代表。目前，尽管《关于规范金融机构资产管理业务的指导意见》对资产管理业务做出了统一的规定，但是仍然缺乏对资产管理业务基础法律关系的界定，且在税收等配套制度设施方面仍存在欠缺，从而导致了监管有效性不足的问题。

表 1　我国资产证券化业务分类

<table>
<tr><th></th><th>EABS</th><th>ABN/ABCP</th><th>CLO</th><th>IABS</th></tr>
<tr><td>监管机构</td><td>证监会</td><td>交易商协会</td><td colspan="2">银保监会</td></tr>
<tr><td>批准机构</td><td>上交所、深交所</td><td>交易商协会</td><td>银保监会</td><td>银保监会首批</td></tr>
<tr><td>发起机构</td><td>企业</td><td>非金融企业</td><td>金融企业</td><td>企业</td></tr>
<tr><td>投资者</td><td>合格投资者(少于 200 人)</td><td colspan="2">银行间市场投资者</td><td>保险机构和其他合格投资者</td></tr>
<tr><td>基础资产</td><td colspan="2">非负面清单中的债权或权益资产</td><td>信贷资产</td><td>类似于 EABS</td></tr>
<tr><td>载体</td><td colspan="3">存在特殊目的信托(SPT)的业务实践</td><td>不明确</td></tr>
<tr><td>交易市场</td><td>交易所市场采用招标制度,证券公司为中介</td><td colspan="2">银行间市场</td><td>保险资产特定交易平台</td></tr>
<tr><td>登记机构</td><td>中国证券登记结算有限责任公司</td><td>银行间市场清算所股份有限公司</td><td>中央国债登记结算有限责任公司</td><td>上海保险交易所</td></tr>
</table>

① 大韩民国金融监督院：《金融监管服务 2019 年度报告》，第 43 页。详见大韩民国金融监督院官网，https：//www. fss. or. kr/eng/bbs/B0000215/view. do? nttId =42384&menuNo =400011。

我国资产证券化业务分类主要以监管主体的区分为标准。目前，我国广义资产支持证券（ABS）主要包括：信贷（credit）资产类担保贷款债券（CLO）、EABS、资产支持中期票据（asset-backed medium-term notes，ABN）、资产支持商业票据（asset-backed commercial papers，ABCP）与保险（insurance）类 IABS。目前，我国资产证券化信托的监管体系主要存在以下问题。

首先，通过监管引导金融支持实体经济有效性不足。2021 年，中国人民银行工作会议强调，要构建有效支持小微企业等实体经济的体制机制。[①] 就监管内容而言，主要是防范套利。归根结底，就是要达到套利成本远高于套利收益的监管效果。

其次，传统的多机构监管体系对资产证券化信托的监管有效性不足。一方面，就资产证券化业务分类而言，企业资产支持证券受到证监会监管，资产支持中期票据与资产支持短期商业票据均受到中国银行间市场交易商协会监管，信贷资产支持证券受到银保监会监管。可见，尽管以上证券均可通过特殊目的信托设立，但监管机构不尽相同。另一方面，就主体而言，根据中国《证券法》第 2 条、第 6 条与第 7 条，资产支持证券市场由证监会及其派出机构统一监管。[②] 但是，对于信托受托人，特别是对于虽无信托之名但行信托之实的金融机构，现有《信托法》显然缺乏规制，银保监会对于信托业务的监管一般也仅限于对信托公司的监管。

概言之，中国信托业监管存在较大的灰色地带，根本原因在于并未明确资产管理的信托属性。甚至，对于信托关系本身的法理基础，民商法学界仍存在广泛争议。中国《民法典》并未解决这一问题，由此资产证券化信托市场主体缺乏明确预期。具体而言，特殊目的信托通过非信托公司受托人设立时，将难以受到信托法律规范体系的监管。因为，根据《证券公司及基金管理公司子公司资产证券化业务管理规定》第 4 条，通过设立特殊目的

---

① 陈涛：《加快构建金融有效支持小微企业机制》，《经济参考报》2021 年 1 月 14 日。

② 中国《证券法》第 2 条第 3 款规定："资产支持证券、资产管理产品发行、交易的管理办法，由国务院依照本法的原则规定。"第 6 条规定："证券业和银行业、信托业、保险业实行分业经营、分业管理，证券公司与银行、信托、保险业务机构分别设立。国家另有规定的除外。"第 7 条规定："国务院证券监督管理机构依法对全国证券市场实行集中统一监督管理。国务院证券监督管理机构根据需要可以设立派出机构，按照授权履行监督管理职责。"

载体开展资产证券化业务受到证监会的监管。[①] 而实际上，根据中国《信托法》第 24 条的规定，信托公司以外的主体成为 ABS 受托人并不存在限制。[②] 而且从 ABS 业务自身发展历史与结构安排来说，显然也不应有此种限制。此时，非信托公司受托人并不受信托法律规范体系监管，有很大一部分受托人也无法受到银保监会监管。

此外，目前资产证券化信托税收制度并不完备。一方面，信托税制本身在我国尚未得到根本确立。中国对于信托仍然适用一般经济活动税收规则。对商业信托计划等理财产品的征税问题，国家税务总局并没有相关政策文件。[③] 另一方面，资产证券化税制范围过于狭窄，目前国家税务总局仅对信贷资产支持证券（CLO）出台过专门规定（财税〔2006〕第 5 号文）。当前税制中，对于除 CLO 以外的中国广义 ABS 的征税对象与涉税环节并没有清晰界定。特别是，将特殊目的信托作为增值税纳税人尚缺乏可操作性。关于基础资产是否属于增值税的应税范围，尚无明确界定。对于以保本和非保本来判定是否征税，界限并不清晰。

信托实践已经显示，监管主体的缺乏协同，难以避免管理错位问题，不利于金融创新发展。而当前，我国 2019 年修订的《证券法》颁布施行，信托行业也正在经历艰难的功能转型，在全球大金融环境之下，资产证券化对中国信托业升级至关重要。因此，资产证券化信托监管由机构监管走向功能监管，不仅是当前金融实践的迫切需求，更是长期以来金融监管逻辑的题中之中应有之意。

首先，应当坚持走中国特色金融改革发展道路，从根本上坚持党对金融工作的集中统一领导。习近平总书记强调，“我们要深化对金融本质和规律的认识，立足中国实际，走出中国特色金融发展之路”。[④] 继续坚持国务院金融稳定

---

① 《证券公司及基金管理公司子公司资产证券化业务管理规定》第 4 条规定：“证券公司、基金管理公司子公司通过设立特殊目的载体开展资产证券化业务适用本规定。前款所称特殊目的载体，是指证券公司、基金管理公司子公司为开展资产证券化业务专门设立的资产支持专项计划（以下简称专项计划）或者中国证监会认可的其他特殊目的载体。”

② 中国《信托法》第 24 条规定：“受托人应当是具有完全民事行为能力的自然人、法人。法律、行政法规对受托人的条件另有规定的，从其规定。”

③ 详见国家税务总局 12366 纳税服务平台关于普通信托、家族信托、私募基金是否缴纳个税的问题的回复，https：//12366. chinatax. gov. cn/nszx/onlinemessage/detail？ id = 290bdeca6c544abcbf0cf7e29771d252。

④ 《习近平主持中共中央政治局第十三次集体学习并讲话》，中华人民共和国中央人民政府网，http：//www. gov. cn/xinwen/2019 -02/23/content_ 5367953. htm。

发展委员会对金融监管机构的统一领导，守住不发生系统性金融风险的底线。

其次，统一资产证券化信托的监管规则。尽管2019年修订的《证券法》将资产支持证券纳入了法律范畴，但是并未在基础法律关系层面界定资产支持证券的统一规则。而且，对于信托的监管而言，中国尚需进一步修订《信托法》或研究制定《信托业法》，从而在大资管意义上解决基础法律关系的法理解释问题。在此基础上，逐步对以信托为基础法律关系的资管业务进行统一监管，从而实现由分散的机构监管向统一的功能监管的转变。例如，明晰基础资产让与行为、将来债权让与行为以及新型财产让与行为涉及的法律关系。鉴于信托关系在金融领域的核心地位，我们应正本清源，从功能视角改革现有监管体系。

再次，继续坚持投资者教育与保护并重。在分散监管框架下，投资者教育的问题在于，当资管产品跨行业领域时，难以在根本上使投资者明晰基础法律关系，形成有效的心理预期，风险意识的培养也很难取得实质成效。而一旦风险事件发生，投资者意识的缺失导致其不能正确对待，更给监管机构造成了巨大压力。诚然，影子银行的存在很大程度上源于市场需求，但对于投资者尊重市场识别风险的意识培养也至关重要，由此才能实现对投资者的有效保护。

最后，有效运用金融监管科技提升监管水平。运用金融监管科技务必舍弃“蜻蜓点水”。当前，新冠疫情已经导致全球经济急剧萎缩，洗钱犯罪有大幅增长趋势。长远来看，数据（权利）等新型财产（权）的出现，正不断对传统监管体系提出挑战，金融监管科技的运用不可或缺。例如，数字人民币（DRMB）的推出有助于提高监管透明度，提高监管效率，使宏观审慎监管更好发挥作用。具体而言，对于资产证券化信托监管，区块链技术与资产证券化业务相结合，能够使得资产证券化信托市场主体与监管机构有效了解底部资产，实时掌握资产可能存在的风险，防范系统性金融风险的发生。① 此外，

① 区块链技术具有保证最底层资产数据不会被他人恶意篡改的优势，因此能够在资产证券化业务中得到广泛应用，其能够保证资产信息的真实性，从而增加可信度、降低融资成本。区块链技术以及人工智能技术，使得能够通过算法对资产进行评级，能够提供更加客观更加丰富的信息，对于资产增信是有益的；区块链技术应用于资产证券化有助于非标资产的信息披露，有利于监管部门对于非标业务的监管；区块链技术能够使得资产证券化信托业务各参与方及时了解资产状况，防止出现信息不对称现象。

就监管机构而言，金融监管科技的有效运用，有利于促进功能监管体系的高效形成。就资产证券化信托创新与审慎监管而言，可以进一步研究和运用“沙盒监管”（sandbox supervision）技术，将风险控制在有限范围内。

结　语

守住不发生系统性金融风险的底线，这是中国特色社会主义制度的优越性在金融改革领域的深刻体现。中国特色金融实践已经说明，金融产业事关国家战略。国资委国改局曾表示，将继续指导央企提高资产证券化率。① 此前，我国已经广泛深入开展了国企资产证券化工作。究其原因，在于企业产能过剩，资产缺乏流动性，产生了大量的银行债务与企业债务。资产证券化的主要障碍在于，监管体系分散导致了系统规范与配套制度设施的欠缺，以及由此导致的企业资本市场意识的缺乏。

就监管而言，韩国金融危机的根源在于分业监管体系难以适应金融业的快速发展。在建立了统一的功能监管模式后，韩国迅速在国际市场中不断调整体制机制，实现了经济的快速发展。

归根结底，我国还是要通过功能监管体系的构建，着重解决资产证券化信托的功能统一监管问题，明确大资管产品的信托属性，理清基础法律关系。充分将社会主义核心价值观融入金融监管工作当中，走中国特色社会主义金融改革发展之路。

---

① 《中国证券报：国资委2021年将指导央企推进改制上市工作提高资产证券化率》，国务院国有资产监督管理委员会官网，http://www.sasac.gov.cn/n2588025/n2588139/c17748210/content.html。

韩国审前羁押审查制度及其启示*

孟　军

【内容提要】审前羁押制度具有实现国家刑罚权和保障公民权利的双重功能。韩国将期限较短的逮捕措施与期限较长的羁押措施相分离，奉行双重司法审查模式；羁押审查程序体现出司法性、公开性、救济性等特点。整体而言，韩国审前羁押审查制度侧重对侦查权的制约和对被追诉人基本人权的保障。

【关键词】审前羁押　价值平衡　司法审查　权利救济

【作者简介】孟军，法学博士，北京师范大学法学院副教授，主要从事诉讼法学研究。

自古以来，中韩两国在政治、经济、文化等领域一直保持紧密联系。在法律层面，中韩两国古代法律制度有着很深的历史渊源。日本占领时期，韩国近代法律制度受日本法律制度影响，体现出大陆法系特点。1945年后，韩国法律制度受美国法律制度影响，体现出英美法系特点。美国法律制度对韩国法律制度的影响开始限于宪法领域和刑事诉讼法领域，近年来则在法律各领域展开。[①] 韩国法律制度兼具大陆法系和英美法系法律制度双重属性，经过不断发展和完善，形成了富有特色的现代法律制度。

在韩国以保障刑事诉讼顺利进行为目的的强制措施体系中，羁押措施最

* 本文系韩国崔钟贤学术院2019年国际学者交流项目研究成果。

① Jong-Goo Kim, "A Study on the U. S. Impact on the Korean Code of Criminal Procedure", *Legal Studies of Institute of Chosun University*, *Chosun Law Journal*, Vol. 15, No. 2, 2008, pp. 36 - 38.

为严厉，同时又因涉及公民基本人权而备受关注。刑事羁押制度改革是韩国历次刑事司法改革的重点，积累了丰富的经验。虽然中韩两国刑事羁押制度立法及司法实践有较大差异，但基于两国在历史发展、法律制度传统等方面的相似性以及现代政治、经济、文化等领域的紧密联系，韩国司法领域改革目标、路径及经验对于中国具有启发和借鉴意义。

一 韩国审前羁押概念、属性和审查模式

刑事强制措施是国家机关在追诉犯罪过程中对被追诉人采取的各种强制性措施。韩国刑事诉讼中限制人身自由的强制措施包括拘传、逮捕和羁押。在限制人身自由的各类强制措施中，羁押作为剥夺人身自由的强制性方法最为严厉，持续时间长，且审判前阶段采用该类措施对国家权力行使及公民权利保障意义重大。

（一）韩国审前羁押的概念和属性

《韩国刑事诉讼法》第 200 条之二规定，司法警察和检察官有足以怀疑犯罪嫌疑人犯罪的理由，要求其到场，其无正当理由不到场或有不到场可能时，检察官可以请求有管辖权的地方法院法官，签发逮捕令并逮捕犯罪嫌疑人。[①] 这被称为依据令状的逮捕。除此之外，韩国还有紧急逮捕和现行犯逮捕，紧急逮捕和现行犯逮捕不需令状。有必要对被逮捕的犯罪嫌疑人进行羁押时，检察官在 48 小时内向有管辖权的地方法院法官申请签发羁押令，羁押犯罪嫌疑人。由此可见，韩国司法警察和检察官逮捕犯罪嫌疑人后，如认为需要羁押，则需向有管辖权的法院申请羁押令。逮捕和羁押是韩国侦查程序中两种独立的剥夺犯罪嫌疑人人身自由的强制措施。逮捕期限较短，原则上不超过 48 小时。法院签发羁押令后的羁押期限较长，司法警察羁押最长期限为 10 日，检察官羁押最长期限为 20 日，因而韩国审判前羁押期限最长为 30 日。检察官在法定羁押期限内不向法院起诉的，则应释放犯罪嫌疑人。韩国的逮捕仅是司法警察和检察官临时剥夺犯罪嫌疑人人身自由的措施，如

① 本文引用的韩国刑事诉讼法律条文均引自《世界各国刑事诉讼法》编委会主编《世界各国刑事诉讼法·亚洲卷》之《韩国刑事诉讼法》，金玄卿译，中国检察出版社，2016。

需转化为长时间的羁押措施，则要向法官提出羁押令申请并由法官作出决定。

韩国在刑事审判前阶段利用强制措施剥夺犯罪嫌疑人人身自由，逮捕与羁押相分离，羁押属于独立强制措施。韩国的逮捕与羁押构成两个相互独立的程序。逮捕时间短，被视为保证嫌疑人到场或到庭的手段，正式的审前羁押则一律由法官专门裁决。换言之，逮捕不过属于一种“行为”，只能带来极短时间的羁押，而审前羁押才属于一种典型的羁押状态。① 一般情况下，逮捕须取得法院授权，紧急逮捕和现行犯逮捕可以不经法院授权。逮捕是临时性剥夺犯罪嫌疑人人身自由措施，如果需要将其羁押，须及时向法院申请羁押令。

（二）韩国审前羁押审查模式

韩国刑事诉讼中逮捕与羁押相分离，逮捕与羁押均采令状主义，侦查机关逮捕犯罪嫌疑人以法官签发逮捕令为前提，羁押犯罪嫌疑人则须取得法官签发的羁押令。“韩国的羁押制度，不是拘留前置主义，而是拘留任意主义。虽然有经过现行犯逮捕、紧急逮捕、依据逮捕令状的逮捕等而进行的羁押，但也可以不经逮捕而直接羁押。”② 其中对犯罪嫌疑人已被采取逮捕措施的，司法警察和检察官将犯罪嫌疑人提交到有管辖权的法院，由法院就羁押理由和必要性进行审查并作出裁决。这种羁押审查模式为事后审查，是在对犯罪嫌疑人实施逮捕之后，另行开启羁押审查程序。在韩国羁押事后审查模式下，逮捕与羁押区分且分属两个独立程序，犯罪嫌疑人在面对剥夺人身自由时得到两次独立审查机会。

二　韩国审前羁押适用原则

审前羁押制度反映了刑事诉讼中追求控制犯罪和保障人权诉讼价值平衡方面的努力。一方面，控制犯罪、维护社会公益是刑事诉讼的基本价值目

---

① 陈瑞华：《比较刑事诉讼法》，中国人民大学出版社，2010，第281~282页。

② Dae-Gyu Jeon, “Korean Judicial System”, *Journal of Korean Judicature*, Vol. 1, 2008, p. 606.

标。审前羁押能够保证刑事诉讼顺利进行，有效追诉犯罪。另一方面，控制犯罪不意味着可以任意追诉犯罪。人权保障已成为各国在刑事司法领域的共识，并制定国际公约将其列入基本司法准则。没有哪个国家单纯追求某一方面的价值而忽略另一方面的价值，而是在二者之间寻求相对平衡。韩国在审前羁押制度运作中遵循着一系列法治原则。

一是羁押法定原则。程序法定是现代刑事诉讼的基本要求，审前羁押措施应由法律事先明确规定，审前羁押应遵守法定的刑事程序。《大韩民国宪法》第12条规定："所有国民享有身体自由。未经法律许可，所有国民都不受逮捕、拘束、没收、搜查或审讯；未经法律和合法程序，不受处罚、保安处分或强制劳役。""逮捕、拘束、没收或搜查时，应按合法程序，根据检察官的申请，由法官签发令状。"开始于1987年的"刑事诉讼程序宪法化"改革给韩国刑事诉讼理论和实践带来显著变化，① 羁押制度便是具体表现之一。宪法是调整国家机关与公民个人"权力"与"权利"关系的根本法律，其精神实质在于规范国家公权力，保障公民基本权利。将羁押制度规定于宪法之中，表明该制度在调整国家权力与公民权利关系中处于重要地位。

二是比例原则。比例原则作为公法领域的基本原则，要求国家权力行使兼顾公共目的和公民基本权利保障，在社会运转中公共利益与个人利益保持一种均衡状态。就刑事法而言，比例原则表达了这样一种思想——对特定犯罪的惩罚应与该犯罪本身的严重程度成比例。② 根据比例原则，逮捕、羁押等措施应与需要追诉的犯罪行为危害大小相适应，并以达到法定目的为限度。为此，审前羁押作为最严厉的强制措施，主要适用于严重犯罪且被限制在必要范围之内。《韩国刑事诉讼法》规定，强制措施只能在必要范围内采取。韩国学者认为，虽然存在一定犯罪嫌疑，且犯罪嫌疑人有逃跑或毁灭证据的危险，但法官在签发羁押令时，如果羁押目的和手段之间不符合比例关系，就不能发放羁押令。③

① Cho Kuk, "The Exclusion of Illegally Obtained Confessions, Electronic Communications and Physical Evidences in Korea", *Journal of Korean Law*, Vol. 13, No. 6, 2014, pp. 175 - 217.

② Min-Young Park, "The General Principle of Public Law in Korea: Evaluation and Prospect", *Dongguk Law Review*, Vol. 4, 2014, p. 205.

③ 裴钟大等：《新刑事诉讼法》（第五版），韩国弘文社，2013，第143页。

三是羁押例外原则。韩国在立法中明确了羁押例外原则。《韩国刑事诉讼法》第 198 条规定，进行犯罪侦查以犯罪嫌疑人不在羁押状态下实行为原则。该规定表明韩国审前羁押仅是一种保障刑事诉讼正常进行的措施，羁押目的是保证犯罪嫌疑人到案接受讯问或到庭接受审判。即使是犯有重罪的犯罪嫌疑人，只要能按时到案、到庭，便可不对其适用羁押措施。刑事侦查中优先适用非羁押性措施，羁押措施为最后侦查手段，处于例外适用状态。

四是羁押审查原则。司法审查原则构成现代公法基本原则之一。韩国审前程序中对犯罪嫌疑人逮捕、羁押都须取得法院签发的令状，实行双重审查制度，且该种审查由独立于逮捕、羁押申请机关的法院实施，在性质上属于司法审查。对审前羁押进行审查是防止羁押权滥用、对公民提供救济的有效手段。

三　韩国审前羁押审查制度的主要内容

（一）审前羁押审查主体

根据《韩国刑事诉讼法》，对犯罪嫌疑人实施逮捕和羁押，均须取得法官的许可令状。对犯罪嫌疑人需要羁押的，无论是有令状逮捕还是无令状逮捕，司法警察和检察官都应及时将犯罪嫌疑人提交有管辖权的法院。接受请求的地方法院法官，应迅速决定是否签发羁押令。由此可见，韩国羁押审查决定主体与侦查、追诉主体相分离，享有审前羁押最终决定权的是处于中立第三方的法院，韩国审前羁押遵循司法审查原则。

韩国审前羁押法院司法审查机制的形成由其刑事诉讼构造及检警关系特点所决定。传统上韩国刑事诉讼属于职权主义模式，但近现代吸收英美法系对抗制特点而向当事人主义模式转化。审前羁押法院司法审查便是以当事人主义诉讼模式为背景和依托。韩国刑事诉讼由控诉、辩护和审判三大诉讼构造组成，承担控诉职能的检察机关与承担辩护职能的辩护方处于平等对抗地位。韩国主流观点认为，能够承担司法审查职责的主体须具有中立性，超然于控辩双方，因而只有法院能充任司法审查主体角色，刑事诉讼作为追诉犯罪过程以法院裁判为中心。刑事侦查权和起诉权如何配置，不仅影响刑事程序构造，也决定警察机关和检察机关之间的关系。根据《韩国刑事诉讼法》，检察官指挥司法警察开展侦查，司法警察不是独立的侦查机关。检察官是“侦查的主宰者”，甚至在某种意义上被认为是“半个法官”。[①] 韩国司法警察与检察官的地位是不平等的，侦查权主体是检察官，而司法警察不过是侦查的辅助者。[②] 韩国检察机关与司法警察的侦查业务联系紧密性和诉讼利益一致性，使得检察机关不适合承担羁押审查职责，而应由独立于司法警察和检察官的法院行使审查权。

（二）审前羁押审查内容

对犯罪嫌疑人采用羁押措施需满足法定的条件并有充足理由，否则不能对犯罪嫌疑人实施羁押。根据《韩国刑事诉讼法》，有充分理由相信犯罪嫌疑人实施了犯罪，且有以下事由时检察官应当向有管辖权的地方法院法官申请签发羁押令：犯罪嫌疑人无固定住所的；犯罪嫌疑人可能毁灭证据的；犯罪嫌疑人已经逃跑或者可能逃跑的。其中对于可能判处最高50万韩元以下的罚金、拘留或罚款的案件，只限于犯罪嫌疑人无固定住所的情况。法院审查以上羁押事由时，应考虑犯罪严重程度、再犯可能性、被害人及重要证人安全保证等因素。根据以上规定，韩国对犯罪嫌疑人羁押需要满足的条件，一是犯罪嫌疑人具有相当的犯罪嫌疑；二是满足法定的事由。检察官申请羁押令对犯罪嫌疑人实施羁押的条件便是法官进行相应审查的内容和签发羁押令的条件。

（三）审前羁押审查程序

审前羁押应避免任意性，所谓的任意性并不等于“违法性”，但广义上必然包含了不适当、不公正以及缺少可预测性等因素。[③] 采用何种审查程序是审前羁押制度的核心，也是实现审前羁押制度功能的关键。根据令状主义原则，国家机关在实施强制措施时，由司法机关对该措施是否合法进行

---

① Heek-Yoon Kim, “The Role of the Public Prosecutor in Korea: Is He Half-Judge?” *Journal of Korean Law*, Vol. 6, No. 2, 2007, p. 68.

② Chang-Won Pyo, “Prosecutor, Police and Criminal Investigation in Korea: A Critical Review”, *Journal of Korean Law*, Vol. 6, No. 2, 2007, p. 192.

③ ICCPR, Human Rights Committee, Van Alphen V The Netherlands (305/88).

审查并作出最终决定。《韩国刑事诉讼法》第 201 条之二规定，对于依照规定被逮捕的犯罪嫌疑人，接受羁押令请求的法官应当审问犯罪嫌疑人，审问应及时，一般不能从申请羁押令持续至申请羁押令的第二天，特殊情形例外。法官按照规定审问犯罪嫌疑人的，应当立即通知检察官、犯罪嫌疑人和辩护人审问的日期和地点。检察官和辩护人可以在规定的审问日期到场，陈述意见。从以上规定可以看出，韩国审前羁押司法审查适用司法听审程序。羁押审查中同样适用证据排除法则（第 308 条之二）和自白补强法则（第 310 条）。[①] 法院在审查过程中审问犯罪嫌疑人和听取检察官、犯罪嫌疑人及其辩护人的意见，就羁押的理由和必要性进行审查，然后就是否羁押或是否满足保释条件作出裁决，司法听审程序为韩国审前羁押司法审查必经程序。

韩国适用法官司法审查程序，审查中法官、检察官、辩护方三方在场，以公开、对席方式进行审查。法官通过听取各方意见，综合衡量，作出裁决。司法审查程序彰显诉讼主体参与原则，其背后的法理根基更多为“程序的正当性”。追诉方与被追诉方之间力量平衡是刑事诉讼寻求司法公正与人权保障的基本条件之一。但同时，审前羁押司法审查程序的启动意味着诉讼时间延长和其他司法资源的更多投入。在收集犯罪证据侦破犯罪、应对紧急事项的刑事侦查阶段，诉讼效率有所降低。“韩国的刑事诉讼法虽然仍以实体的真实主义为原则，但是伴随着由国家中心主义转化为尊重个人，对程序的重视超过了结果本身。”[②]

（四）审前羁押审查中的救济

事前的司法授权、正式的程序性听审以及事后的司法救济构成完整的审前羁押司法审查制度。[③] 韩国不仅强调事前对羁押的审查，也重视事后为犯罪嫌疑人提供有效法律救济途径。《韩国刑事诉讼法》第 214 条之二规定，针对司法警察和检察官的羁押申请，如果法院不同意对犯罪嫌疑人采用羁押措施，司法警察和检察官应当执行，释放犯罪嫌疑人，其不能就相关裁

① 裴钟大等：《新刑事诉讼法》（第五版），弘文社，2013，第 140 页。

② 胡建森、方立新：《韩国法通论》，杭州大学出版社，1996，第 418 页。

③ 陈瑞华：《问题与主义之间——刑事诉讼基本问题研究》，中国人民大学出版社，2003，第 34 页。

决提出异议。对于法院签发羁押令对犯罪嫌疑人予以羁押，事后犯罪嫌疑人对羁押措施不服，可向法院提出羁押适当性审查。就羁押适当性提出审查的主体不仅包括犯罪嫌疑人及其辩护人，还包括嫌疑人的法定代理人、配偶、直系亲属、兄弟姐妹、家人、同居者或雇主。为保证该请求权的行使，羁押犯罪嫌疑人的检察官或司法警察有告知义务。接受请求的法院应在 48 小时内审问犯罪嫌疑人，调查侦查相关的材料和证物，认为申请无正当理由时，应当驳回；认为申请有理由时，应决定释放被羁押的犯罪嫌疑人。另外，被羁押的犯罪嫌疑人可以通过缴纳能够确保到场的保证金的方式获得保释。

《韩国刑事诉讼法》偏重犯罪嫌疑人救济权利行使，申请羁押适当性审查程序均由当事人向管辖法院提起，司法警察和检察官不具有相应权利，从而突出犯罪嫌疑人在羁押救济程序体系中的主体地位。韩国就当事人提起羁押适当性审查方式、时间、调查程序等明确加以规定。

（五）审前羁押审查中的辩护权

被羁押者相对于强大的侦查机关，处于弱势一方。为了维持羁押审查中控辩平衡的诉讼结构，法律赋予犯罪嫌疑人辩护权，以对抗侦控权。同时考虑犯罪嫌疑人一般不熟悉法律专业知识和缺乏法律技能，难以进行防御活动，赋予其律师帮助权，以保障其诉讼权利。根据《韩国刑事诉讼法》，在审前羁押审查中，有关犯罪嫌疑人辩护权的规定如下。第一，自行辩护。对已被逮捕犯罪嫌疑人需要羁押的，接受羁押令请求法官应审问犯罪嫌疑人；被羁押犯罪嫌疑人向法院提出羁押适当性审查请求的，法院应审问犯罪嫌疑人。法院审问过程中，犯罪嫌疑人通过表达意见行使辩护权。第二，犯罪嫌疑人委托或法院指派辩护。羁押审查中犯罪嫌疑人可自行委托辩护人；未委托辩护人的，法院有义务为其指定辩护人。有韩国学者认为，根据社会契约理论，国家垄断了对犯罪的惩罚权，并在刑事诉讼中形成了国家力量强大与被追诉者个人力量弱小的控辩结构。作为矫正刑事诉讼程序力量对比不平衡状态的获得律师帮助权，成为确保实现刑事司法公正的正当法律程序的关键性因素。[①] 第三，

---

① Yong-Sik Lee, "Expansion and Development of the Right to Counsel in Korea", *Journal of Korean Law*, Vol. 13, No. 6, 2014, pp. 233 - 269.

明确具体辩护权利。在羁押审查中，犯罪嫌疑人及其辩护人享有一系列权利：一是会见权和受诊权，即被羁押者可在法律允许范围内与他人会见、接受文书或物品、接受医生的诊疗；二是陈述意见权，即对已被逮捕或拘传的犯罪嫌疑人申请羁押的，法官应审问犯罪嫌疑人，检察官和辩护人可在规定的审问日期到场，陈述意见。

韩国因采羁押司法审查模式，强调犯罪嫌疑人参与，有关辩护权的规定较为完备。一是将羁押审查期间犯罪嫌疑人辩护权规定在宪法中，作为一项宪法权利来对待。《韩国刑事诉讼法》中在“辩护”一章中规定了辩护权总的原则和制度，同时在法院强制措施章节和侦查章节对犯罪嫌疑人辩护权特别加以规定，凸显辩护权的重要性。二是在《韩国刑事诉讼法》中使用的是“应当讯问犯罪嫌疑人”“应当确定律师为其辩护”，表明听取犯罪嫌疑人辩护意见、保障犯罪嫌疑人获得辩护人帮助是法院的法定义务。《韩国刑事诉讼法》关于审前羁押中犯罪嫌疑人辩护权的法律规定位阶高，辩护权利内容详细。

四 韩国审前羁押审查制度的启示

近年来韩国刑事司法改革以社会发展出现新的需求为背景，以宪法修改为先导，同时受本国法律传统影响，诉讼模式上体现为在传统职权主义基础上引入当事人主义因素，这是韩国法律制度发展的特征。“法律如同文化，法律涵于传统，法律体现历史，法律反映现实”,① 基于历史发展脉络以及现实国情差异，各国法律制度有很大区别。关于审前羁押审查立法及司法运作，不存在统一模式。韩国审前羁押审查制度在司法理念、制度设计和具体操作技术方面提供了有益经验。

一是审前羁押制度法律功能及价值取向寻求控制犯罪与保障人权的平衡与协调。韩国审前羁押制度设计凸显人权保障地位，将审前羁押司法审查上升到宪法高度并统领刑事司法改革，在刑事诉讼中确立羁押保留原则，配置听审程序，以实现对侦查权的控制和制约。羁押审查中尊重公民诉讼权利并

① 陈兵：《美国司法审查制度生成的历史基础考察——写在“依宪治国 ”之际》，《兰州学刊》2016 年第 1 期，第 136 页。

为权利行使提供保障。

二是强制措施类型配置实行逮捕与羁押相分离。韩国将限制人身自由时间较短的逮捕措施与时间较长的羁押措施相分离。根据案件情况将逮捕分为现行犯逮捕、紧急逮捕和令状逮捕，紧急处置与司法审查相结合，既满足司法实践需求又具有灵活性；对于限制人身自由时间较长的羁押措施则需经严格司法审查程序。

三是由中立的司法机关负责羁押审查。韩国确立当事者对等原则（又称当事者对等主义），作为刑事诉讼当事者的检察官与被追诉人处于平等法律地位。[①] 作为诉讼当事人的检察官不具有高于犯罪嫌疑人的优势地位，检察官不适宜承担羁押审查职责，而是由中立第三方法院承担审查职责。

四是羁押审查引入听审程序。正当程序是现代刑事法治的标志，也是实现法治社会治理的基本要求，公开性、平等性和充分参与性是其基本特征。[②] 韩国审前羁押审查程序采听审模式，法院讯问犯罪嫌疑人，并在检察官、辩护人各自表达意见基础上，就羁押理由和必要性展开审查。韩国审前羁押程序注重申请方与被申请方的充分、有效参与，满足正当程序基本要求。

五是审前羁押审查中确定犯罪嫌疑人救济程序。法律中规定的权利内容只是一种宣告，更为重要的是建立实施机制为权利的落实提供切实的保障措施。《韩国刑事诉讼法》的历史发展进程伴随着充实和强化公民权利保障。韩国确立了有效的审前羁押救济途径，刑事诉讼法原则规定了羁押裁决的准抗告制度并以此为基础设定羁押适当性审查特别制度以及保释等羁押替代性措施。

六是保障并细化羁押审查中的辩护权内容。羁押是对犯罪嫌疑人人身自由宪法性权利的限制，以权利对抗和制约权力是规制国家权力运行的基本方式，辩护权在审前羁押制度中便发挥着此类作用。《韩国刑事诉讼法》不仅在辩护章节规定了辩护权内容，还在法院羁押章节和侦查章节重申辩护人的作用和辩护权内容。法律就辩护人聘请或指定、辩护人权利以及辩护人介入

---

① 金昌俊：《中韩两国刑事诉讼原则之比较》，《东疆学刊》2001 年第 1 期，第 57 页。

② 程绍燕：《刑事听证研究》，中国人民公安大学出版社，2016，第 99 页。

羁押审查程序等内容进行了详细规定。

法律是时代和地域的产物，历史的进程和国情差异决定了不同国家法律制度的特点。韩国审前羁押审查制度历经改革与发展，吸收多方经验，在司法理念和制度设置方面形成了自身制度特色，保证了法律制度能够在国家与社会发展过程中发挥积极作用。

本土化建设视角下赴韩中文教师韩语能力培养及其启示*

武　鹏　薛　珊

【内容提要】本土化建设是当前国际中文教育发展的热点和难点问题，教师本土化是其重要组成部分。培养赴海外从事中文教育的教师融入所在国家、了解当地学生、因地制宜地开展教学工作的能力是教师本土化的基本内容，而学习赴任国语言就是教师融入当地的重要途径。截至目前，赴韩中文教师数量不断增长、规模不断扩大、层次不断提高、专业性不断增强，韩国中文教师本土化发展具有典型研究价值。本文以赴韩中文教师为例，运用实证研究方法对教师韩语能力培养展开讨论，分析教师韩语使用需求、学习动机，梳理现有培训中的韩语课程现状，并从教师本土化角度为国际中文教育本土化建设提供建议。

【关键词】国际中文教育　中文教师　教师本土化　韩语

【作者简介】武鹏，国际学博士，西南大学马克思主义学院副教授，主要从事朝鲜半岛问题研究、习近平外交思想与周边外交研究；薛珊，韩国延世大学韩国学系博士，主要从事韩国语言及教育政策研究。

* 本研究由 2020 年度国际中文教育研究课题委托项目“国际中文教育本土化建设研究”（项目批准号：20YH07E）资助。

如无特别说明，本文图表中的数据均来自课题组调研资料。

引　言

本土化建设是当前国际中文教育发展的热点和难点问题，是最深刻、最有效的发展模式之一，体现的是中文教学逐步融入当地因素、逐渐具有本土特色的发展趋势。[①] 本土化建设的具体实践涵盖教师本土化、教材本土化、教学法教学理念本土化等多个层面。如要真正使中文教学体现“本土化”，其前提条件是要实现教师本土化。[②] 教师本土化作为国际中文教育本土化建设的重要组成部分，要求赴海外从事中文教育的教师了解所在国家文化、把握学生特点、采用恰当的教学方法实现教学目标，而学习赴任国语言就是教师融入当地的重要途径。教师本土化方面，现有文献多集中于对非中国籍本土教师的研究：要重视培养能胜任当地汉语教学的本土汉语教师，[③] 孔子学院可充分利用国内合作院校的资源优势，积极开展所在国本土汉语教师的培训工作，提供不同模式、不同层次的培训。[④] 笔者认为，“教师本土化”不完全等同于“培养本土教师”，广义的中文教师队伍本土化建设应包含两个维度：一是扩充优化本土教师队伍，即大力培养各国当地非中国籍教师，现有研究已经进行了较多讨论；二是建设本土化的国际中文教师队伍，即我国作为中文母语国充分发挥自身人力资源优势，着重培养教师融入各赴任国家、了解当地学生、因地制宜地开展教学工作的能力，从而形成可向海外持续输送中文教师的多元化人才库，这就对中文教师的赴任国语言能力和跨文化交际能力提出了更高要求。教师不但要了解学习者的语言和文化，还要了解他们如何认识和看待我们的语言和文化，这样才能有针对性地教，才能获得预期效果。[⑤]

语言是沟通的桥梁，国际中文教师的外语能力早在本土化建设理念提出之前就已得到重视。20 世纪 60 年代，我国派出的中文教师人数大大增加，

---

① 李宝贵、刘家宁：《新时代国际中文教育的转型向度、现实挑战及因应对策》，《世界汉语教学》2021 年第 1 期。

② 陆俭明：《汉语国际传播方略之我见》，《汉语应用语言学研究》，2019。

③ 张新生、李明芳：《汉语国际教育的终极目标与本土化》，《语言战略研究》2018 年第 6 期。

④ 宛新政：《孔子学院与海外汉语师资的本土化建设》，《云南师范大学学报》（对外汉语教学与研究版）2009 年第 1 期。

⑤ 赵金铭：《何为国际汉语教育“国际化”“本土化”》，《云南师范大学学报》（对外汉语教学与研究版）2014 年第 2 期。

选拔中文系学生参加出国储备师资班，培训内容中外语学习占很大比例。[①] 80 年代以后在继续输入中文人才的同时，也培养了相当数量的以“对外汉语教学”为专业的人才，这些人才的专业范围也主要是中文，同时具备一定的外语能力，培养模式类似于 60 年代的出国师资，这种选拔和培养方式在一定程度上反映了当时人们对中文教育的基本认识，要求教师首先应具备中文本体及相关文学文化知识，其次也应在一定程度上掌握教育对象的母语。[②] 随着国际中文教育事业的发展，学界对中文教师能力素质的认知不再局限于“中文＋外语”，但外语能力仍被作为中文教师的必备能力，并在教师选拔和培训中占据一定比重，国际中文教师证书考试、国际中文教师及国际中文教师志愿者选拔考试中均设有外语考核环节。有学者将外语能力归纳为中文教师的“外功”之一：中文教育的显著特征是教学内容的对比性和跨文化性，因此至少掌握一门外语是对外中文教师必备的基本技能之一。[③] 也有学者对中文教师外语能力的重要性做了论述：汉语教师要有一点外语知识，学生母语的负迁移容易导致错误，如果你懂点儿他们的语言，就会有针对性地避免这样的错误。[④] 教师学习、掌握外语起码会有三方面好处：一是有助于学习国外有关语言研究和语言教学的理论或经验；二是有助于在海外任教时较快地适应海外的生活、教学环境，有助于跟学生及其家长进行交流；三是有助于进行语言对比研究与思考。[⑤] 还有学者将外语能力纳入了优秀中文教师能力维度体系，给予了重要程度四星级（五星代表最重要）的评价：中文教师应掌握一门或几门外语，能用外语与学生沟通、辅助教学，出国任教时能用外语开展工作。[⑥] 通过上述文献梳理不难发现，关于中文教师外语能力的研究多为理论研究，主要集中于阐述其内涵外延、论述其必要性及重要性等方面，以某一国中文教师或某一具体外语为案例的实证性研究非常少见，中文教师

① 张和生：《对外汉语教师素质与培训研究的回顾与展望》，《北京师范大学学报》（社会科学版）2006 年第 3 期。

② 朱志平：《汉语第二语言教学理论概要（应用语言学）》，商务印书馆，2008，第 47 页（Kindle 电子书版）。

③ 张德鑫：《“功夫在诗外”——谈谈对外汉语教师的“外功”》，《海外华文教育》2001 年第 2 期。

④ 崔希亮：《汉语教师的知识结构、能力结构和文化修养》，《国际汉语》，2012。

⑤ 陆俭明、马真：《汉语教师应有的素质与基本功》，外语教学与研究出版社，2016，第 81 页。

⑥ 李泉：《优秀汉语教师：知识、能力和素养及其维度与权重》，《对外汉语研究》2017 年第 2 期。

外语能力培养、外语使用需求和学习情况等问题仍有较大的研究空间。

近年来，赴韩中文教师数量不断增长、规模不断扩大、层次不断提高、专业性不断增强，其本土化发展具有典型研究价值。2004 年，全球第一家孔院在韩揭牌。截至 2022 年底，韩国共有 24 所孔子学院、4 所独立的孔子课堂，孔子学院/课堂数量居世界第三位、亚洲第一位，在韩国中文教育中扮演着龙头角色。2012 年起，中韩之间的“中小学中文教师项目”（Chinese Program in Korea，CPIK）开始实施，当年中方即派出中文教师 200 余人赴韩，此后每年派出中文教师约 300 名。截至 2019 年，累计派出 1924 名中文教师赴韩国 17 个地市教育厅直属的中小学任教。① 以就职于孔子学院/课堂的国际中文教师和国际中文教师志愿者（以下简称“孔院教师”）、中小学中文教师项目教师（以下简称“CPIK 教师”）为代表的赴韩中文教师已经成为韩国中文教育事业的重要力量，他们具备中文教育相关专业背景，充实了韩国中文师资队伍，但同时也因多数人不熟悉韩国语言文化而产生焦虑情绪、遭受文化冲击，日常教学和生活面临诸多困难。针对 227 名赴韩中文教师的调查结果显示，专业背景方面，仅有 9.69% 的教师具有韩语专业背景；教学对象方面，82.38% 的教师面向初级学习者进行中文教学；教学情况方面，81.31% 的教师表示由于不懂学生母语在教学过程中遇到了困难。② 考虑到赴韩中文教师情况，原孔子学院总部、韩国国立国际教育院等机构在中文教师培训中已开设韩语课程以帮助教师更好地适应在韩工作与生活，但课程的针对性和专业性仍有较大提升空间。

本文拟运用实证研究方法，就赴韩中文教师韩语能力培养展开讨论，分析教师韩语使用需求、学习动机，梳理现有培训中的韩语课程现状，以期从教师本土化角度为国际中文教育本土化建设提供参考。

一　赴韩中文教师韩语使用需求分析

为进一步了解赴韩中文教师的韩语使用需求情况，本文以孔院教师、CPIK 教师、交换教授为对象进行了半结构化访谈。访谈对象基本信息如表 1 所示。

① 韩国国立国际教育院：《CPIK 项目介绍》，http：//www. cpik. go. kr/site/main/content/introduce3。

② 薛珊：《赴韩汉语教师教学媒介语使用调查与教师课堂用语手册的编写》，北京外国语大学硕士学位论文，2018。

表 1　访谈对象基本信息

采访对象	性别	工作岗位	教学经历	韩语水平
教师 1	女	CPIK 教师	1 年	无
教师 2	男	孔院教师	2 年	中级（TOPIK4 级）
教师 3	女	CPIK 教师（前），孔院教师（现）	5 年	高级（TOPIK6 级）
教师 4	女	交换教授 现就职于首尔 X 大学中文系	20 余年（在韩教学 1 年）	无
教师 5	女	国际中文教师志愿者管理教师	3 年	无

访谈结果显示，赴韩中文教师由于不熟悉赴任国语言而经历过种种困难，因此对学习韩语态度积极。具体来看，教师使用需求度最高的是教学情景下的韩语用语，其次是日常生活韩语，此外几位教师也希望通过学习韩语来实现与韩国同事、学生的交流，能够查阅韩国学术文献，了解韩国社会和文化。在访谈中，四位在教学一线工作的中文教师均表示教学相关用语的学习最有必要，管理教师的意见略有不同。以下选取五位教师对于教学相关韩语的看法进行分析。

> 教师 1：CPIK 项目采用合作教学模式，我和韩国籍搭档教师一起上课。上课时我并不需要说韩语，但还是想学习有关课堂教学的韩语用语和中文及语言学相关韩语专业名词。由于不懂韩语，课堂上我听不懂搭档老师与学生的对话内容，往往需要课后再问搭档老师，这样就需要花费更多时间。另外，我们用的是韩国本土出版的教材，书中对于语言点的解释都是韩语，我只能借助翻译器来阅读，不太方便。
>
> 教师 2：其实我在教授初级中文课的时候经常借助韩语来解释词汇、语言点或者跟学生进行沟通。当然，理想的授课模式下教师应该尽可能多地使用目的语而非学生母语。但实际操作中使用韩语确实能在一定程度上提升教学效果。我觉得这是由于我们身处非目的语环境，孔院课时量不多，学生水平参差不齐，教学进度慢，如果在学生明显听不懂的情况下还坚持避免使用韩语，反而会降低授课效率。
>
> 教师 3：以前当 CPIK 教师的时候是我第一次来韩国，完全不懂韩语。有韩国搭档老师一起合作教学，我在课堂上无须讲解语法，只是机械性地朗读词汇、例句和课文。因此我总有一种置身课堂教学之外，难

以融入的感觉。记得有一次，在课堂上韩国搭档老师突然用韩语讲了一段话，全班同学笑作一团，而我完全听不懂，感到尴尬孤独，甚至产生了愧疚（情绪），责备自己作为中文教师却无法主导课堂教学，无法给予学生更多帮助和指导。

教师4：我在大学中文系工作，授课对象是中文系学生，水平很不错，所以我讲课用不上韩语，但是我还是想学习韩语。比如我因为不懂韩语而无法操作学校的网络课程系统，点名签到、作业点评等环节只能采取最原始的纸质方式，对我来说麻烦，对学生来说也麻烦。另外，备课时需要参考一些学术资料，我不懂韩语无法使用学校图书馆网络资源，只能求助助教。总的来说，我是全中文授课，但如果能看懂韩语，我的（在）备课环节和一些课堂琐事（处理）方面都会更加方便。我所在的大学为外籍教授提供了韩语课程，但授课内容是日常对话，跟教学、学术研究没有关系，不能满足我的需求。

教师5：作为管理教师，我更多地接触到了中韩方管理机构，看法和一线教师可能不太一样。我认为，作为中国籍教师最大的优点是中文发音标准，所以老师们应尽可能地采用中文授课。但其实我也听说了老师们的苦衷，很多老师都是第一次来韩国，因为不懂韩语在教学工作中遇到了很多困难。所以我也支持老师们学习韩语，但我认为面向中文教师的韩语培训应将重点放在理解能力的提升方面，主要培养阅读和听力能力，帮助老师们看懂韩国本土中文教材、听懂学生的问题。为了满足老师们的韩语学习需求，我们在面向赴韩汉语教师的微信公众号开设了韩语学习栏目，目前面临的主要问题是缺少参考资料，专业性不足。

由上述意见可见，在一线教学工作中，教师们或多或少都会对韩语有一定使用需求，对韩语学习也持有积极态度。具体来看，教师的韩语使用需求与自身岗位、课程类型、学生水平等因素密切相关。CPIK 教师在中韩合作教学模式下进行授课，拥有韩方搭档教师，因此无须使用韩语进行讲解，可由韩方搭档教师代劳。但由于不懂韩语，CPIK 教师听不懂韩方搭档教师的韩语讲解内容，也难以跟学生进行深度沟通，在课堂上主导性较弱，甚至因难以融入课堂产生焦虑、自责情绪。交换教授的授课对象已经具备一定的中文水平，也无须使用韩语进行讲解，但在备课和操作学校网络教务系统时依然存在一些困难，最重要的是进行学术研究对韩语有一定要求。孔院教师需要独立授课，教学对象年龄层跨度大、学生水平不一、课时量少，因此教师使用韩语辅助教学的需求更为强烈。

综上，访谈结果对面向中文教师的韩语课程开发亦有启示：一是教学内容可以教学所需韩语为中心，通过课堂观察采集真实的语言材料，全面覆盖课堂用语、中文及语言学相关专业术语；二是教学理念可采取理解先行、表达跟上，重视听力、阅读能力的提升，以帮助教师看懂本土教材中的韩语内容和教学工作相关的其他材料为重点。

二 赴韩中文教师韩语学习动机分析

为了解赴韩中文教师的赴任国语言韩语学习动机，本文采用学习动机量表进行测量并使用 SPSS25 软件对结果进行统计分析。研究对象为赴韩中文教师，按具体岗位的不同分为孔院教师、CPIK 教师、交换教授三类，绝大多数教师不具备韩语相关教育背景。

（一）研究工具

研究工具为学习动机量表，以 Gardner 学习动机量表（AMTB）[①] 为基础选取题目，结合赴韩中文教师的职业特点进行了改编，将中文教师的学习动机分为如下三个维度（见表 2）。

表 2 动机量表下辖维度及具体内容

动机类型	测量内容	题目数量	相应题号
工具型动机	教师是否因职业所需而希望学习韩语 教师认为韩语能力是否对中文教师选拔、评优等产生影响	6	1,2,4,5,12,15
融合型动机	教师是否因对韩国文化感兴趣而希望学习韩语 教师对韩国人有怎样的认识 教师与韩国人进行沟通的意愿如何	6	6,7,8,9,10,17

① R. C. Gardner, Attitude/Motivation Test Battery: International AMTB Research Project (English version), 2004.

续表

动机类型	测量内容	题目数量	相应题号
外部动机	原孔子学院总部、韩国国立国际教育院、韩国各地教育部门、任教学校方面是否对教师的韩语水平有所要求、期待	6	3,11,13,14,16,18

学习动机测量问卷如表2所示分为三个维度，各维度分别由6道题构成，问卷采取五度量表形式，设置了“非常不同意”“不太同意”“不知道”“较为同意”“非常同意”五个选项，请参与者选出最接近自己情况的一项。

（二）数据收集

问卷正式发放前，邀请两位赴韩中文教师参与了预实验并根据他们的意见修订了题目表述，使问卷题目更易为参与者所理解。本研究采用电子问卷形式，在国际中文教师志愿者管理教师的协助下邀请孔院教师、CPIK 教师参加，历经一周时间回收问卷 116 份，以问卷作答时间和参与者 IP 地址为依据将其中 1 份问卷判定为无效问卷，对其余 115 份问卷进行了统计分析。为整理数据并统一结果，首先对数据进行赋值，1 至 5 的赋值代表了从低到高的动机水平。

（三）研究结果

首先测量了问卷信度，工具型动机维度信度为 0.840，融合型动机维度信度为 0.819，外在动机维度信度为 0.779，均达 0.7 以上，表明数据具有一致性、稳定性与可靠性。

参与者中 110 人为 20～30 岁的青年教师，占总人数的 95.7%；性别方面，女性 103 人，占 89.6%；学历方面以硕士在读生为主（81.7%），其次是硕士毕业（12.2%）、本科毕业（3.5%）、博士在读（1.7%）、博士毕业（0.9%）；教育经历方面，绝大多数教师为中文相关专业出身（92.2%）；岗位类型方面，由 CPIK 教师（73%）、孔院教师（26.1%）、交换教授（0.9%）组成；教学经验方面，75 人（65.2%）的教学时长为一年及以下，33 人（28.7%）拥有 2～3 年教学经验，3 人（2.6%）拥有 3～5 年教学经验，3 人（2.6%）拥有 5 年以上教学经验，1 人（0.9%）拥有 10 年以上教学经验。

首先对各类型动机进行了描述性统计分析，随后为了解各类型动机之间的关系进行了皮尔逊相关系数计算，结果如表3所示。

表3　学习动机统计分析结果

		工具型动机	融合型动机	外在动机	平均值	标准差
工具型动机	Pearson 相关	1			3.8159	0.73627
融合型动机	Pearson 相关	0.740**	1		3.7507	0.66936
外在动机	Pearson 相关	0.605**	0.603**	1	3.2855	0.72506

如表3所示，韩语学习动机中工具型动机值最高，其次是融合型动机，最后是外在动机。各类型动机的相关关系方面，融合型动机与工具型动机的相关系数为0.740，呈现出了较强的相关关系；外在动机与工具型动机的相关系数为0.605，与融合型动机的相关系数为0.603，均呈现出一定的相关关系。

结合上述数据，赴韩中文教师韩语学习动机调查结果总结如下。一是赴韩中文教师韩语学习动机整体呈现出较高水平，其中工具型动机值最高，其次是融合型动机，最后是外在动机。据此可推测，教师的韩语学习具有较强的主动性、自发性，主要动机是通过提升自己掌握赴任国语言的水平来更好地开展中文教学工作。二是各类型动机之间呈现出一定相关关系，故若教师的某一类型学习动机较强，其他两种类型学习动机也将呈现出较高水平。动机量表数据反映了教师较强的韩语学习动机，特别需要注意的是教师因职业所需而希望学习韩语，这是赴韩中文教师群体不同于其他韩语学习者的特征，通用型韩语课程恐难满足赴韩中文教师的学习需要。

三　赴韩中文教师韩语培训现状及特点

为了解赴韩中文教师接受韩语相关培训的情况，本研究梳理了历年有关培训资料，主要分三类：一是由韩国国立国际教育院编写的CPIK到岗培训资料集（2013~2019年）；二是韩国孔子学院汉语教师志愿者岗前培训资料集（2016~2017年）；三是韩国孔子学院、CPIK汉语教师志愿者岗中培训资料集（2013~2017年）。经过梳理并结合教师访谈内容，我们将教师培训中韩语相关培训的基本情况概括如下（见表4）。

表 4　教师培训中的韩语课程情况

<table>
<tr><th colspan="3">类型</th><th>CPIK 教师</th><th>孔院教师</th><th>交换教授</th></tr>
<tr><td rowspan="18">短期课程</td><td rowspan="6">岗前培训</td><td>负责机构</td><td>原孔子学院总部</td><td>原孔子学院总部</td><td rowspan="18">无</td></tr>
<tr><td>韩语课时/总时长</td><td>48/200（小时）</td><td>48/200（小时）</td></tr>
<tr><td>授课方式</td><td>韩语综合课</td><td>韩语综合课</td></tr>
<tr><td>授课教师</td><td>培训承办院校韩语系教师</td><td>培训承办院校韩语系教师</td></tr>
<tr><td>教材</td><td>国内高校韩语系教材</td><td>国内高校韩语系教材</td></tr>
<tr><td>学习内容</td><td>基础语音、日常对话</td><td>基础语音、日常对话</td></tr>
<tr><td rowspan="6">到岗培训</td><td>负责机构</td><td>韩国国立国际教育院</td><td rowspan="6">无</td></tr>
<tr><td>韩语课时/总时长</td><td>6/40
（小时）</td></tr>
<tr><td>授课方式</td><td>韩语综合课</td></tr>
<tr><td>授课教师</td><td>韩国国立国际教育院聘请的专业韩语教师</td></tr>
<tr><td>教材</td><td>韩国国立国际教育院编制的培训资料</td></tr>
<tr><td>学习内容</td><td>韩语基础语音、日常对话、课堂用语</td></tr>
<tr><td rowspan="6">岗中培训</td><td>负责机构</td><td>原孔子学院总部—韩国外国语大学孔子学院</td><td>原孔子学院总部—韩国外国语大学孔子学院</td></tr>
<tr><td>韩语课时/总时长</td><td>2/16
（小时）</td><td>2/16
（小时）</td></tr>
<tr><td>授课方式</td><td>韩语、韩国文化讲座</td><td>韩语、韩国文化讲座</td></tr>
<tr><td>授课教师</td><td>韩国大学教授</td><td>韩国大学教授</td></tr>
<tr><td>教材</td><td>教师选定的材料</td><td>教师选定的材料</td></tr>
<tr><td>学习内容</td><td>韩语、韩国文化概况</td><td>韩语、韩国文化概况</td></tr>
<tr><td colspan="2" rowspan="6">长期课程</td><td>负责机构</td><td rowspan="6">无</td><td>各孔子学院</td><td>所在大学</td></tr>
<tr><td>课时数</td><td>一周一次，一次一小时</td><td>一周一次，一次一小时</td></tr>
<tr><td>授课方式</td><td>韩语综合课</td><td>韩语综合课</td></tr>
<tr><td>教师</td><td>所在大学附属韩语教育机构教师</td><td>所在大学附属韩语教育机构教师</td></tr>
<tr><td>教材</td><td>所在大学附属韩语教育机构教材</td><td>所在大学附属韩语教育机构教材</td></tr>
<tr><td>教学内容</td><td>韩语初中级词汇语法</td><td>韩语初级词汇语法</td></tr>
</table>

续表

类型	CPIK 教师	孔院教师	交换教授
其他	韩国籍教学搭档自发一对一辅导韩语	无	
	面向中文教师的微信公众号开设韩语学习特辑，以韩语语音、初级词汇、初级语法等内容为主		

由表 4 可见，赴韩中文教师所接受韩语培训情况的特点如下。

一是培训类型方面，韩语课程贯穿赴韩中文教师在韩工作生活全程，具体可分为短期和长期培训两类。短期培训有岗前培训、到岗培训、岗中培训三类，分别在教师来韩前两个月、来韩首月内、来韩六个月前后举行，统一组织各校教师参加；长期培训则在教师到岗后以每周至少一次的形式进行，由各校自发组织。

二是课程时长方面，韩语课程在培训中占据了较大比重，得到了充分重视。赴韩中文教师岗前培训共 200 小时，其中 48 小时为韩语课程，占培训总时长近 1/5。到岗培训共 40 小时，其中 6 小时为韩语课程，约占总培训时间的 1/6。中文教师培训涵盖了中文本体知识、教学理论、教学实践、中国文化等多个模块。为保证培训效率，课程密度强度都比较高，在此情况下能将 20% 左右的时间分配给学习赴任国语言实属不易，体现了主管部门对于培养教师赴任国语言能力的重视程度。

三是教学内容方面，缺乏面向赴韩中文教师教学、工作和生活等方面的针对性内容。现行韩语课程以基础发音、初级口语等通用性课程为主，缺乏语言学及中文本体知识专门用语、课堂用语等内容，缺乏为赴韩中文教师量身定做的教学大纲，教师由并不了解中文教育情况的一般韩语教育从业者担任，多使用通用型韩语教材，教学内容与赴韩中文教师的使用需求和学习动机形成了较大落差。

四　对国际中文教师外语能力培养的启示

第一，以本土化发展理念为指导，更新观念、转变认识，以新的视角审视中文教师外语使用问题。作为教学媒介语使用的外语本身并非洪水猛兽，过度使用才是问题所在。教师使用外语也不等同于对学生说外语，还包含了教师运用外语来读懂教材等教学、研究资料，听懂学生的问题等。因此，脱离具体使用情况单谈作为媒介语的外语本身是没有意义的，我们要把关注点放在教师何时使用、如何使用、用量如何、理念如何上面，在外语使用策略方面给予积极引导。教师的外语能力可分为理解能力和表达能力两个方面。通过访谈我们发现，提升理解能力是中文教师在最为迫切的需求。因此在中文教师外语能力培养上，可根据需求情况有的放矢地调整教学重点，尝试理解先行表达跟上，提升教师教学相关材料的阅读能力、课堂情景下的听力能力等必要语言技能。

第二，坚持从教学实际出发，尊重规律，循序渐进。现有教师培训中的外语课程往往容易陷入两极化发展怪圈。以面向赴韩中文教师的韩语培训课程为例，一方面是将教师培训中的韩语课程全盘交给韩语教育从业者，忽视了中文教师的使用需求、学习动机和认知特点；另一方面则是仅仅关注中文教师的需求而忽略韩语本身的难易度及一般学习顺序，违背循序渐进的外语学习原则。我们应该认识到面向中文教师的韩语课程及教材的跨学科属性：从中文教育的视角来看，它属于师资培训、建设本土化教师队伍的范畴；从韩语教育的视角来看，它属于特殊用途、专门目的语言教学范畴。因此，既要充分考虑中文教学情况和中文教师所需，真正将面向教师的外语培训纳入中文教育，又要遵循第二语言教育的一般规律，坚持由易到难、循序渐进的原则。

第三，坚持以需求和动机为导向，有的放矢，量体裁衣。在具体实践中，需要充分关注中文教师的使用需求和动机、态度，为教师量身定做课程和教材。教学内容方面，可深入课堂一线进行观察，采集真实语言材料作为教学素材。课程开发方面，可积极吸纳相应语种的语言教育研究成果，在通用词汇、语法、教学大纲的基础上，制定以中文教师为对象的课程大纲，科学、高效地指导教学培训开展。在教材编写方面，前文所述教师访谈和学习动机调查结果均体现出教师对于课堂教学用语的关注。因此，进行教材开发时，首要任务便是收集梳理课堂教学所需语料，可以此作为教材的重点讲解部分，也可精选凝练成词组、句子，单独成册，方便教师随时查阅。

结　语

本文首先通过教师访谈了解了赴韩中文教师韩语使用需求，发现语言不通不仅带来了教学工作的障碍，更引发了教师的紧张焦虑等一系列负面情绪。访谈结果显示，教师对于教学相关韩语需求度高，希望提升自身的韩语理解能力。在学习动机调查中，通过设计并发放中文教师韩语学习动机问卷，测量出各类型动机水平及其间相关关系。动机测量结果显示，教师韩语学习动机整体呈现出较高水平，其中工具型动机值最高，各类型动机之间呈现出了一定的相关关系，可推测教师的韩语学习具有较强的自主性，主要动机是通过提升自身的赴任国语言水平更好地开展中文教学工作。这一结果与访谈结果呈现出了相关性，两项研究结果均显示，以中文教学为目的的韩语学习占据了重要地位。为满足赴韩中文教师学习韩语的需求，中韩方有关部门及教师所在学校均提供了各类型韩语培训课程，但梳理历年培训资料可以发现，现有课程是通用型韩语课程，缺乏针对性和专业性，与教师需求存在一定差距。

国际中文教师的外语使用问题一直存在争议：一方面，一线教学中教师难以完全回避外语的使用，特别是赴海外从事中文教学工作的教师对于使用赴任国语言具有更强的需求；另一方面，学界普遍担忧中文教师在课堂上过多地讲外语，挤占学习者目的语的输入量。从提出提升中文教师外语能力的概念、必要性和重要性等相关论述，到将外语能力纳入教师选拔评价体系，再到在教师培训中开设外语课程，学界对于中文教师外语能力的研究从未中断，其间也伴随着对国际中文教师使用外语作为教学媒介语之利弊的探讨，对此问题的关注热度持续不减。

当下，国际中文教育事业正经历转型与革新，我们也积极尝试探索国际中文教育的本土化发展道路。以韩国中文教师本土化建设为参考，应有针对性地提升国际中文教师外语教育培训课程的质量和效率，在此基础上培养一支真正熟悉外国国情、了解当地学生、能够因地制宜地开展中文教学工作的教师队伍，以教师本土化建设驱动国际中文教育本土化发展，突破师资队伍建设瓶颈，实现国际中文教育事业的可持续健康发展。

附　录

教师访谈提纲一（面向 CPIK 教师、孔院教师、交换教授）

一、韩语使用需求

1. 来韩以后，您在哪些场景下有使用韩语的需求？

（教学授课、师生交流、同事交流、学术研究、日常生活、了解文化）

2. 在中文课堂教学中，您有使用韩语的需求吗？如果有，具体是哪些场景？

（发布课堂指令、讲解语音、讲解汉字、讲解词汇、讲解语法、介绍文化、师生交流）

二、韩语学习意愿

1. 您有学习韩语的意愿吗？为什么？

2. 您如何看待赴韩中文教师的韩语学习？

（学习及使用韩语的利弊，教师韩语能力是否对教学、生活产生影响）

三、韩语学习现状

1. 工作之余您是否进行韩语学习？具体学习情况如何？

（学习途径、教材资料、学习内容）

2. 您认为现有岗前、到岗、岗中培训中的韩语课程或所在学校提供的韩语课程效果如何？

（时间安排、课程内容、教材资料、教学效果）

3. 您认为是否需要专门制定面向中文教师的韩语课程及教材？对此有何意见？

教师访谈提纲二（面向管理教师）

一、韩语使用需求

1. 管理工作中，据您了解中文教师是否有韩语学习需求？如果有，具体是哪些场景？

（教学授课、师生交流、同事交流、学术研究、日常生活、了解文化）

2. 据您了解中文教师在课堂教学中是否有韩语使用需求？如果有，具体是哪些场景？

（发布课堂指令、讲解语音、讲解汉字、讲解词汇、讲解语法、介绍文化、师生交流）

二、对韩语学习的态度

1. 您如何看待赴韩中文教师的韩语学习？

（学习及使用韩语的利弊、教师韩语能力是否对教学、生活产生影响）

2. 据您了解中韩方有关管理部门对赴韩中文教师的韩语学习态度如何？

三、对现有培训课程的看法

1. 作为管理教师，您参与了岗前、到岗、岗中培训工作，您认为培训中的韩语课程应该教授哪些内容？

2. 您认为是否需要专门制定面向中文教师的韩语课程及教材？对此有何意见？

赴韩中文教师韩语学习动机调查问卷

基本情况
性别：____年龄：____学历：____专业：____职位：____教育背景：______

问题	非常不同意	不同意	不知道	同意	非常同意
1. 学习韩语有助于我进行学术研究					
2. 学习韩语有助于我未来的求职或跳槽					
3. 我的韩国同事、学生帮助我学习韩语					
4. 学习韩语有助于我在韩国的教学和工作					
5. 学习韩语有助于我未来的职场晋升或加薪					
6. 我希望来韩国旅行、生活，所以学习韩语					
7. 韩语简单、有趣、好听，所以我学习韩语					
8. 学习韩语有助于我跟韩国同事进行交流沟通					
9. 学习韩语有助于我跟韩国学生进行交流沟通					
10. 韩国人亲切友好，我希望跟他们做朋友，所以学习韩语					
11. 岗前、到岗、岗中培训提供了韩语课程，所以我学习韩语					
12. 学习韩语有助于我通过汉语教师志愿者、公派教师的选拔					
13. 我的韩国同事期待我有一定的韩语水平，所以我学习韩语					
14. 我的韩国学生期待我有一定的韩语水平，所以我学习韩语					
15. 我希望通过学习韩语获得 TOPIK（韩语水平考试）等级证书					

续表

问题					
	非常不同意	不同意	不知道	同意	非常同意
16. 我所在的学校给予会韩语的教师更好的评价,所以我学习韩语					
17. 学习韩语是因为我喜欢韩国的偶像、音乐、电影、电视剧等韩流文化					
18. 我所在的孔子学院、大学、教育厅提供了韩语课程,所以我学习韩语					

全球化新时代扩大中韩教育合作战略研究

唐　坤　姚建军

【内容提要】全球化新时代实施教育对外开放战略，拓展与世界各国在教育领域的互利合作和交流互鉴，有助于推进我国教育现代化和培养服务国家战略的高层次人才，提升中国教育国际影响力和贡献力。中国已成为世界最大的国际学生生源国和世界第三、亚洲最大的留学目的地国，韩国作为中国的重要邻国，两国互为最大留学生来源国。在全球化新时代及“一带一路”倡议下，我们应该利用中韩地缘优势，因地制宜地统筹优势资源，开发优势学科，提高留学教育质量和管理水平，推进国际课程本土化创新模式；对接中韩发展战略，建设中韩区域特色合作办学，共同开拓教育第三方市场；加强人文交流，树立教育国际市场营销意识，提升“留学中国”品牌认知度和国际影响力；扩大远程教育，中韩共建共享数字教育资源，以网络化、智能化助力“一带一路”教育合作。

【关键词】全球化新时代　教育对外开放　中韩教育合作　区域教育国际化

【作者简介】唐坤，经济贸易学博士，鲁东大学外国语学院朝鲜语系副教授，主要从事中韩经贸文化合作交流研究；姚建军，烟台市投资促进中心副主任，主要从事中韩经贸合作发展研究。

一　全球化新时代及“一带一路”背景下扩大教育对外开放的重要性

教育是人类社会文化的传承方式，教育产业是公益性较强的产业，一国的教育必须要融入世界经济和社会发展的大循环中。教育对外开放作为我国对外开放事业和国家软实力的重要组成部分，是国际性人才培养和输送的基本渠道，是实现教育现代化、建成社会主义现代化强国的重要保障，是塑造全球教育治理格局乃至全球治理格局的深层力量。[①] 2016 年 4 月中共中央办公厅、国务院办公厅印发《关于做好新时期教育对外开放工作的若干意见》，指出要“坚持扩大开放，做强中国教育，推进人文交流，不断提升我国教育质量、国家软实力和国际影响力”。[②] 中国第一个以教育现代化为主题的中长期战略规划《中国教育现代化 2035》的出台和第一个以加快推进教育现代化为主题的五年行动方案《加快推进教育现代化实施方案（2018～2022 年）》的同步印发，加快了全球化新时代教育现代化和“一带一路”教育行动推进速度。以开放发展为核心理念的教育国际化贯穿于两份文件内容之中，成为实现教育现代化的重要支撑。教育对外开放是教育领域综合改革的重要组成部分。2020 年 6 月 18 日，《教育部等八部门关于加快和扩大新时代教育对外开放的意见》印发，提出坚持内外统筹、提质增效、主动引领、有序开放，坚持教育对外开放不动摇，主动加强同世界各国的互鉴、互容、互通，形成更全方位、更宽领域、更多层次、更加主动的教育对外开放局面。[③] 这是中国教育现代化大势所趋，是实现教育现代化的基本要求和重要推动力，是全球化新时代教育国际化的重要里程碑。

全球化新时代扩大教育交流合作有助于提高我国教育质量、增强教育国际竞争力，是深化国际合作、扩大教育出口、促进贸易增长的有效手段，对国际教育服务贸易结构的优化和经济发展具有促进作用。国际教育服务贸易是指跨国界的教育服务交换活动，在教育全球化和国际服务贸易的相互结合中产生并成为新兴发展领域，是教育对外开放的重要内容，其发展是衡量一个国家教育水平的重要指标。根据《服务贸易总协定》中将教育服务贸易

① 涂端午：《新时代教育对外开放的转型、挑战及策略》，《国家教育行政学院学报》2019 年第 4 期，第 19～26 页。

② 《中共中央办公厅、国务院办公厅印发〈关于做好新时期教育对外开放工作的若干意见〉》，中华人民共和国中央人民政府网，2016 年 4 月 29 日，http：//www. gov. cn/home/2016－04/29/content_ 5069311. htm。

③ 《八部门印发意见　加快和扩大新时代教育对外开放》，人民网，2020 年 6 月 23 日，http：//yuqing. people. com. cn/n1/2020/0623/c209043－31756308. html。

分为跨境交付、境外消费、商业存在和自然人流动的分类方式，可将教育服务贸易分为远程教育、留学生教育、中外合作办学和境外办学、教师和专家的国际流动四种表现形式。2013 年中国国家主席习近平提出建设“新丝绸之路经济带”和“21 世纪海上丝绸之路”合作倡议，旨在积极发展与沿线国家的经济合作伙伴关系，共同打造政治互信、经济融合、文化包容的利益共同体、命运共同体和责任共同体。在全球经济、贸易增长低迷的背景下，“一带一路”倡议的提出为我国教育服务贸易带来了新的机遇和挑战，对于改变我国教育服务贸易逆差现状具有重要意义。共建“一带一路”国家涵盖了发展中国家与发达国家，它们在产业结构、资源禀赋、历史文化等方面具有异质性，留学生有着不同的文化教育背景和宗教信仰，其价值理念和学习目的也不同。在多元化背景下实现中国与共建各国融合共赢的目标，就需要通过文化交流促进各国之间的合作与发展，形成经济与文化的互动共生。在“一带一路”背景下，教育对外开放被赋予新的使命和内涵，通过共商共建共享服务共建国家的教育与跨国人才的培养，有利于加深双方间的政治互信，为双方经贸发展营造良好的宏观环境，推进政府各部门及高校等多个层面在教育合作领域进行相关的政策建设，从而进一步促进中国与共建国家间教育的交流和合作，改善中国的教育服务贸易现状，提升我国在教育服务领域的国际竞争力，帮助我国实现经济结构转型。来华留学生是将中国与世界联系在一起的最直接的纽带，是中国最真实情况的体验者，作为传播中国文化的“载体”，具有把中国文化带向世界的桥梁作用，通过口耳相传传播中国的风土人情等，能够拉动旅游出口和增强国家“软实力”。因此，提升周边国家及“一带一路”共建国家来华留学生数量和质量、优化留学生结构、加强科学规范管理、提高来华留学教育质量任重道远。同时，留学生教育对我国的对外合作办学、跨境办学及远程教育市场开拓也具有很大的推动作用。

二　中韩教育合作交流背景及现状

中韩隔海相望，历史文化相通，经济人文交流密切，是天然的合作伙伴。1992 年 8 月 24 日建交以来，两国友好合作关系在各个领域都取得快速发展。政治上，两国领导人经常互访或在国际多边活动中会晤，增进了相互理解和信任，推动了两国关系发展。2014 年 7 月中国国家主席习近平访韩，双方宣布中韩努力成为实现共同发展的伙伴、致力地区和平的伙伴、携手振兴亚洲的伙伴、促进世界繁荣的伙伴。2017 年 12 月，韩国总统文在寅访华，双方就推动中韩关系改善发展、加强在朝鲜半岛等国际地区问题上的沟通合作深入交换意见，达成许多重要共识。同时，韩国积极参与《区域全面经济伙伴关系协定》（RCEP）和亚洲基础设施投资银行（AIIB），有助于增进中韩相互信任和“一带一路”合作。经济上，两国互利合作不断深化，中国是韩国第二大投资对象国、最大贸易伙伴、最大出口市场和最大进口来源国，韩国是中国第三大贸易伙伴国、第二大外资来源国。2015 年 12 月生效的《中韩自由贸易协定》是中国迄今为止对外签署的覆盖议题范围最广、标准最高且涉及国别贸易额最大的自贸协定。中韩贸易不断升温，2020 年 8 月召开的中韩经贸联委会第 24 次会议明确提出，中韩将积极推进中韩自贸协定第二阶段谈判，加快编制《中韩经贸合作联合规划（2021 ~ 2025）》，同时推动年内如期签署《区域全面经济伙伴关系协定》。[①] 文化交流上，1994 年 3 月中韩两国政府签署《中华人民共和国和大韩民国政府文化合作协定》后，中韩双方签订了年度交流计划。在两国政府的积极推动下，双方文化交流计划顺利执行，交流人数和内容不断增加，形成了以政府为主导、多层次、多渠道、形式多样的文化交流关系。目前，两国主要城市之间有约 60 条定期客运航线，每周近 1200 个班次，双方共建立了 190 对友好省市关系。同时，两国在文学、艺术、体育、教育、卫生、广播电影电视、新闻出版等领域交流合作发展迅速。[②] 1995 年 7 月，中韩双方在北京签署《中华人民共和国教育部与大韩民国教育部交流与合作协议》，自此两国的教育合作与交流工作不断取得进展。2004 年 11 月，世界上第一个中国孔子学院和亚洲第一个中国文化中心在韩国首尔挂牌。至今，韩国共建立了 23 家孔子学院和 5 家孔子课堂，数量上位居亚洲国家第一。中韩双方合作院校以孔子学院为平台，开展了频繁的教育交流。2008 年 5 月，两国签署《关于高

① 商务部新闻办公室：《〈中国—韩国自由贸易协定〉第三次联委会积极评价协定实施情况》，中华人民共和国商务部，2020 年 8 月 5 日，http：//www. mofcom. gov. cn/article/news/202008/20200802989755. shtml。

② 《中国同韩国的关系》，中华人民共和国外交部，2020 年 5 月，https：//www. fmprc. gov. cn/web/gjhdq_ 676201/gj_ 676203/yz_ 676205/1206_ 676524/sbgx_ 676528。

等教育领域学历学位互认谅解备忘录》和《中韩教育交流与合作协定》，明确双方承认本国学生在对方国家取得的学历和学位同样有效。同时，中国国家留学基金委与韩国教育振兴院等签署了互换留学生等多项协议，这些政策促进了两国高校间的交流合作迅速发展，高校之间开展了课程和学分互认、学位互授或联授等多种形式的学生交流项目。目前，两国互为最大留学生来源国。韩国法务部的报告称，2019 年中国在韩国留学生为 6.6 万人，在韩留学生总人数的 60% 以上为中国留学生。根据《中国教育统计年鉴》2003 年开始的来华留学生数据，2019 年韩国在华留学生约 6.7 万名，已连续 17 年居世界各国来华留学生人数首位，且一直以来与留学人数居第二位的国家数量悬殊。中国 170 多所高等院校与韩国 130 多所高等院校签订协议，建立了校际交流关系，高校交流合作在横向上不断扩大，在纵向上层次和质量不断提高。随着中国改革开放的扩大和深化，中韩合作办学发展迅速，办学规模逐步扩大，办学模式也趋于多样化，中韩教育合作正从数量增长转向质量提高，从留学生教育为主逐渐向合作办学、远程教育等现代教育合作方式过渡，成为两国引进国外优质教育资源和先进经验的重要渠道和提高教育国际竞争力的重要途径。

中韩建交以来，两国教育领域合作虽然取得很大成绩，但也存在诸多问题。首先，来华留学生教育层次较低，我国具有较强国际竞争力的专业领域较少，高校总体学科水平不高、课程设置内容过窄、实用性不强；其次，两国教育交流地区分布不均衡，由于地理、教育、经济等客观因素，中韩高校交流与合作主要集中在东北和东部沿海地区，中西部地区的高校与韩方的合作相对滞后；再次，我国学历学位的国际认同度较低，留学所需的公共服务不到位，奖学金的种类和数量有限，留学生打工制度严格；最后，交流协议数量多，但深层次合作项目少，能对双方学科建设、人才培养、科学研究等起促进作用的高层次合作项目不多。

三 扩大中韩教育合作的战略对策

（一）开发优势学科，提高留学教育质量和管理水平，推进国际课程本土化创新模式

在扩大对韩教育开放中加强教育质量保障是关键，留学教育就本质而言

是一种国际教育服务贸易，优化对来华留学生的教育和管理服务是参与更广泛世界教育服务贸易市场竞争的必要手段。

首先，培育高校主体性，加强各高校对韩特色优势学科的国际化建设，多方面增强高校国际兼容性和通用性。在人才培养目标、专业与课程设置及教育质量评估监测方面加强特色学科的全球化建设。高校课程设置上要主动了解国际人才市场需求和国际高等教育发展动态，根据国际市场需求融入创新性、实用性、国际性课程，推进教育内容国际化，争取一批学科进入世界一流行列，建立适合留学生的专业综合课程体系；吸收国际上成功的课程改革经验，注重因材施教，以国外高校 PBL（Problem Based Learning）教学理念为先导，注重知行合一，强化实践教学环节，拓宽学生实习实训渠道，培养适应社会需求的国际化人才。

其次，建设有国际视野、整体素质高且结构合理的国际化教师队伍，增强教师教学的吸引力、渗透力和有效力。加强师德师风建设，选择一些优秀的双语教师，鼓励其出国进修、参与国际学术交流，培养本校教师的国际视野、提升其外语授课能力，创新自主式教学方式，设置外文授课门类，与国际接轨。引进有国际化教育背景和实践工作经验的教师，联合中韩大企业技术人员有针对性地培养相关技术人才，加强中韩教师的交流合作，提高教育质量和水平，增强来华留学教育内源性牵引力。优化行政机构，提高管理水平和服务质量，根据韩国留学生的特点科学管理。建立外籍教师资格制度，简化外籍教师和科研人员的审批、签证、居留等手续，推进外籍教师资格认证，助其融入中国教育体系，推动长远和实质性交流合作。

最后，推进国际化和本土化融合的课程创新模式，建立中国特色国际课程开发推广体系，实现从对韩到面向全球的教育合作可持续发展。引进韩国及欧美国家优势课程及教材，整合中国元素，对其进行本土化改造和升级，采用标准化教学方法，保证教学质量，提升学生的课程素养和综合素质。两国可以共同开设课程、编写教材，开发国际化和本土化兼有的课程体系，采用与国际标准相符的学分互换体系，推进教育制度与国际接轨，使融汇中韩特色的中国课程成为一种国际课程形态，提升学校国际知名度，吸引更多其他国家留学生前来学习，推进国际化教育资源共享。

（二）对接中韩发展战略，推进中韩区域特色合作办学，共同开拓教育第三方市场

中外合作办学是我国教育对外开放的重要载体，也是重要办学方式。从地理位置上，可以近邻韩国为出发点，辐射至周边国家，通过渐进方式发展国际协作教育，推进教育区域一体化进程。实施中韩合作办学，服务中韩国家发展战略，是促进两国教育交流向实质性、深层次发展的有效途径。截至2020 年 6 月，我国的中外合作办学机构和项目已达 2282 个，为我国基础教育、高等教育在地国际化提供了基础与经验。①

首先，凝聚区域资源，创造中韩合作办学品牌专业，打造区域性教育合作特色新标杆。通过对韩国优质教育资源和管理模式的引进、消化、吸收、融合、创新，实现“不出国留学”，反哺中国学校自身能力建设。发挥自贸区、自贸港先行先试功能，建设完善的中韩合作办学市场准入制度，完善教育服务贸易制度，加快与国际教育服务接轨。2017 年 12 月，国务院批准在江苏盐城、山东烟台、广东惠州分别设立中韩产业园，根据各产业园区功能划分及区域特点，有所侧重、因地制宜地服务国家区域发展总体战略，支持韩方在三个城市所在的长三角经济圈、环渤海经济圈和珠三角经济圈独资设立经营性教育培训和韩国特色职业技能培训机构，与韩国名校和高职院校开展各种形式合作办学，以中韩产业园三个城市为据点，加强中韩区域教育质量保障体系建设，提升区域教育国际化水平，树立区域教育合作制度的国际合作典范，率先办出中国特色、世界水平的现代教育。

其次，利用区位生源优势，发掘两国实用性领域的产业优势，加强校企合作、产教融合、协同育人，配合中国企业“走出去”。韩国作为亚洲“四小龙”国家，相对完备的工业体系使其优势产能主要集中在技术和知识密集型产业，在高新技术和创新设计方面具有优势产能，处在全球产业价值链的中高端。中韩可借鉴德国“双元制”等欧美国家先进的职业教育人才培养模式，对接《中国制造 2025》，聚焦中方院校和行业需求开展合作。可通过政府间多级别对话，加强与韩国同类院校及韩资企业的交流与合作，取人

---

① 《如何加快和扩大新时代教育对外开放》，中华人民共和国教育部，2020 年 6 月 23 日，http：//www. moe. gov. cn/jyb_ xwfb/moe_ 2082/zl_ 2020n/2020_ zl33/202006/t20200623_ 467796. html。

之长，补己之短，探索建立符合中国职业教育改革发展且适应现代职业教育体系需要的校企合作模式，把韩国企业优质职业教育资源引入中国职业学校和应用型本科院校，提升中国院校应用型和技术技能型人才培养水平，培养具有国际竞争力的技术技能人才，共同参与国际产能合作，打造跨境校企共同体，助推中国企业“走出去”。加强对韩“走出去”办学也是对韩教育合作的一项重要内容，跨境办学是参与国际教育服务贸易分工的重要形式。目前，我国高校在近 50 个国家举办了 100 多个不同类型和层次的境外办学机构和项目，推进了我国高校的国际化建设，也为对韩跨境办学提供了丰富的借鉴经验。

最后，中韩两国都处在经济结构调整的关键时期，共同拓展教育第三方市场合作有助于两国经济高质量发展。第三方市场合作是中韩两国参与国际分工协作的新型合作模式，也是两国发展战略对接与比较优势互补的重要经济实践。[①] 2017 年 12 月文在寅总统访华时，曾明确建议推进韩国“新北方政策”和“新南方政策”与中国“一带一路”倡议的对接，并提出在交通运输、能源与资讯科技、第三国市场以及区域贸易投资等领域加强与中国合作的意向。中韩两国要对接第三方市场的实际发展需要，在“一带一路”框架下为第三方市场国家提供教育内容和管理经验的支持，服务当地及其周边地区，为第三方市场的经济发展提供智力支撑，有助于形成辐射式多边合作模式，扩大中韩境外合作办学在当地以及周边国家和地区的辐射力和影响力，提升我国中西部地区及“一带一路”共建国家教育发展水平，实现中韩第三方教育市场合作规模经济效益。

（三）加强人文交流，树立教育国际市场营销意识，提升“留学中国”品牌认知度和国际影响力

“唯以心相交，方成其久远。国家关系发展，说到底要靠人民心通意合。”[②] 扩大教育合作需要持续提升对韩民间交流的力度、深度和广度，积极培育民间教育外交力量，加强教育国际市场营销，让更多韩国人了解中国

---

① 吴崇伯、丁梦：《中韩第三方市场合作：进展、阻力与对策》，《东北亚论坛》2020 年第 3 期，第 75 ~ 89 页。

② 《习近平在韩国国立首尔大学的演讲》，中华人民共和国中央人民政府网，2014 年 7 月 4 日，http://www.gov.cn/xinwen/2014-07/04/content_2712400.htm。

文化及其内涵，加强中韩教育交流与合作的民心基础。

首先，全球化新时代教育合作要深度嵌入中韩人文交流事业和外交战略整体布局。营造中韩深化交流环境，培育合作创新文化。[①] 在国家层面，推进中外高级别人文交流机制建设，拓展人文交流领域，加强教育、外交、商务等多部门协同。在地方层面，友好城市之间加强教育文化交流，在合作主体与当地已有合作框架相兼容的基础上，加强城市和学校之间的交流，保证项目开展的稳健性和可持续性，发挥人文交流平台对教育交流的促进和补充作用。加强孔子学院和孔子课堂的特色建设，注重对中华民族传统文化的传承和发扬，强化文化吸引力，推进韩国国际汉语教学的本土化。

其次，扩大总体收益是发展教育服务贸易的根本目的。兼顾社会效益与经济效益，强化产业意识和营销意识，树立教育对外开放新义利观，积极开拓教育服务国际新市场。在推动大学“走出去”和吸引来华留学生方面，国家和项目主体需增强教育成本—收益意识，进一步整合资源，发挥政府、市场和个体的力量，利用当前既有对韩交流组织和项目，适当提高收费标准，挖掘合理经济价值。政府与高校协同一致，完善教育服务贸易法律法规，制定海外市场教育服务产品的国际营销准则，开发丰富多彩的高校夏令营活动及国内游学线路，搭建配套的多层次学生国际交流平台，探索多渠道开辟海外教育市场的新思路和有效途径。同时，政府和各高校及科研机关可利用传统媒体和新媒体加强宣传营销，采取“互联网＋教育”的宣传方式在网络媒体进行宣传，线上线下营销协同发展，在国内、对外办学、教育交流项目中让留学生深入了解中国社会文化，引导世界认识中国，塑造正面国家形象。

最后，配合国家“一带一路”建设，完善“留学中国”品牌建设的各个环节。在中韩良好合作的基础上，利用“一带一路”建设带来的良好机遇，两国可以制定系统的战略目标，发挥各自比较优势和竞争优势，深化教育国际合作，加大对共建国家和欧美市场的开发。积极参与教育国际合作，参与全球教育治理，参与国际教育规则、标准、评价体系的研究制定，向国际社会贡献教育治理中国方案。创造良好的国家政策环境和社会文化环境，

---

① 唐坤：《“一带一路”视域下中韩产业园建设研究》，《韩国研究论丛》2019年第2辑，社会科学文献出版社，2020，第209～220页。

加大吸引力度，发挥第三方的力量，提高生源质量，将国际生留学、工作与居住等政策打通，完善现有治理体系，提高服务水平和能力，构建中国特色的来华留学治理体系。中国应积极设立政府、企业、学校多层次的奖学金制度及专业甚至自然人助学金等，吸引外国学生来华留学，为来华学生创造更为宽松、多元、有序的高质量学习、工作环境。

（四）扩大远程教育，中韩共建共享数字教育资源，以网络化、智能化助力“一带一路”教育合作

远程教育是将教育与现代信息技术融合在一起的一种全新的教育模式，在互联网+的时代背景下，远程教育几乎不受时间和空间的影响和限制，实现了优质教育资源共享。注重使用远程技术出口教育服务产品，加大以外国留学生为服务对象的网络教育资源供给，对扩大教育服务出口市场规模十分有效。

首先，坚持数字化发展战略，提高留学服务的便捷性。以信息化为手段，创新发展“互联网+留学服务”新模式，推动留学服务模式向数字化转型。与韩国高校共建教务、招生等网上管理平台，创新管理方式。中国各大高等院校应积极开发相关技术，加大新信息技术设备和网络建设，建立网络连接，加强培养教师必要的技术技能，使之可熟练操作相关软件，能够根据课堂的需要进行合理的规划和管理，双方共建共享，为韩国和其他国家学生提供远程教育服务。

其次，加强远程教育资源建设的精准化、智能化，提升在线教育的辐射力。将专业课程、国际化课程上线，构建网上学习平台，联合开设远程教学科目，通过网络共享教育资源的方式与韩国同行交流，提升教育资源的国际化。借力“中国教育云”，建立中国特色国际课程推广平台，通过慕课、SPOC等在线教学形态，强化课堂设计，根据学习者的需求，把学习内容制作成有利于学生自主学习的教学资源。加强对远程教育网络教学微课程设计模式的研究，提高远程教育微课程质量、发挥微课程的功能与价值，引导海外学生利用碎片化的时间进行探究式与个性化学习，从单纯的知识传递向知识、能力、素质的全面培养转变。

最后，使用远程技术出口中韩特色国际教育服务产品，加大对中国中西部地区和“一带一路”共建国家留学生的网络教育资源供给。开拓战略新

兴产业、打造示范工程，是实现中韩第三方市场合作可持续发展的重要保障。在远程教育合作方面，中韩通过“互联网+”“智能+”等方式，融通中外，搭建人才培养平台，通过建立课内外、线上线下国际化培养体系，把全球视野融入培养全过程，为中西部地区学校及“一带一路”共建国家供给优质教育资源，助力实现联合国《2030 年可持续发展议程》教育目标。

结　语

全球化新时代教育对外开放事业的战略定位和根本宗旨是服务国家战略，助力民族复兴，促进人类进步。目前，保护主义、单边主义、逆全球化思潮泛滥，教育交流与合作受到严重影响。新冠疫情对各国教育也造成了不同程度的冲击。未来一段时间内，留学教育、合作办学、国际人文交流及科研合作都可能出现一定的衰退。后疫情时代世界不确定因素显著增多，中韩宜携手维护多边主义和自由贸易体制，推动构建人类命运共同体。新形势下发挥对韩优势，以韩国为主要面向，借鉴国际先进发展经验，挖掘自身独特资源，推动优势互鉴互补，整合各领域人才和资源，开创中韩教育特色化、品牌化发展道路，对推动中韩区域教育服务贸易市场的形成、共同开拓教育第三方市场、减少中国教育服务贸易逆差、促进中国教育的国际化发展具有重要意义。

韩国学前新课程改革的依据、内容与启示

——《2019NURI 课程修订》解读*

李晓华　郑　琴

【内容提要】《2019NURI 课程修订》是根据文在寅政府的国政方向和国政课题修订的首个教育课程。该课程充分反映了《文在寅政府国政运营五年规划》、《幼儿教育创新方案》、联合国可持续发展目标、OECD2030 学习框架关于幼儿教育的基本主张，并在参照 OECD 其他国家学前教育课程的基础上制定。该课程首次明确课程的性质为"国家层面的共同教育课程"，新增了对"追求的理想人格"的详细描述，定位课程为幼儿中心、游戏中心，强调课程实施的自主性，对我国学前课程改革具有重要的启示意义。

【关键词】韩国　学前新课程　2019NURI 课程修订

【作者简介】李晓华，博士，山西大学教育科学学院讲师，主要从事学前比较教育研究；郑琴，通讯作者，韩国首尔大学教育学院博士研究生，主要从事学前家庭教育研究。

一　NURI 课程的实施及《2019NURI 课程修订》的颁布

为改善韩国学前教育"双轨制"① 带来的一系列问题，2012 年 7 月，韩

* 本文为 2019 年度山西省高等学校哲学社会科学研究一般项目"山西省幼儿园美育现状及基于绘本的幼儿园美育课程创新研究"（项目编号：2019W005）之成果。

① 韩国是比较典型的学前教育"双轨制"国家，幼儿园（유치원，英文为 kindergarten）和托幼中心（어린이집，英文为 childcare center）共同承担着韩国学前教育的职能。幼儿园偏重教育，托幼中心偏重保育，两类机构的教育质量存在差异。

国颁布了《3～5 岁分年龄 NURI 课程》（3－5 세 연령별누리과정），2013 年 3 月起开始实施。自此，韩国幼儿园和托幼中心 3～5 岁的幼儿开始使用统一的课程。NURI 课程是韩国学前教育发展史上一次里程碑式的变革，既是韩国学前教育课程发展史上的一次重要转折，也是财政支持幼儿教育的一项重要的民生福利政策。NURI 课程实施以来取得了一系列成就。第一，幼儿园和托幼中心的入园率得以提高。2011 年韩国幼儿园和托幼中心的入园率为 3 岁幼儿 87%，4 岁幼儿 76.8%，5 岁幼儿 82.7%。2018 年时，幼儿园和托幼中心 3～5 岁幼儿的入园率分别提升至 90%、92.5% 和 96.2%。[①] 第二，幼儿园和托幼中心的教育与保育质量得以提升。NURI 课程改善了幼儿园和托幼中心的课程、教学水平与教保环境，强调人性与创造力教育。相对于幼儿园，托幼中心教育质量的改善更为明显。第三，教师资格水平及工资待遇得以改善。韩国公立幼儿园中，担任 NURI 课程教师的正式教师一级和正式教师二级比例达到 90% 以上，私立幼儿园中高达 85%；[②] 托幼中心中担任 NURI 课程的教师以一级保育教师为主，三级保育教师占比不断下降。整体上，韩国幼儿教师达到了比较高的资格水平。[③] 另外，在有关教师待遇改善状况的调查中，大部分人认为教师工资水平和教师稳定雇佣程度都有所改善。[④] 第四，对幼儿的发展有直接的积极影响。研究表明，3～5 岁幼儿学习 NURI 课程后，身体运动与健康、语言交流、社会交往、艺术体验和自然探索等各领域的平均分数比学习前均有所提高，[⑤] NURI 课程的学习也更利于幼儿入学后的学校适应。相比普通幼儿，NURI 课程对弱势幼儿也具有更积极的效果，可以预防低收入家庭的幼儿比其他家庭的幼儿表现出较低的学业成就和发展迟滞的现象。[⑥] 第五，NURI 课程提高了课程实施者与家长的满意度。NURI 课程推行后，无论家庭收入如何，政府一律给予财政资助，缓解了家庭学

---

① Eunyoung Kim, "Understanding the 2019 Revised Nuri Curriculum", Korea Institute of Child Care and Education, December 19, 2019, https://kicce.re.kr/eng/board/index.do? menu_ idx = 26&manage_ idx = 89.

② 이윤진,김지현,이민경,『누리과정 정책 성과 분석』,서울:교보문고, 2016, p.159.

③ 이윤진,김지현,이민경,『누리과정 정책 성과 분석』,서울:교보문고, 2016, p.160.

④ 이윤진,김지현,이민경,『누리과정 정책 성과 분석』,서울:교보문고, 2016, p.164.

⑤ 이정림,최효미,정주영,오유정,이정아,『「3~5 세 누리과정 유아관찰척도」를 활 용한 누리과정효과 분석연구』,서울:교보문고, 2014, pp.174－176.

⑥ 이정림,최효미,정주영,오유정,이정아,『「3~5 세 누리과정 유아관찰척도」를 활 용한 누리과정 효과 분석 연구』,서울:교보문고, 2014, pp.174－176.

费负担，家长满意度提高。NURI 课程在质量上缓和了幼儿园与托幼中心的差距，确保了幼儿教育机会均等，提升了幼儿教育在国民心目中的形象。

然而，由于 NURI 课程在短时间内制定并实施，一些局限也日益暴露。首先，缺乏对课程性质及理想的人格形象的定位削弱了 NURI 课程作为国家级教育课程的系统性。幼儿教育课程是国家教育课程体系的重要组成部分，其组织架构应该像其他各级教育课程一样自成一个完整的体系。2015 年韩国修订颁布了《中小学教育课程》（초·중등교육과정），其中明确提出了中小学教育课程的性质以及中小学教育应培养的理想人格，明确了中小学教育的基本方向。《3～5 岁分年龄 NURI 课程》缺少对国家层面幼儿教育课程性质和理想人格形象的描述，需要进一步修订完善。其次，过于细致的分年龄课程内容导致课程的实践者负担过重。《3～5 岁分年龄 NURI 课程》按照“内容范畴—内容—细节内容”的层次体系来结构化整个教育内容，并将细节内容按年龄划分。各年龄段细节内容之间的区分度较为模糊，给教师准确理解课程内容带来了困难，过分细化各年龄段的细节内容也大大限制了教师根据教学现场情况自主做出判断的余地。最后，对教育计划、环境创设与教育评价的详细规定导致 NURI 课程实施过程中缺乏自主性和多样性。《3～5 岁分年龄 NURI 课程》颁布的同时配套开发了 NURI 课程教师指导用书，NURI 课程实施过程中存在教师刻板照搬指导用书中活动设计的情况，教师实施课程的自主性和教育机构实践课程的多样性亟待改善。

在这样的背景下，韩国教育部于 2018 年委托幼儿政策研究所（육아정책연구소）开始推进“NURI 课程修订政策研究”。2019 年 7 月 24 日《2019NURI 课程修订》（2019 개정누리과정）正式公布，并于 2020 年 3 月开始全面实施。《2019NURI 课程修订》是根据文在寅政府的国政方向和国政课题修订的首个教育课程，意义重大。

二　韩国学前新课程改革的依据

（一）国内幼儿教育创新发展的基本方向

1. 文在寅政府国政运营五年规划

2017 年 5 月文在寅上台，同年 7 月韩国国政企划咨询委员会发布《文在寅政府国政运营五年规划》，该规划是文在寅政府未来五年国政运营的指南针、蓝图和评价标准，意义重大。《文在寅政府国政运营五年规划》提出了“国民之国、正义的大韩民国”的国家愿景，并设定了国民当家做主的政府、共同富裕的经济、为我的生活负责的国家、均衡发展的地区、和平繁荣的韩半岛五大国政目标，以及实现国政目标的20大国政战略、100个国政课题及487个实践课题。《文在寅政府国政运营五年规划》中与育儿政策直接或间接相关的国政课题多达20项，其中，以国政目标第三项“为我的生活负责的国家”中涉及的国政课题最多，达14项。①

国政目标第三项“为我的生活负责的国家”中国政战略第2项（见表1）明确提出了“国家负责的保育与教育”，这是NURI课程作为国家级教育课程性质的基本修订依据。第50项国政课题“通过课堂革命进行公共教育创新”提出了“摆脱以竞争为中心的教育方式，以适应未来发展方向的教育方式支持学生成长”的任务目标，其主要内容第一条“以学生为中心的教育课程改革”中提出要“保障幼儿、小学生适当学习时间及休息时间的法制化”，这是NURI课程“幼儿中心”修订方向确立的基石。第54项国政课题目标1提出要“培养应对第四次工业革命的创意融合型人才”，为NURI课程对理想人格形象的描述提供了参考依据。

表1　“国家负责的保育与教育”国政课题内容

国政目标	国政战略	国政课题	负责部门
3. 为我的生活负责的国家	3.2 国家负责的保育与教育	48. 通过对未来人口的投资克服低出生率	保健福祉部
		49. 加强从幼儿到大学教育的公共性	教育部
		50. 通过课堂革命进行公共教育创新	教育部
		51. 恢复教育的希望阶梯	教育部
		52. 高等教育质量提高和终身与职业教育创新	教育部
		53. 支持儿童、青少年安全健康成长	女性家族部
		54. 营造未来教育环境与实现校园安全	教育部

资料来源：국정기획자문위원회,「문재인정부 국정운영5개년 계획」，청와대，2017년7월19일，http：//www1. president. go. kr/search。

① 김동훈,「문재인정부의 육아정책 관련 국정과제 현황」,『육아정책포럼』，53권，2017년7월，pp. 28－33.

2. 幼儿教育创新方案

在文在寅政府“所有孩子都是我们共同的子女”的教育哲学指引下，为了切实推进《文在寅政府国政运营五年规划》，韩国教育部于2017年12月27日发布了旨在实现起跑线平等的《幼儿教育创新方案》。该方案在“强化对幼儿教育的国家责任和教育文化革新”[①] 的愿景下提出了未来五年幼儿教育的三个发展目标，即通过强化国家责任确保优质幼儿教育和实质性教育机会均等，与幼儿园、教师和家长等共同支持幼儿发展，通过与教育现场建立合作体系确保幼儿教育的公共性。围绕这三个目标，《幼儿教育创新方案》明确提出了幼儿教育创新需要推进的四项课题，分别是通过加强幼儿教育的公共性恢复教育的希望阶梯功能，通过课堂革命营造以幼儿为中心的教育文化，与教育共同体一起支持幼儿健康发展，面向幼儿教育创新进行行政体系建设。

“通过课堂革命营造以幼儿为中心的教育文化”课题强调要实现以幼儿为中心的教育模式的转变，其中提到“以游戏、幼儿为中心的课程创新”。[②] 方案指出现行课程具有以下弊端：以小学准备教育为主的学习，未充分反映幼儿个体的特点，以教师计划为主的教育，以学习习得为主的教育，过于详细和复杂的构成，现场自主性受到制约。在此基础上，方案明确了NURI课程的修订方向，即考虑个别幼儿不同特点的内容构成；鼓励幼儿自由游戏，强调与幼儿的互动；尊重现场教学的自主性，删除细节内容。《2019NURI课程修订》充分反映了以上修订要点。

（二）国际学前教育发展的趋势

1. 联合国可持续发展目标

2015年联合国可持续发展峰会通过了《改变我们的世界：2030年可持续发展议程》，提出了17项可持续发展总目标及实现这些目标未来15年的计划。可持续发展目标的第四个目标为“优质教育”，旨在确保包容和公平的优质教育，使全民终身享有学习机会。其中，目标4.2对幼儿教育进行了

---

① 교육부,『출발선 평등을 실현하기 위한「유아교육 혁신방안」발표』,교육부, 2017 년 12 월 27 일, https://www.moe.go.kr/boardCnts/view.do? boardID=294&boardSeq=72951&lev=0.

② 교육부,『출발선 평등을 실현하기 위한「유아교육 혁신방안」발표』,교육부, 2017 년 12 월 27 일, https://www.moe.go.kr/boardCnts/view.do? boardID=294&boardSeq=72951&lev=0.

专门论述，提出“到 2030 年，确保所有幼儿获得优质发展、看护和学前教育，为他们接受初等教育做好准备”。[①] 在确认本目标达成程度的成果指标中，除了健康、学习以外，还专门提到了“社会、心理上的安宁”,[②] 这一点值得关注。这意味着幼儿园和托幼中心不仅要重视幼儿的健康和学习，还要关注幼儿的情绪情感方面，为幼儿幸福生活提供支持。

2. OECD2030 学习框架

OECD2030 学习框架是 OECD2030 教育和技能未来项目第一个研究成果。该框架提出了个体应具备的改变社会与塑造未来世界的三项“变革能力”，即创造新价值的能力、调和紧张局势和困境的能力及承担责任的能力。[③] 为了培养学生的以上能力，OECD2030 学习框架提出了课程设计的原则，如课程须与学生先前的知识、技能、态度和价值观相关，课程主题应能激发学生的深入思考，课程内容应能激发学生的深度学习、体现学科逻辑、与教学和评估实践保持一致，课程实施应具有现场自主性，等等。[④] 类似 OECD2030 学习框架，NURI 课程修订时也是先着眼于未来人才的培养目标再确定具体的课程内容，学习框架中所强调的学生中心、课程与经验的联结、课程实施的自主性等也都在 NURI 课程修订过程中得到了充分体现。

3. OECD 其他国家的国家层面学前教育课程

通过对新西兰、日本、英国、芬兰、澳大利亚、新加坡、法国、爱尔兰八个国家的学前教育课程进行比较分析发现，国外学前教育课程具有如下共性：在教育课程中明确了游戏和幼儿的发展特点，将幼儿和游戏的特殊性进行创造性构建；将游戏理解为贯穿教育课程始终的要素，强调游戏为教育课程的核心；对于理想儿童（理想幼儿）应具有的品质、游戏和学习等进行操作性定义；整体上尽量减少学科知识的体现，用简单、柔和、富有人情味

---

① The United Nations, “Transforming Our World: 2030 Agenda for Sustainable Development”, The United Nations, 2015, https: //www. un. org/sustainabledevelopment/education/.

② 김은영,「누리과정 개정의 배경과 개정 내용」,『육아정책포럼』, 62 권, 2019 년 5 월, p. 7.

③ “The Future of Education and Skill, Education 2030”, OECD, May 4, 2018, https: //www. oecd. org/education/2030/E2030%20Position%20Paper%20(05. 04. 2018). pdf.

④ “The Future of Education and Skill, Education 2030”, OECD, May 4, 2018, https: //www. oecd. org/education/2030/E2030%20Position%20Paper%20(05. 04. 2018). pdf.

的语言（词汇）进行表述。[①] 以上内容对修订 NURI 课程具有重要的参考价值。

三 韩国学前新课程改革的主要内容

（一）首次明确 NURI 课程的性质为“国家层面的共同教育课程”

《2019NURI 课程修订》在第一章总论开始之前新增了对课程性质的说明，开篇即指出 NURI 课程是针对 3～5 岁幼儿的国家层面的共同教育课程，并进一步强调，NURI 课程“应同时追求国家层面的共性和地区、机关及个人层面的多样性；追求幼儿的全面发展和幸福；追求幼儿中心和游戏中心；追求幼儿自主性和创造性的发展；追求幼儿、教师、园长（监）、家长和社区共同开展工作”。

“课程性质”是《2019NURI 课程修订》最显著的成果之一，主要有三层含义。第一，NURI 课程首先是“教育课程”。韩国保教一体化改革最初为课程命名的时候考虑到幼儿园和托幼中心保教侧重点的不同，所以避免使用“教育课程”一词，而是重新选用了一个新的名词“NURI”来命名这个课程。然而，由于“NURI 课程”不仅是一个教育课程的名称，也是幼儿保教费财政支持政策的名称，故而“NURI 课程”这个名称的指示意义容易混淆，所以在《2019NURI 课程修订》中明确提出了 NURI 课程“教育课程”的性质。第二，NURI 课程是“共同”教育课程。强调“共同”是试图缓解此前幼儿园教育课程和托幼中心保育课程二元化用语引发的混乱局面，同时也意味着为在幼儿园和托幼中心上学的所有 3～5 岁幼儿提供公平优质的教育课程，避免教育所带来的个体的经验差距。第三，NURI 课程是国家层面的教育课程。国家层面的教育课程是指由国家作为主体制定、修订并颁布的教育课程，是相对于地区、机构教育课程而言的。作为国家层面的教育课程，NURI 课程是各地区、幼儿园和托幼中心编制课程的“基本依据”和“一般标准”。同时，由于课程不是国家单方面制定的教育课程，而是在各教育机构组织与实施的课

---

① 김은영.임부연 외.「누리과정 개정 정책 연구」.육아정책연구소，2019 년 2 월 28 일，http：//repo. kicce. re. kr/handle/2019. oak/1601.

程，所以作为国家层面的教育课程，NURI课程依然特别强调尊重地域、机构、班级及教师个人课程实施的多样性。

（二）新增了对“追求的理想人格”的详细描述

教育是培养人的活动，旨在培养能够适应未来社会发展需要的人才。因而，任何教育活动都应该有对理想的人格形象的期待和想象，这也应该是所有课程编制的出发点。《2019NURI课程修订》弥补了先前课程的这一缺憾，参照中小学教育课程新增了“理想人格”部分的内容。韩国2015年颁布的《中小学教育课程》中对理想人格的描述为：在全人成长的基础上确立自我认同，开创自己前进道路和生活的自主的人；在基本能力的基础上，以各种想法和挑战创造新事物的有创造力的人；在了解文化素养和多元价值的基础上，享有和发展人类文化的有教养的人；具有共同体意识并与世界进行沟通的民主公民，实践关怀与分享的共同生活的人。①《2019NURI课程修订》直接借用了中小学教育课程中的“自主的人”、“有创造力的人”和“能够与他人和谐共处的人”，“有教养的人”结合幼儿的发展特点调整为“感性的人”，并另外添加了“健康的人”，因为对于个体来讲，健康最为重要，是其他各项品质发展的基础。以上五项特征构成了韩国学前教育对理想人格的期待。

《2019NURI课程修订》特别注意用“理想人格”来统领整个教育课程，在对课程目标进行陈述的时候紧紧围绕“理想人格”的五个特性逐条展开，更注重课程目标与“理想人格”的一致性。对应于“健康的人”“自主的人”“有创造力的人”“感性的人”“能够与他人和谐共处的人”五大理想人格，《2019NURI课程修订》将课程的五大目标分别定位为：知道自己的珍贵，养成健康安全的生活习惯；培养自己的事情自己做的基本能力；具有好奇心和探索精神，培养想象力和创造力；在日常生活中感受美，培养文化感受力；培养尊重和关心人与自然，并愿意与其交流互动的态度。“理想人格”部分的增加保证了学前教育课程与国家整个教育课程体系培养目标的一致性，同时也确保了自身作为教育课程体系的完整性。

---

① 김은영,임부연 외,「누리과정 개정 정책 연구」,육아정책연구소，2019 년 2 월 28 일，http：//repo. kicce. re. kr/handle/2019. oak/1601.

（三）对幼儿中心、游戏中心进行再定位

说《2019NURI 课程修订》是对幼儿中心、游戏中心的再定位，是因为在韩国幼儿教育史上从来没有不强调幼儿中心和游戏中心。1969 年韩国第一个幼儿园国家课程标准就明确提出，“应提供适合儿童兴趣和需要的环境，使儿童从快乐中学到可能有帮助的经验”，① 《3～5 岁分年龄 NURI 课程》中也有“以游戏为中心开展教学活动”“以幼儿兴趣为中心选择活动”这样的表述。之所以再次在课程中强调幼儿中心和游戏中心，是因为 NURI 课程在具体实施过程中出现了违背这一原则的做法。不少教师在落实 NURI 课程的过程中照搬教师指导用书中的活动“一刀切”地予以实施，或者以教师主导、计划的游戏来实施课程，在落实幼儿主导、自主游戏方面存在很大局限。因此，《2019NURI 课程修订》在突出“幼儿中心”和“游戏中心”方面着力进行了改革，增加了很多相关的明确论述。

一方面，《2019NURI 课程修订》强调幼儿中心，强调课程内容须与幼儿的经验相联系。在课程文本的表述方式上，《2019NURI 课程修订》在阐述各领域目标与内容时从之前的教师立场转向了幼儿立场，更多地用“享受什么”这样的表达，而不是“培养什么”。对教师角色的定位上也力求突出体现“幼儿中心”，《3～5 岁分年龄 NURI 课程》中使用了“开展教学活动”“选择活动”等反映教师主导的字眼，《2019NURI 课程修订》去除了这些字句，并在一开始就强调教师的“支持”作用。《2019NURI 课程修订》还将《3～5 岁分年龄 NURI 课程》中的“依据 3～5 岁幼儿的发展特点，按年龄建构课程”更改为“由 3～5 岁幼儿应经验的内容构成”，更加突出了课程内容应以幼儿的经验为基础，特别强调应“确保 5 个领域②的内容统一地与幼儿的经验联系在一起”。

另一方面，《2019NURI 课程修订》也特别强调游戏尤其是自主游戏的价值，再次明确指出游戏是幼儿的学习方式。在《3～5 岁分年龄 NURI 课

① 김영옥,「유아중심 관점의 국가수준 유아교육과정에 대한 사유」,『유아교육연구』, 39 권 2 호, 2019 년 3 월, pp. 235－253.

② 《3～5 岁分年龄 NURI 课程》和《2019NURI 课程修订》都将课程内容分为五大领域，分别为身体运动与健康、语言交流、社会交往、艺术体验和自然探究。

程》中，课程的目的被界定为“旨在帮助 3 ~5 岁幼儿实现身心健康与和谐发展，奠定民主公民的基础”，《2019NURI 课程修订》将 NURI 课程的目的修改为“让幼儿通过游戏实现身心健康与和谐发展，形成正直的人性，奠定民主公民的基础”。在 NURI 课程的“目的”中加入了“通过游戏”的论述，从而特别对游戏进行了强调。《2019NURI 课程修订》还新增了“让幼儿自由地参与和享受游戏”“让幼儿通过游戏来学习”“使幼儿体验各种游戏和活动”这样的叙述，“游戏”这个词在课程中一再被明确提及。这些论述都是为了唤起相关人士对游戏本质与价值的重新思考。游戏在幼儿日常生活中自然出现，也是幼儿体验和学习世界的方式。幼儿在游戏中表现出的独特的动作、表情、话语等既是幼儿游戏的过程，也是学习的结果。幼儿总是一边游戏，一边与他人建立关系，从而成长为社会的一员。《2019NURI 课程修订》希望教师能够更深入地理解幼儿游戏的价值与意义，并更好地支持幼儿通过游戏去学习。

（四）强调课程实施的自主性

《3 ~5 岁分年龄 NURI 课程》颁布的同时配套发布了教师指导用书，其本意在于帮助幼儿教师尽快理解并实践 NURI 课程，然而在具体实践过程中却出现了教师指导用书功能歪曲的现象。一线的实践者简单地将指导用书等同于课程，并奉指导用书中的活动设计为课程的最佳模式，全国性的幼儿园评价指标及优秀幼儿园的评选也都体现出了对课程文件原封不动地反映的要求，究其原因就在于《3 ~5 岁分年龄 NURI 课程》对课程内容进行了过细的要求。过细的各年龄内容之间界限模糊，幼儿教师理解起来有困难，导致的结果就是大家不得不死记硬背。公立幼儿园在招聘幼儿教师时竟然要考察这些应聘者是否能将 NURI 课程的 300 多条内容都背诵下来。同时，过细的内容也压抑了教师自主创新课程的积极性，选择教师指导用书中的活动设计既是一种省事儿的做法，也是一种安全的做法。然而，这种把教育课程形式化的做法，错失了“多样化教育课程实践”这一十分重要的价值。另外，《2019NURI 课程修订》“幼儿中心、游戏中心”的基本定位也决定了必须强调课程实施的自主性。幼儿的游戏是很难预测的，为了最大限度地支持幼儿通过游戏学习，教师必须以自主性为基础，才能做出符合教学现场情况的判断。于是，在 NURI 课程修订过程中进行了目标、内容与评价部分的大幅度删减。

具体来说，在课程目标方面，《2019NURI课程修订》简化为每个领域3个目标，其中身体运动与健康和社会交往领域各减少2个目标，语言交流领域减少1个。以身体运动与健康领域为例，在《3～5岁分年龄NURI课程》中，其目标包括五项，分别为培养感觉能力，积极认识自己的身体；调节身体，培养基本运动能力；愉快地参与身体活动；养成健康的生活习惯；养成安全的生活习惯。《2019NURI课程修订》将目标简为三项，即愉快地参与身体活动，养成健康的生活习惯，养成安全的生活习惯。在课程内容方面，《2019NURI课程修订》进行了内容结构的简化及内容数量的精简。《3～5岁分年龄NURI课程》按照"内容范畴—内容—细节内容"三个层次来架构各领域内容，《2019NURI课程修订》将其简化为"内容范畴—内容"两个层次，内容不再分年龄进行细节描述，而是将原课程中的"细节内容"进行综合后在"内容"部分予以体现。这样，课程内容的数量就由原来的内容范畴20个、内容59个、细节内容369个简化为内容范畴15个（每个领域3个）和内容59个（艺术体验领域10个，自然探究领域13个，其余三个领域各12个）。以身体运动与健康领域为例，在《3～5岁分年龄NURI课程》中，其内容范畴包括识别身体、调节身体和进行基本运动、参与身体活动、健康生活、安全生活5项，共下设内容14个，细节内容96个，课程修订后，身体运动与健康领域只包括享受身体活动、健康生活和安全生活3项内容范畴，并下设内容共12个，删除了细节内容部分（"内容范畴—内容—细节内容"三者的关系以表2身体运动与健康领域中的内容范畴"健康生活"为例）。在课程评价方面，《3～5岁分年龄NURI课程》从NURI课程实施评价和幼儿评价两个维度去陈述评价内容，并详述了评价的具体方法，如教学计划分析、课堂参观与监测评估、评价指标分析、观察、活动结果分析、家长访谈等，《2019NURI课程修订》仅对评价的目的、对象、方法、运用四项事项进行了原则性说明，给课程实施现场的具体评价留出了足够的空间。

另外，《2019NURI课程修订》在课程的组织与实施部分也多处体现出对自主实施课程的要求。《2019NURI课程修订》保留了原课程"以每日4～5小时为准组织课程"的表述，并将"可依据一日生活具体情况进行扩展"这一条提前放在了"以每日4～5小时为准组织课程"后面，以显示课程的实施时间是可以灵活变通的。《2019NURI 课程修订》新增“制订并实施适合各机构实际情况的计划”，替代了原课程中的“按年、月、周、日计划实施”，强调了机构实施课程的自主性。《2019NURI 课程修订》所做的大量简化和修改工作便于教师将课程内容与幼儿通过游戏学习联系起来理解，进而更加轻松地实践幼儿中心和游戏中心的 NURI 课程。

表 2　身体运动与健康领域内容比较

《3～5 岁分年龄 NURI 课程》					《2019NURI 课程修订》	
内容范畴	内容	细节内容			内容范畴	内容
		3 岁	4 岁	5 岁		
健康生活	清洁身体与周围环境	了解并实践清洁手和牙的方法	了解并实践清洁手和牙的方法	养成自己清洁身体的习惯	健康生活	清洁自己的身体与周围环境
		清洁周围环境	养成清洁周围环境的习惯	养成清洁周围环境的习惯		
	正确饮食	饮食均衡	饮食均衡	适量均衡地饮食		关心对身体有好处的食物，以正确的态度快乐地饮食
		对健康的食物感兴趣	了解对身体有益的食物	可以选择对身体有益的食物		
		用端正的态度吃饭	珍惜食物，遵守用餐礼仪	珍惜食物，遵守用餐礼仪		
	健康的日常生活	睡眠规律，适当休息	睡眠规律，适当休息	睡眠规律，适当休息		在一天的工作中得到适当的休息
		愉快地参与一天的工作	愉快地参与一天的工作	愉快地参与一天的工作		
		独自在厕所排便	有正确的排便习惯	有规律的排便习惯		
	预防疾病	了解并注意疾病的危险	了解并实践预防疾病的方法	了解并实践预防疾病的方法		了解并实践预防疾病的方法
		根据天气情况穿衣	根据天气和场合穿衣	根据天气和场合穿衣		

资料来源：교육부，보건복지부，『「2019 개정 누리과정」 해설서』，교육부，2020 년 1 월 2 일，https：//www. moe. go. kr/boardCnts/view. do? boardID = 312&boardSeq = 79419&lev = 0&m = 03。

四　韩国学前新课程改革的启示

（一）学前国家课程应考虑明确课程的性质及内涵

“课程性质”的明确是《2019NURI课程修订》的首要变化，不仅用一句话准确地概括了新课程的性质，而且对课程性质的内涵进行了五方面的详细说明，包括国家课程与地方课程和园本课程的关系、课程追求的教育目标、课程负载的价值、课程的儿童观以及课程实施的主体保障。课程性质对整个课程起到了提纲挈领的作用，短短的几句话点明了课程的基本问题和关键问题，奠定了整个课程的基本底色。《幼儿园教育指导纲要（试行）》和《3～6岁儿童学习与发展指南》是我国学前教育领域最为重要的两个课程文件，然而，梳理这两个文件可以发现，两者都没有明确提出“国家教育课程”这样的说法。事实上，这两个文件一直是作为我国的国家课程标准而实际存在的。未来我国的学前课程改革是否应该将课程的性质明确地予以提出？实际上，无论是在我国的义务教育课程标准中，还是在普通高中课程标准中，“课程性质”都是每个课程标准首先需要交代清楚的问题。关于课程性质的内涵，《幼儿园教育指导纲要（试行）》的“总则”部分和《3～6岁儿童学习与发展指南》的“说明”部分均有所涉及，但是没有单列，建议结合“课程性质”的明确提出一并予以梳理整合。

（二）学前国家课程应考虑与小学课程的衔接

韩国学前新课程中新增“追求的理想人格”为我国的学前课程改革提供了一条非常朴素的改革思路。教育的目的在于培养人，人的培养是学前教育、初等教育、中等教育、高等教育各阶段一以贯之的目标，而将各个教育阶段联系起来的核心主线无疑是培养目标，或者说是国家对理想人格的期待，即国家想通过教育培养什么样的人。基于这样一种逻辑思考，韩国学前新课程中新增了“理想人格”的定义，考虑到学前教育与小学教育在培养目标方面的一致性，在确定“理想人格”时主动参考了《中小学教育课程》。我国有关学前教育的重要文件中也一再强调学前教育是基础教育的重要组成部分，是我国学校教育和终身教育的奠基阶段，但是在制定具体课程时对学前课程与小学课程一致性与衔接性的考虑仍不够。只有确保学前教育与小学教育培养目标和课程理念保持一致，课程梯度良好衔接，才能从根本上解决幼小衔接问题。

（三）学前国家课程应重视自主游戏的价值

“幼儿中心”是韩国学前新课程继续坚守的基本价值，“游戏中心”是贯彻“幼儿中心”这一价值的实践路径，“幼儿中心”和“游戏中心”是《2019NURI 课程修订》的精神内核。值得注意的是，《2019NURI 课程修订》尤其强调自主游戏的价值，强调幼儿在游戏中的享受状态，强调幼儿的学习必须通过游戏来进行。之所以如此强调自主游戏，一方面是为了凸显游戏的本质，避免各种形式的“假游戏”。另一方面，强调自主游戏还是一种对游戏本体价值的认可。在我国，课程与游戏的关系问题也是引起人们思考比较多的一个话题，游戏曾一度被认为是课程的实现手段。未来，我们需要进一步加深对游戏本质的研究与理解，在课程中积极提倡幼儿自主游戏。当然，在这个过程中，教师的专业素养必须是过关的。观察能力、分析能力和支持幼儿游戏的能力应是每个幼儿教师必备的专业素养。

（四）学前国家课程应坚持课程现场实施的自主性

为了解决《3～5 岁分年龄 NURI 课程》在现实课程实践中僵化执行的局面，韩国新课程从课程目标、内容及评价三方面进行了大幅度的内容删减，试图为一线的实践者实施课程提供较大的自主空间。新课程一方面肯定了《2019NURI 课程修订》作为国家层面教育课程的“基础性”的价值，另一方面也鼓励地区、机构、个体多元化地实施课程，鼓励教师在课程实施过程中充分发挥自己的创造性。其实弹性执行本来就应该是任何国家课程的题中应有之义。一方面，是因为课程实践的主体是人，人的主观能动性的差异必然导致对课程文本理解与实施上的差异；另一方面，是因为国家课程覆盖的区域较为广泛，面向的群体也较为复杂，各地、各机构实施课程的条件不尽相同，课程实施不宜“一刀切”。

CONTENTS

Abstract For China, Japan and ROK, which are both Permanent Observers of the Arctic Council and non-Arctic countries, Japan was the first to set foot in the Arctic, and ROK was the first to introduce its special Arctic policy. On Arctic policy and interests, these two countries have four major common interests, three common advantages and four differences and competition. Japan's and ROK's Arctic policies can be used for reference to China. The three countries have many common interests in the utilization of Arctic channels, the sustainable development of Arctic resources, Arctic environmental protection and scientific investigation, etc. , and there is a large space for cooperation. However, due to the Arctic countries, especially the United States, with a serious rejection of non-Arctic countries (especially China), the history factor and homogeneous competition among China, Japan and ROK, as well as the U. S. factor, are the centrifugal force of the three countries' Arctic cooperation. Therefore, it is necessary to promote the institutionalized Arctic cooperation among China, Japan and ROK.

Keywords Arctic strategy; Arctic policies of Japan and ROK; non-Arctic countries; China-Japan-ROK cooperation; Polar Silk Route

Role Transition and the Logic Change of ROK's Policy toward Japan

Abstract The transition of national roles reflects the general trend of the change of national foreign policy. The reason why ROK has toughened its policy towards Japan in recent years is that it thinks its role has changed. In terms of economy, the vertical division of work between ROK and Japan has shifted to the horizontal division of work. The economic dependence of ROK on Japan has decreased significantly. In terms of politics, the improvement of independent defense capability, the relative relaxation of the regional situation and the lack of mediation by the US make ROK pursue a more equal status with Japan. The transition of national role has affected the decision logic of ROK's policy towards Japan and made itself lack motivation to compromise with Japan. However, Japan does not recognize the rising status of ROK. The role conflict between ROK and Japan has led to the continuous deterioration of bilateral relations. Whether ROK's policy toward Japan will be adjusted in the future depends on whether the transition of its national role can be sustained.

Keywords role transition; role conflict; ROK-Japan relations; trade disputes

The "Resurrection" of the United Nations Command in ROK: Focus on the Strategic Considerations of the United States

Abstract The United Nations Command (UNC) in ROK is a legacy of the Korean War. It involves such important issues as the transformation of the armistice mechanism on the Korean Peninsula, the adjustment of the US-ROK joint defense mechanism, and the US Asia-Pacific strategy. Since the 1970s, the

United Nations Command in Korea has been forgotten. However, the United States is trying to revive the functions of the UNC by emphasizing the existence of the UNC in ROK. On the basis of sorting out the evolution of the functions of the United Nations Command, this paper analyzes the reasons for the United States to raise the issue of the United Nations Command in ROK again from the perspectives of the Korean Peninsula and China-US relations. Among them, the change of the US position in the US-ROK joint defense mechanism, the development of inter-Korean relations and the construction of a strategic response system to the competition with China are the core factors for the US to consider. The policy evolution of the United Nations Command in ROK also reflects the strategic behavior characteristics of the United States, which constantly creates, adjusts and even revives institutions according to the needs of its interests and the changes of the situation.

Keywords United Nations Command (UNC); ROK-US alliance; operational command authority; US Armed Forces in Korea (USFK)

Moon Jae-in Administration's Diplomacy towards Southeast Asia

Zhao Shenhong / 48

Abstract Since taking office as President of the Republic of Korea (ROK), Moon Jae-in has actively conducted diplomacy toward Southeast Asia. Moon has adopted various multilateral and bilateral mechanisms to strengthen political, economic & trade, security and cultural exchanges between ROK and Southeast Asian countries, aiming to achieve diplomatic diversification, to expand the ASEAN market, to promote peaceful settlement of the Korean Peninsula issue and to enhance ROK's international status. The strong economic and cultural strength of ROK, as well as the consistency of some policies between ROK and ASEAN are conducive to the promotion of ROK's diplomacy in Southeast Asia. However, it has faced with some challenges, such as policy continuity of ROK

Government, also the competitive pressure from other powers.

Keywords Moon Jae-in; New Southern Policy; ROK; Southeast Asia; China

A Preliminary Study of the Failure of Russia's Foreign Policy on the Peninsula after the "the Escape of King Kojong to the Russian Mission"

Na Chuanlin / 67

Abstract After the Sino-Japanese War of Jiawu, the Qing Dynasty withdrew from Korea, and Japan's influence in Korea began to increase. On February 11, 1896, "the escape of King Kojong to the Russian mission" incident occurred. The stay of the King of Korea at the Russian consulate brought Russia a difficult diplomatic choice. During this period, Russia began a series of diplomatic arrangements in Korea. The reason for the failure of Russia's foreign policy on the peninsula after the "the escape of King Kojong to the Russian mission" was the result of a combination of various historical forces. There was not only the change from pro-Russian to suspicious of Russia from Korea, the conflict between the tributary system and the Westphalian system, but also the conflicts in Russia's foreign policy to Korea. and there are a series of conflicts between Russia and other major countries in Northeast Asia. Due to the failure of the Russian diplomacy, the Russo-Japanese War of 1904 –1905 was inevitable.

Keywords "the escape of King Kojong to the Russian mission"; Russia; Korea; Japan; diplomacy

The Inertia of the Tributary System in the Late Qing Dynasty and the Transformation of Sino-Korea Relations: Centered on the Qing Dynasty's Handling of the Reclamation of Tumen River (1881 -1905)

Abstract During the reign of Guangxu, a large number of Choson people crossed the Tumen River and settled in the territory of Qing Dynasty. The way the Qing handled this problem swung between sticking to tradition and adapting to circumstances. Choson proposed a "borrowing settlement" approach to retain the management power over the refugees, which was not approved by the Qing Dynasty. After the signing of the Qing-Choson Trade Treaty, the two countries negotiated about the Li Fanyun Incident. From the negotiation process, it can be seen that the historical inertia of the tributary system still played an important role in the border negotiations.

Keywords the tributary system; the transformation of Sino-Korea relations; "borrowing settlement" approach; reclamation crossed Tumen River

A Safe Shelter and Civilized Country —*An Analysis of the Image of China in Unofficial Stories Compiled by Eo in the 17th Century*

Abstract China was described as a safe shelter and a civilized and scholarly country in *Unofficial Stories Compiled by Eou*, a Korean folktale collection written by Yu Mong-in and published in the 17 th century. This image derives from the collective memory and imagination of the Korean nation towards China in the long history: the Korean survivors had been rescued in China for many times and the literati actively learned Chinese classical literature. It is also related to the historical context of this masterpiece in which the two countries cooperated to resist Japan in the Imjin War at the end of the 16th century, increasing the Korean nation's trust in China and enhancing Korean literati's identification with Chinese culture. The image of China in this masterpiece indicates that China and the Korean Peninsula are a community in the collective memory and imagination of the Korean nation.

Keywords literature of the Joseon dynasty period; *Unofficial Stories Compiled by Eou*; image of China; safe shelter; civilized country

Imagination of Zhejiang in the Imjin War Literature

Abstract At the outbreak of the Imjin War in 1592, Zhejiang soldiers assisted the Korean defense as the major military force of the Ming Dynasty. In their frequent, intimate, and large-scale contacts with the Korean literary men, Zhejiang soldiers shared their contemporary native scenes and tourist culture, which greatly enriched Korean literary men's comprehension and imagination of Zhejiang beyond the "conceptual landscape". The similar experiences of unprovoked diaspora and trauma caused by the same warfare have, inadvertently, facilitated Korean literary men's identification with Zhejiang soldiers' common destiny and brotherhood. Eventually, given the widespread interaction between Zhejiang soldiers and Korean literati, Zhejiang landscape—in addition to the endowed cultural function of healing trauma and relaxing souls—has also become a symbolic paradise of friendship and settlement for the Korean literary men.

Keywords the Imjin War; Zhejiang soldiers; conceptual landscape; imagination of Zhejiang

On the Cultural Characters of Pansori

Chi Shuiyong / 117

Abstract With a 300-year history, Pansori is now a popular talking-singing art around the Korean Peninsula. As a folk art, Pansori usually expresses the pervasive desire of regular people, with dispelling hatreds, embracing happiness and turning sorrow into delight as its core concern. Although Pansori has its atheistic preference in carnivals of both the classic and the popular, this art slowly became classic when finding its life in popular soil. The unification of both the classic and the popular could be Pansori's atheistic stance, also its cultural characteristic. In general, popularity and folk-based quality are the core connotation of Pansori's cultural character.

Keywords Korean Peninsula; Pansori; cultural character; unification of both classic and popular

The Enlightenment of ROK's Hyoseok Cultural Festival to the Development of Cultural and Tourism Integration in Yanbian

Jin Songlan, *Li Yujin* / 131

Abstract In the context of the integration of culture and tourism, as a new form of integrated development of cultural resources and tourism, festival tourism has received widespread attention. Yanbian is rich in cultural resources and has a good foundation for tourism development, which has the potential and advantages of developing festival tourism. But in practice, the potential and advantages have not been fully exploited. On the basis of SWOT analysis of festival tourism resources in Yanbian, we take "Hyoseok Culture Festival" in Pyeongchang, Gangwon-do as an example to analyze its characteristics and success. Suggestions can be put forward from four aspects: brand building, government + market operation, resource integration and talent cultivation to promote the development of festival tourism in Yanbian area, and explore the new path of the integrated development of cultural tourism in Yanbian.

Keywords integration of culture and tourism; Hyoseok Cultural Festival; SWOT Analysis

The Development Experience and Enlightenment of the Function Supervision of Asset Securitization Trusts in ROK

Abstract In a broad sense, in the process of asset securitization, the trustees who set up special purpose trust include not only standard trust institutions, but also other financial institutions that act in the name of trust. ROK's functionalism comprehensive financial supervision system is very representative which not only quickly reversed the unfavorable situation, but also helped to expand the themes of digital property transactions, financial investor (consumer) protection, enterprise data protection and financial supervision technology. Keeping the bottom line of avoiding systemic financial risks is a profound reflection of the superiority of the socialist system with Chinese characteristics in the field of financial reform. China should focus on solving the problem of unified supervision of asset securitization trust function, clarify the trust property of large asset management products, clarify the basic legal relationship, fully integrate the socialist core values into the financial supervision work, and take the road of socialist financial reform and development with Chinese characteristics.

Keywords asset securitization; function supervision; financial reform

ROK's Pretrial Detention Review System and Its Enlightenment

Abstract The pretrial detention system has the dual functions of realizing the national penalty power and protecting civil rights. ROK separates the short-term arrest measure from the long-term custody measure and pursues the dual judicial review mode. The procedure of custody review embodies the characteristics of judicature, openness and relief. On the whole, the pretrial detention review system in ROK focuses on the restriction of investigation power and the protection of the basic human rights of the accused.

Keywords pretrial detention; value balance; judicial review; right relief

The Cultivation of Korean Language Ability of Chinese Teachers in ROK from the Perspective of Localization Construction and Its Enlightenment

Abstract Localization is a hot and difficult issue in the development of international Chinese education, and teachers' localization is an important part of it. It is the basic content of teachers' localization to cultivate the ability of overseas Chinese teachers to integrate into the country where they are going, understand local students and carry out teaching work according to local conditions, and learning the language of the country where they are going is an important way for teachers to integrate into the local area. Up to now, the number of Chinese teachers in ROK has been increasing, and the scale has been gradually expanded, the level has been constantly improved, and the professionalization has been continuously enhanced. Therefore, the localization of Chinese teachers in ROK has a typical research value. This article uses empirical research methods to discuss the development of the Korean language ability of Chinese teachers, analyzes teachers' needs and motivations for learning Korean, combs the current situation of Korean courses in existing training, and aims to develop the localization of international Chinese education from the perspective of teachers' localization.

Keywords international Chinese education; Chinese teachers; teachers' localization; Korean language

On the Strategy of Expanding China-ROK Educational Cooperation in the New Era of Globalization

Tang Kun, *Yao Jianjun* / 190

Abstract In the new era of globalization, opening China's education up to the outside world and expanding international cooperation and exchanges in the field of education serve to boost China's educational modernization, to cultivate high-level talents, and to enhance the international influence and contributions of China's education. China has become the world's largest source of international students, the world's third largest overseas study destination and the largest in Asia. China and the ROK offer each other the largest body of overseas students. Against the backdrop of globalization and the Belt and Road Initiative, efforts should be made by drawing on the geo-advantages of China and ROK, coordinating advantageous resources and developing advantageous courses, in order to enhance the quality and management of overseas education and innovate the localization of international courses. Moreover, in line with the mutual development strategies of China-ROK, cooperation needs to be carried out in China-ROK regional education with special characteristics to jointly develop the third-party education market. Cultural and people-to-people exchanges need to be boosted with a marketing awareness of international education so as to enhance people's recognition and the international influence of "Studying abroad in China". Importance will be attached to the expansion of distance education and to the cooperation with the ROK to share digital education resources for the facilitation of the Belt and Road Initiative with networking and intelligence.

Keywords the new era of globalization; opening-up of education; China-ROK cooperation in education; globalization of regional education

New Preschool Curriculum Reform in ROK: Basis, Content and Enlightenment —*Interpretation of "the 2019 Revised Nuri Curriculum"*

Abstract "The 2019 Revised Nuri Curriculum" is the first revised educational curriculum according to Moon Jae-in's administration direction and tasks. The curriculum fully reflects the basic ideas of Moon Jae-in Administration's Five-year Government Plan, Early Childhood Education Innovation Plan, UN Sustainable Development Goals, and OECD Education 2030 Learning Framework and was finally formulated on the basis of preschool curricula in other OECD countries. The curriculum clearly specifies its nature as "national level common education curriculum" for the first time, adds a detailed description of "the pursuit of ideal personality", positions itself as child- and play-centeredness and emphasizes the autonomy of curriculum implementation, which has important enlightenment significance for China's preschool curriculum reform.

Keywords ROK; new preschool curriculum; *2019 Revised Nuri Curriculum*

复旦大学《韩国研究论丛》征稿启事

《韩国研究论丛》为复旦大学韩国研究中心主办的学术集刊，创刊于1995年，一直秉承“前沿、首创、权威”的宗旨，致力于朝鲜半岛问题研究，发表文章涉及朝鲜半岛问题研究的各个领域。

2005年，《韩国研究论丛》入选CSSCI首届来源集刊，2014年再次入选CSSCI来源集刊，并进入全国邮政发行系统。

《韩国研究论丛》用稿涵盖朝鲜半岛问题各研究领域，主要涉及三个方面：（一）政治、外交与安全；（二）历史、哲学与文化；（三）社会、经济与管理。

投稿时请注意学术规范。

（一）原创性论文。本刊论文出版前均经学术不端检测，有条件者请自行检测后投稿。同时，在本刊发表之前，不得在其他出版物上（含内刊）刊出。

（二）文章格式严格遵循学术规范要求，如中英文标题、摘要（200字以内）和关键词及作者简介（姓名、籍贯、工作单位、职务及职称、研究领域）；基金项目论文，请注明下达单位、项目名称及项目编号等。

（三）论文一般不超过10000字。

（四）稿件均为Microsoft office word文档（不接受其他格式文档），注释采用脚注形式，每页重新编号，注释序号放在标点符号之后。因需要分发审阅，不再接受纸质版论文。所引文献需有完整出处，如作者、题名、出版单位及出版年份、卷期、页码等。网络文献请注明完整网址。

（五）《韩国研究论丛》编辑部根据编辑工作的需要，可能对来稿文字做一定删改，不同意删改者请在投稿时注明。

（六）编辑部信箱：cks@ fudan. edu. cn，电话：021 – 65643484。

本刊将继承和发扬创刊以来形成的风格，注重学术性、前沿性、创新性、时代性，依托复旦大学，面向世界，努力反映当前最新研究成果。欢迎国内外同行不吝赐稿。

《韩国研究论丛》编辑部

复旦大学韩国研究中心

图书在版编目(CIP)数据

韩国研究论丛．总第四十二辑，2021 年．第二辑 / 复旦大学韩国研究中心编．-- 北京：社会科学文献出版社，2023.5

（复旦大学韩国研究丛书）

ISBN 978 - 7 - 5228 - 1343 - 1

Ⅰ．①韩…　Ⅱ．①复…　Ⅲ．①韩国 - 研究 - 文集
Ⅳ．①K312.607 - 53

中国版本图书馆 CIP 数据核字（2022）第 254273 号

· 复旦大学韩国研究丛书 ·
韩国研究论丛　总第四十二辑（2021 年第二辑）

编　　者 / 复旦大学韩国研究中心

出 版 人 / 王利民
组稿编辑 / 高明秀
责任编辑 / 许玉燕
责任印制 / 王京美

出　　版 / 社会科学文献出版社 · 国别区域分社（010）59367078
地址：北京市北三环中路甲 29 号院华龙大厦　邮编：100029
网址：www.ssap.com.cn
发　　行 / 社会科学文献出版社（010）59367028
印　　装 / 三河市尚艺印装有限公司

规　　格 / 开　本：787mm × 1092mm　1/16
印　张：14.75　字　数：243 千字
版　　次 / 2023 年 5 月第 1 版　2023 年 5 月第 1 次印刷
书　　号 / ISBN 978 - 7 - 5228 - 1343 - 1
定　　价 / 98.00 元

读者服务电话：4008918866